■2025年度高等学校受験用

順天高等学校

収録内容一覧

★この問題集は以下の収録内容となっています。また、編集の都合上、解説、解答用紙を省略させていただいている場合もございますのでご了承ください。

（○印は収録、ー印は未収録）

入試問題と解説・解答の収録内容			解答用紙
2024年度	第1回推薦Ⅰ・Ⅱ	英語・数学・国語	○
	一般	英語・数学・国語	○
2023年度	第1回推薦Ⅰ・Ⅱ	英語・数学・国語	○
	一般	英語・数学・国語	○
2022年度	第1回推薦Ⅰ・Ⅱ	英語・数学・国語	○
	一般	英語・数学・国語	○
2021年度	第1回推薦Ⅰ・Ⅱ	英語・数学・国語	○
	一般	英語・数学・国語	○

★当問題集のバックナンバーは在庫がございません。あらかじめご了承ください。

●凡例●

【英語】

≪解答≫

〔　〕　①別解
②置き換え可能な語句（なお下線は置き換える箇所が2語以上の場合）
(例) I am〔I'm〕glad〔happy〕to～

(　)　省略可能な言葉

≪解説≫

1, 2…　本文の段落（ただし本文が会話文の場合は話者の１つの発言）

〔　〕　置き換え可能な語句（なお〔　〕の前の下線は置き換える箇所が２語以上の場合）

(　)　①省略が可能な言葉
(例)「(数が) いくつかの」
②単語・代名詞の意味
(例)「彼（＝警察官）が叫んだ」
③言い換え可能な言葉
(例)「いやなにおいがするなべにはふたをするべきだ（＝くさいものにはふたをしろ)」

//　訳文と解説の区切り

cf.　比較・参照

≒　ほぼ同じ意味

【数学】

≪解答≫

〔　〕　別解

≪解説≫

(　)　補足的指示
(例)（右図１参照）など

〔　〕　①公式の文字部分
(例)〔長方形の面積〕＝〔縦〕×〔横〕
②面積・体積を表す場合
(例)〔立方体ABCDEFGH〕

∴　ゆえに

≒　約、およそ

【社会】

≪解答≫

〔　〕　別解

(　)　省略可能な語

＿＿　使用を指示された語句

≪解説≫

〔　〕　別称・略称
(例) 政府開発援助〔ODA〕

(　)　①年号
(例) 壬申の乱が起きた（672年)。
②意味・補足的説明
(例) 資本収支（海外への投資など)

【理科】

≪解答≫

〔　〕　別解

(　)　省略可能な語

＿＿　使用を指示された語句

≪解説≫

〔　〕　公式の文字部分

(　)　①単位
②補足的説明
③同義・言い換え可能な言葉
(例) カエルの子（オタマジャクシ)

≒　約、およそ

【国語】

≪解答≫

〔　〕　別解

(　)　省略してもよい言葉

＿＿　使用を指示された語句

≪解説≫

〈　〉　課題文中の空所部分（現代語訳・通釈・書き下し文)

(　)　①引用文の指示語の内容
(例)「それ（＝過去の経験）が ～」
②選択肢の正誤を示す場合
(例)（ア，ウ…×)
③現代語訳で主語などを補った部分
(例)（女は）出てきた。

／　漢詩の書き下し文・現代語訳の改行部分

順天高等学校

所在地	〒114-0022 東京都北区王子本町1-17-13
電　話	03-3908-2966
ホームページ	https://www.junten.ed.jp/
交通案内	JR京浜東北線・東京メトロ南北線 王子駅より徒歩3分 都電荒川線 王子駅前駅より徒歩3分

普通科

男女共学

くわしい情報は
ホームページへ

▌応募状況

年度	募集数	受験数	合格数	倍率
2024	推薦 60名	144名	137名	1.1倍
	一般 60名	152名	129名	1.2倍
2023	推薦 60名	198名	195名	1.0倍
	一般 60名	221名	206名	1.1倍
2022	推薦 60名	198名	194名	1.0倍
	一般 60名	234名	210名	1.1倍

※合格数はスライド合格を含む。
※その他，帰国生募集あり。

▌試験科目　（参考用：2024年度入試）

[推薦] 適性検査(英語・国語・数学)，面接
[一般] 英語・国語・数学，面接
※推薦・一般とも英語はリスニングを含む。

▌本校の特色

本校は，『英知をもって国際社会で活躍できる人間を育成する』を教育目標に掲げている。その目標実現のため，①個性を生かす―**進学教育**，②社会性を育てる―**国際教育**，③人間性を豊かにする―**福祉教育**，の３つを教育の特色としている。

グローバルな社会課題を探究し，国際社会で活躍できる人材の輩出を目的に学習活動をしており，2021年には「スーパーグローバルハイスクール(SGH)ネットワーク参加校」に認定。2026年４月には，北里大学等を有する「学校法人北里研究所」との法人合併が予定されており，付属校として北里大学への内部進学も開始される予定。

また，本校では，類型制教育を導入している。各類型の主な特色は以下のとおり。

＜理数選抜類型（Sクラス）＞

医学部・国立理系・最難関私立大などへの進学を見据えた類型。高大連携による先端科学講座を実施している。１年次末には「つくばサイエンスエッジ」にて研究成果を報告し，２年次には英語による海外サイエンスキャンプを実施。３年次には受験科目に合わせた演習授業を多く取り入れ，課外講座，特別講座も設けている。

＜英語選抜類型（Eクラス）＞

国際系・教養系・社会科学系の難関国公私立大及び海外の大学への進学を見据え，国際社会で活躍する能力の育成を目指す類型。英語４技能のバランスの取れた授業を展開し，ネイティブによる少人数指導も行う。「英語探究」では，身につけた英語力をどう実社会に生かすかを経験。２年次には約３週間の海外語学研修を実施している。

＜特進選抜類型（Tクラス）＞

文系・理系の国公立大や難関私立大への進学を見据えた類型。２年次には高校の基本的学習をほぼ終了するため，早期から授業内で入試演習を行うことができる。２年次後半からは，自由選択制の課外講座を行い，３年次には演習授業や選択科目を中心に学習して，志望校に合格できる真の実力を育んでいく。

▌施設・環境

本校王子キャンパスの周りには，音無親水公園や王子神社，飛鳥山公園，名主の滝公園など，多くの緑深い公園があり，文化財や教育施設も多い文教地区となっている。創立180周年記念事業の一環として，学習施設「理軒館」が2017年７月に完成した。また，スクールバスにより約10分で行ける12,000m^2の新田キャンパスには，グラウンドの他，体育館，武道館，研修館，メモリアルホールなどの充実した施設がある。

編集部注―本書の内容は2024年4月現在のものであり，変更されている場合があります。正確な情報は，学校のホームページ等で必ずご確認ください。

出題傾向と今後への対策 英語

出題内容

	2024		2023		2022	
	推ⅠⅡ	一般	推ⅠⅡ	一般	推ⅠⅡ	一般
大問数	3	4	3	4	3	4
小問数	30	37	30	39	30	36
リスニング	○	○	○	○	○	○

◎大問３～４題，小問数は第１回推薦が30問前後，一般が40問前後である。出題構成は，放送問題１題，文法の総合問題１題，長文読解１～２題である。放送問題は約10分。

2024年度の出題状況

《第１回推薦Ⅰ・Ⅱ》

1 放送問題
2 適語(句)選択
3 長文読解総合―伝記

《一　般》

1 放送問題
2 文法総合
3 長文読解総合―ノンフィクション
4 長文読解総合―物語

解答形式

《第1回推薦Ⅰ・Ⅱ》　記　述／マーク／併　用

《一　般》　記　述／マーク／併　用

出題傾向

基本的な知識を総合的に問う問題構成となっている。文法問題は適語(句)選択や，語形変化などである。作文は日本語付きの整序結合が例年出題されるが，日本語を読みかえる力が試される。長文は説明文や物語が多く，長さはやや短めである。設問は適語選択，指示語，英問英答，内容真偽など標準的な問題が中心である。放送問題は適文選択や英問英答である。

今後への対策

教科書を徹底的に復習していくことが肝心だ。授業で習ったことを確認しながら，教科書を何度も繰り返し音読し，重要な構文は自分でまとめて暗記するとよい。放送問題はラジオ講座などを利用して毎日英文を聞こう。仕上げに過去問題集を解いて問題形式と時間配分を確認し，間違えた問題は必ず見直しをしておくこと。

◆◆◆◆◆ 英語出題分野一覧表 ◆◆◆◆◆

分野			2022 推ⅠⅡ	2022 一般	2023 推ⅠⅡ	2023 一般	2024 推ⅠⅡ	2024 一般	2025予想※ 推ⅠⅡ	2025予想※ 一般
音声	放送問題		★	★	★	★	★	★	◎	◎
	単語の発音・アクセント									
	文の区切り・強勢・抑揚									
語彙・文法	単語の意味・綴り・関連知識									
	適語(句)選択・補充		■	■	■	■	■	■	◎	◎
	書き換え・同意文完成				●				△	
	語形変化			●	●	●			◎	◎
	用法選択									
	正誤問題・誤文訂正									
	その他									
作文	整序結合		●	●	●	●	●	●	◎	◎
	日本語英訳	適語(句)・適文選択								
		部分・完全記述								
	条件作文									
	テーマ作文									
会話文	適文選択				●				△	
	適語(句)選択・補充									
	その他									
長文読解	内容把握	主題・表題								
		内容真偽	●	●	●	●	●	●	◎	◎
		内容一致・要約文完成	●			●			△	△
		文脈・要旨把握		●		●	●	●	△	◎
		英問英答	●	●					△	△
	適語(句)選択・補充		●	●	●	●	●	●	◎	◎
	適文選択・補充		●		●	●			◎	△
	文(章)整序									
	英文・語句解釈(指示語など)		●	●	●	●		●	◎	◎
	その他(適所選択)						●		△	

●印：１～５問出題，■印：６～10問出題，★印：11問以上出題。
※予想欄　◎印：出題されると思われるもの。　△印：出題されるかもしれないもの。

出題傾向と今後への対策　数学

出題内容

2024年度　《第1回推薦Ⅰ・Ⅱ》

1は小問集合で，９問。各分野から出題されている。2は平面図形で，周の長さが等しい円，正三角形，正方形などについて問うもの。3は関数で，放物線と直線に関するもの。四角形が平行四辺形，ひし形になるときについて考えるもの。

《一　般》

1は小問集合で，10問。2は平面図形で，正六角形を利用した問題。3はさいころを利用した確率。4は数と式，平面図形の融合問題。二次方程式の解を半径とする２つの円を利用した平面図形の問題などが出題されている。

2023年度　《第1回推薦Ⅰ・Ⅱ》

1は小問集合で，９問。各分野から出題されている。2は関数で，一次関数のグラフを利用した問題。文字を使って面積を表すものなどが出題されている。3は数と式から，数の性質に関する問題。条件を満たす数の個数などが問われている。

《一　般》

1は小問集合で，10問。各分野から出題されている。2は関数で，放物線と直線に関するもの。3は平面図形で，正五角形について問うもの。4は場合の数に関する問題で，条件を満たす３けたの整数が何通りできるかを問うもの。

作…作図問題　証…証明問題　グ…グラフ作成問題

解答形式

《第1回推薦Ⅰ・Ⅱ》　記　述／マーク／併　用

《一　般》　記　述／マーク／併　用

出題傾向

一般は，大問４題前後，設問数は18〜25問で，年度によりばらつきがある。1は小問集合で約10問。各分野から基本問題中心に出題されている。2以降は各分野からの総合問題で，図形の出題頻度が高い。その他，関数や数の性質，方程式に関するものなど，バラエティに富んだ内容。約束記号などが出題されることもある。

今後への対策

まずは教科書の章末問題や練習問題をひと通り解いて，基礎事項の確認を。解けない問題は必ず解けるようにしよう。次に，基本問題集などで演習を積んで基礎をしっかり定着させること。そのうえで，標準レベルの問題集で演習をして問題に慣れていくようにしよう。計算練習もおろそかにしないように。

数学出題分野一覧表

分野	年度	2022 推ⅠⅡ	2022 一般	2023 推ⅠⅡ	2023 一般	2024 推ⅠⅡ	2024 一般	2025予想※ 推ⅠⅡ	2025予想※ 一般
数と式	計算，因数分解	★	■	■	★	■	★	◎	◎
	数の性質，数の表し方			★			●	△	△
	文字式の利用，等式変形								
	方程式の解法，解の利用	■	●	●	■	●	■	◎	◎
	方程式の応用		■			●	●		△
関　数	比例・反比例，一次関数	●	★	★		●		◎	◎
	関数$y=ax^2$とその他の関数	★		●	★	■	●	◎	◎
	関数の利用，図形の移動と関数								
図　形	(平面) 計　量	★	■	■	★	★	★	◎	◎
	(平面) 証明，作図								
	(平面) その他	●							
	(空間) 計　量		★	●	●	●	●	◎	◎
	(空間) 頂点・辺・面，展開図								
	(空間) その他								
データの活用	場合の数，確率	●	★	●	★	●	★	◎	◎
	データの分析・活用，標本調査	●	●	●		●	●	◎	◎
その他	不等式								
	特殊・新傾向問題など		★						
	融合問題								

●印：１問出題，■印：２問出題，★印：３問以上出題。
※予想欄　◎印：出題されると思われるもの。　△印：出題されるかもしれないもの。

出題傾向と今後への対策 国語

出題内容

2024年度 《第1回推薦Ⅰ・Ⅱ》

説明文　古文

課題文 ㊀市橋伯一『増えるものたちの進化生物学』
㊁『宇治拾遺物語』

《一般》

論説文　古文

課題文 ㊀斎藤幸平『人新世の「資本論」』
㊁『古今著聞集』

2023年度 《第1回推薦Ⅰ・Ⅱ》

論説文　古文

課題文 ㊀土井善晴『一汁一菜でよいという提案』
㊁兼好法師『徒然草』

《一般》

論説文　古文

課題文 ㊀與那覇潤『過剰可視化社会』
㊁『今昔物語集』

解答形式

《第1回推薦Ⅰ・Ⅱ》　記　述／マーク／併　用

《一般》　記　述／マーク／併　用

出題傾向

設問は，現代文の読解問題に合計で６～８問前後，古文の読解問題に６問程度付され，全体で15問前後の出題となっている。設問のレベルは，標準的である。現代文・古文ともに，記述式解答を要求する設問が複数含まれている。課題文については，論説文は著名な学者や評論家の作品から，古文は中世の作品から選ばれることが多いようである。

今後への対策

現代文については，基礎学力養成用の問題集をできるだけたくさんこなすのがよいが，それだけでなく，論説文は話題になった新書や文庫，小説は古典的な名作を読んでおくとよい。古文については，中世の説話や随筆を対訳付きのものでよいから，目を通しておいた方がよいだろう。

◆◆◆◆ 国語出題分野一覧表 ◆◆◆◆

分野 ＼ 年度			2022		2023		2024		2025予想※	
			推ⅠⅡ	一般	推ⅠⅡ	一般	推ⅠⅡ	一般	推ⅠⅡ	一般
現代文	論説文 説明文	主題・要旨		●		●		●		◎
		文脈・接続語・指示語・段落関係	●	●	●	●	●	●	◎	◎
		文章内容	●	●	●	●	●	●	◎	◎
		表現								
	随筆 日記 手紙	主題・要旨								
		文脈・接続語・指示語・段落関係								
		文章内容								
		表現								
		心情								
	小説	主題・要旨								
		文脈・接続語・指示語・段落関係								
		文章内容								
		表現								
		心情								
		状況・情景								
韻文	詩	内容理解								
		形式・技法								
	俳句 和歌 短歌	内容理解								
		技法								
古典	古文	古語・内容理解・現代語訳	●	●	●	●	●	●	◎	◎
		古典の知識・古典文法	●	●	●	●	●	●	◎	◎
	漢文	（漢詩を含む）								
国語の知識	漢字 語句	漢字	●	●	●	●	●	●	◎	◎
		語句・四字熟語				●				△
		慣用句・ことわざ・故事成語			●				△	
		熟語の構成・漢字の知識								
	文法	品詞								
		ことばの単位・文の組み立て								
		敬語・表現技法								
	文学史				●		●		◎	
作文・文章の構成・資料										
その他										

※予想欄　◎印：出題されると思われるもの。　△印：出題されるかもしれないもの。

合格を勝ち取るための

本書の使い方

本書に掲載されている過去問をご覧になって，「難しそう」と感じたかもしれません。でも，大丈夫。ほとんどの受験生が同じように感じるのです。高校入試の出題範囲は中学校の定期テストに比べて広いですし，残りの中学校生活で学ぶはずの，まだ習っていない内容からも出題されているかもしれません。

ですから，初めて本書に取り組む際には，点数を気にする必要はありません。点数は本番で取れればいいのです。

過去問で重要なのは「間違えること」です。自分の弱点を知るために，過去問に取り組むのです。当然，間違った問題をそのままにしておいては意味がありません。

本書には，長年にわたって高校受験に関わってきたベテランスタッフによる詳細な解説がついています。間違えた問題は重点的に解説を読み，何度も解きなおしてください。時にはもう一度，教科書で復習するのもよいでしょう。

別冊として，抜き取って使える解答用紙を収録しました。表示してあるように拡大コピーをとれば，実際の入試と同じ条件で，何度でも過去問に取り組むことができます。特に記述問題では解答欄の大きさがヒントになる場合があります。そうした，本番で使える受験テクニックの練習ができるのも，本書の強みです。

前のページにある「出題傾向と今後への対策」もよく読んで，本校の出題傾向に慣れておきましょう。

2024年度 順天高等学校(第1回推薦Ⅰ・Ⅱ)

【英　語】(40分，うちリスニングテスト約10分)〈満点：100点〉

第1問　(リスニングテスト)

第1問リスニングテストは，Part AからPart Cまでの3部構成となっています。各部の指示に従って，注意して放送を聞き，後に続く問題に答えなさい。なお，メモを取っても構いません。

Part A　これから短い英文が2度ずつ読まれます。その英文に対する応答として最も適切なものを，ア～エの中から1つ選びなさい。

(1)　ア　The movie starts at 7:00 PM.
　　イ　I like action movies.
　　ウ　It was a great movie last week.
　　エ　Yes, I will watch the movie.

(2)　ア　Please come to my birthday party.
　　イ　I like celebrating birthdays.
　　ウ　My friend's birthday is next month.
　　エ　It's on December 15th.

(3)　ア　Dogs like living in the country.
　　イ　His dog is 8 years old.
　　ウ　About 15 years.
　　エ　Our dog is about one meter long.

(4)　ア　She wants to join the soccer club.
　　イ　I'm not interested in the basketball club.
　　ウ　You were in the photography club last year.
　　エ　I think the drama club is interesting for me.

(5)　ア　I like to eat meat on Friday nights.
　　イ　He's not my friend.
　　ウ　Yes, you have many friends.
　　エ　No, I couldn't.　I had a cold.

Part B　これからAとBの対話が2度ずつ読まれます。対話の後で，内容に関する質問が読まれます。質問の答えとして最も適切なものを，ア～エの中から1つ選びなさい。

(1)　ア　She is talking on the telephone.
　　イ　She is working with other people.
　　ウ　She is shopping for clothes.
　　エ　She is applying for a job.

(2)　ア　She doesn't like the museum.
　　イ　She has to work late.
　　ウ　She doesn't want to go with the man.
　　エ　She is not feeling well.

(3)　ア　On Wednesday or Friday.　　イ　On Monday or Tuesday.
　　ウ　On Saturday or Sunday.　　エ　They are both busy on all the days.

(4)　ア　His weekend plan.　　イ　Repair costs for his car.
　　ウ　Finding a new car.　　エ　Calling a repair shop.

(5)　ア　6:30.　　イ　6:45.　　ウ　7:15.　　エ　7:30.

Part C　これから長めの英文が2度読まれます。その英文に関する質問の答えとして最も適切なものを，ア～エの中から1つ選びなさい。まず質問に目を通してから，注意して放送を聞きなさい。

(1)　Why is New Zealand popular for making movies ?
　ア　Because many movie stars live in New Zealand.
　イ　Because many movie companies want to make films about Maori culture.
　ウ　Because many people are originally European.
　エ　Because of its wonderful nature.

(2)　Where do the highest number of people live in New Zealand ?
　ア　On the North Island.
　イ　In the many green forests.
　ウ　On the South Island.
　エ　On the beautiful beaches of the smaller islands.

(3)　How is New Zealand similar to Japan ?
　ア　They both have lots of sheep.
　イ　They are island countries with about the same land size.
　ウ　They are some of the least crowded countries in the world.
　エ　Both countries are in Asia.

※**＜リスニングテスト放送原稿＞**は英語の問題の終わりに付けてあります。

第2問

次の各英文の(　)内に入れるものとして最も適切なものを，それぞれア～エの中から1つ選びなさい。

(1)　Your father can speak French, (　　　　) ?
　ア　is he　　イ　he isn't　　ウ　can't he　　エ　can he

(2)　Simon was looking forward to (　　　　).
　ア　your letter　　　　　イ　get your letter
　ウ　be given your letter　　エ　given your letter

(3)　The lady who is sitting on the bench (　　) to my house yesterday.
　ア　visiting　　イ　coming　　ウ　visited　　エ　came

(4)　What (　　　　) in English ?
　ア　is called this character　　イ　is this character called
　ウ　this character is called　　エ　does this character called

(5)　I will take (　　) our children while you are away.
　ア　good care for　　イ　good care of　　ウ　part　　エ　part in

(6)　My PC is broken so I'm going to get a new (　　).
　ア　one　　イ　it　　ウ　mine　　エ　other

第3問

次の英文を読んで，あとの問いに答えなさい。（＊印の語句には脚注があります。）

Sky Brown is a young and amazing *skateboarder who has *inspired people around the world with her skills and positive personality. She was born on July 7, 2008, in Miyazaki, Japan. From a very young age, Sky showed a ①natural ability for *skateboarding. Her father is also a skateboarder and he encouraged her to start practicing and developing her skills. She quickly fell in love with it and spent hours at the local skate park every day. While Sky's skills developed, her love for skateboarding grew stronger. At the age of ten, she became the youngest professional skateboarder in history. [A]

Skateboarding became popular in the United States during the 1960s and 1970s, but it took longer to become popular in Japan. It had difficulty at first because of the many rules and few public spaces for skateboarders. In recent years, (②), the sport is becoming much more popular, especially because of the success of special athletes like Sky Brown. Skate parks have appeared across the country, and at these parks skateboarders can practice and connect with others. In 2021, skateboarding *made its debut as an official Olympic sport at the Tokyo Olympics. [B]

Sky Brown is both Japanese and British, (③). At the age of 13, she became the youngest British athlete in the Olympics ever. Her performance in the women's park skateboarding event was wonderful. With each jump and turn, Sky showed her skill and personality. Everyone was surprised by her moves and energy. Sky won a *bronze medal at the end of the event and became the youngest athlete with an Olympic medal in British history. [C]

Sky Brown is now a social media star. She shares videos and news with her fans on YouTube and Instagram. She is also a surfer and dancer and she uses social media to show her fans ④these different sides of her. She sometimes goes on TV, gives speeches and is even an author now. She wrote a book that tells her story and encourages kids to believe in themselves. [D] Sky's hard work, positive spirit and success continue to inspire people of all ages around the world. Her story gives others hope and helps them believe in themselves. Through the Tokyo Olympics, this young girl has inspired a new generation.

（注） ＊skateboarder：スケートボーダー　＊inspire：～を鼓舞する
＊skateboarding：スケートボードをすること
＊make one's debut as an official Olympic sport：公式オリンピック競技としてデビューする
＊bronze medal：銅メダル

(1) 次の１文が本文の[A]から[D]のうちのどこかに入ります。入る場所として最も適切なものを，[A]～[D]の中から１つ選びなさい。

This moment showed the global importance of skateboarding and also opened doors for young athletes like Sky Brown to show their skills on the world stage.

(2) 下線部①と同じ意味のnaturalを含む文を，ア～エの中から１つ選びなさい。

ア Japanese people should prepare for natural disasters such as earthquakes and tsunamis.
イ Fruits and vegetables are natural foods that are good for you.
ウ My sister is a natural musician and has performed at many concerts in the world.
エ It is natural for him to get angry at her.

(3) (②)に入る語(句)として最も適切なものを，ア～エの中から1つ選びなさい。

ア although　イ for example　ウ so　エ however

(4) (③)に入るものとして最も適切なものを，ア～エの中から1つ選びなさい。

ア and she chose to skate for Great Britain in the Olympics

イ and she decided to become a Japanese after talking with her mother

ウ but she didn't choose to be a professional athlete

エ but she wanted to be popular in the United States

(5) 下線部④の内容を「～とは異なる…」という形で，30字程度の日本語で説明しなさい。

(6) 本文の内容に合うものを，ア～オの中から2つ選びなさい。

ア Sky Brown was positively influenced by her father as a skateboarder.

イ Skateboarding started becoming popular in Japan during the 20th century.

ウ Sky Brown won second place at the Tokyo Olympics.

エ Sky Brown is the first Olympic medalist 13 or under from Great Britain.

オ Sky Brown wrote a book about how to skateboard and encourages children to start skateboarding.

(7) 本文に関連した以下のTaroとMariの会話文を読んで，(A)，(B)の質問に答えなさい。

Taro： Have you tried skateboarding before？

Mari： No, I haven't. I learned about skateboarding as a sport when it was *featured in the Tokyo Olympics. (　①　)

Taro： No, I had a skateboarding experience when I was in Australia. It is very popular in the country.

Mari： I'm surprised you've skateboarded before. (　②　)

Taro： Yes, it took me a long time to balance on the skateboard, but スケートボードは今までやった中で一番ワクワクするスポーツです。

Mari： Really？ I want to try skateboarding. (　③　)

Taro： Of course, anytime is fine. I'd be happy to give you some advice.

(注) ＊feature：～を取り上げる

(A) 解答欄に続けて，下線部の日本語の意味になるように次の語句を並べ替えなさい。

skateboarding (sport / have / most / I / ever / the / exciting / is) played.

(B) (①)～(③)に入る文として最も適切なものを，それぞれア～ウの中から1つ選びなさい。

(①) ア Have you skateboarded before？
イ How about you？
ウ Was it new to you too？

(②) ア Isn't it difficult？
イ Is it easy？
ウ Isn't it easy？

(③) ア Could you show me how to skateboard？
イ Tomorrow I'll skateboard.
ウ Would you like to skateboard by yourself？

＜リスニングテスト放送原稿＞

それでは，これからリスニングテストを始めます。

第１問リスニングテストは，Part AからPart Cまでの３部構成となっています。各部の指示に従って，注意して放送を聞き，後に続く問題に答えなさい。なお，メモを取っても構いません。

Part A　これから短い英文が２度ずつ読まれます。その英文に対する応答として最も適切なものを，ア～エの中から１つ選びなさい。

(1) What time does the movie start?
(2) When is your birthday?
(3) How long can a dog live?
(4) What club is Emily interested in joining?
(5) Didn't you meet any of your friends?

Part B　これからＡとＢの対話が２度ずつ読まれます。対話の後で，内容に関する質問が読まれます。質問の答えとして最も適切なものを，ア～エの中から１つ選びなさい。

(1) A(man)　：Please have a seat and thank you for coming today.　Now I would like to ask you a few questions.　Do you like meeting people?
B(woman)：Yes, I love meeting new people.
A(man)　：Do you prefer to work alone or with a team?
B(woman)：I like to work with a team but I also don't mind working alone.
Q：What is the lady doing?

(2) A(man)　：I'm thinking of going to the museum tomorrow.　Would you like to join me?
B(woman)：Sorry, I can't.　I have to work until late in the evening.
A(man)　：That's too bad.　Maybe some other time.
B(woman)：Well, don't feel bad.　Let's go out another time.
Q：Why can't the woman go to the museum?

(3) A(man)　：Hi Mary.　I was wondering if you are free to see the new Indy Jones movie this Wednesday.
B(woman)：Sorry, John.　I'm going out with some workers from the office that night.
A(man)　：Well, how about this weekend?
B(woman)：My parents are visiting me on Friday but I'm free the other two days.
Q：What days of the week will John and Mary probably see the movie?

(4) A(man)　：Sara, my car broke down and it's going to be expensive to fix.
B(woman)：I'm sorry to hear that.　Do you need a car today?
A(man)　：I don't need it until the weekend, but I'm worried about the repair cost.
B(woman)：Well, why don't you check the prices at a few places before you decide?
Q：What is the man worried about?

(5) A(man)　：Do you have the time, Monica?
B(woman)：Yes.　It's 6:45 (six forty-five).
A(man)　：OK.　From here, I think we'll arrive at the theater in 30 minutes by taxi.
B(woman)：Good.　The show starts at 7:30.　Let's take a taxi.
Q：What time will they arrive at the theater?

Part C　これから長めの英文が２度読まれます。その英文に関する質問の答えとして最も適切なものを，ア～エの中から１つ選びなさい。まず質問に目を通してから，注意して放送を聞きなさい。

What does New Zealand look like to a visitor from abroad? First of all, it is a country in Oceania, and it is famous for its great natural beauty. It has huge mountains and volcanoes, long beautiful beaches, and many green forests. Because of this beauty, New Zealand has become a popular place to make movies. Many movies, such as The Lord of the Rings and Jurassic Park 2 were made there. After watching these exciting movies, many people want to see this land with such beautiful nature.

New Zealand is an island nation like Japan. The main islands are the North and South islands but there are some smaller islands too. Most of the people live on the North Island. The majority of New Zealanders are originally from Europe. The native people called Maori are 14 percent of the population. They have their own language and culture.

One interesting fact about New Zealand that many people don't know is there are more sheep than people! The population of sheep is 40 million, while there are only 4 million people. That means for one person there are ten sheep. The size of New Zealand is about the same as Great Britain or Japan. So, with its small population, it is one of the world's least crowded countries.

So, if you like a country with lots of nature and beautiful views, New Zealand is the place for you!

以上でリスニングテストを終わります。

【数　学】（30分）〈満点：100点〉

〔注意〕 分数形で解答する場合は，それ以上約分できない形で答えなさい。根号を含む形で解答する場合は，根号の中に現れる自然数が最小となる形で答えなさい。

1　次の各問いに答えなさい。

(1)　$\sqrt{3}(\sqrt{2}-\sqrt{3}+\sqrt{6})+\sqrt{2}(\sqrt{2}-\sqrt{3}-1)$ を計算しなさい。

(2)　$x=\dfrac{3\sqrt{3}+7}{2}$，$y=\dfrac{3\sqrt{3}-7}{2}$ のとき，x^2-y^2 の値を求めなさい。

(3)　2つの直線 $y=\dfrac{1}{2}x+b$ と $y=-x$ の交点の x 座標が2のとき，定数 b の値を求めなさい。

(4)　連立方程式 $\begin{cases} ax+by=-1 \\ 2ax+3by=-17 \end{cases}$ の解が $x=-2$，$y=3$ のとき，定数 a，b の値を求めなさい。

(5)　仕入れ値 x 円の商品を1000個仕入れて，仕入れ値の20％の利益を見込んで定価をつけたところ，その商品は850個売れた。残りの商品をすべて定価の半額で売ったところ，33,000円の利益があったという。このとき x の値を求めなさい。

(6)　サイコロを1回投げて，1，2の目が出たら2点獲得，3，4，5，6の目が出たら1点獲得するゲームを行う。このゲームを2回行って，3点獲得する確率を求めなさい。

(7)　6個の整数13，8，11，7，a，b からなるデータの平均値と中央値はいずれも8.5であった。$a<b$ のとき，a，b の値を求めなさい。

(8)　半径1の3つの円と正三角形が下の図1のように接している。この正三角形の面積を求めなさい。

図1

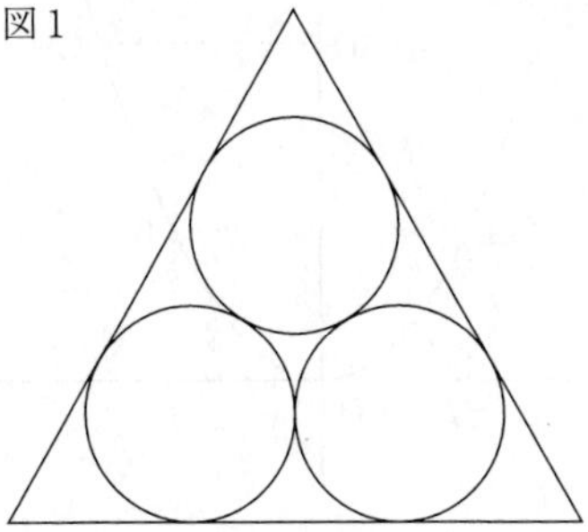

図2

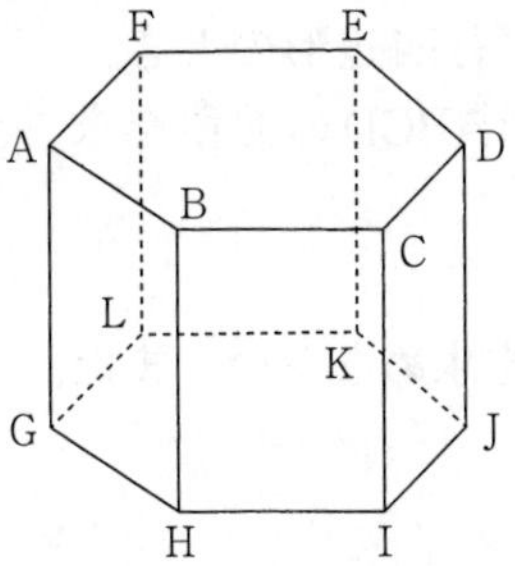

(9)　上の図2のように底面の一辺の長さが2の正六角柱ABCDEF-GHIJKLがある。3点B，D，Iを通る平面で切った断面が正三角形になるとき，この正六角柱の高さを求めなさい。

2　周の長さがすべて等しい円，正三角形，正方形，正六角形がある。この円を円Ｐとし，円Ｐの半径が６であるとき，下の問いに答えなさい。

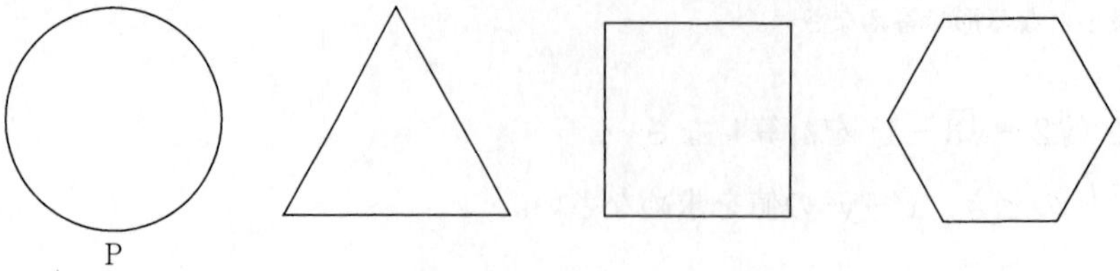

(1)　正三角形の一辺の長さを求めなさい。

(2)　正方形の対角線の長さを求めなさい。

(3)　正六角形の対角線の長さをすべて求めなさい。

(4)　正六角形の６つの頂点を通る円を円Ｑとする。円Ｑの周の長さは，円Ｐの周の長さの何倍か答えなさい。

3　$y=ax^2(a>0)$のグラフ上にx座標が$-t$，tである点Ａ，Ｂがある。また，y軸上にy座標が正である点Ｄをとる。点Ｄを通りx軸と平行な直線を引き，その直線と$y=ax^2$のグラフの交点でx座標が正であるものをＣとする。

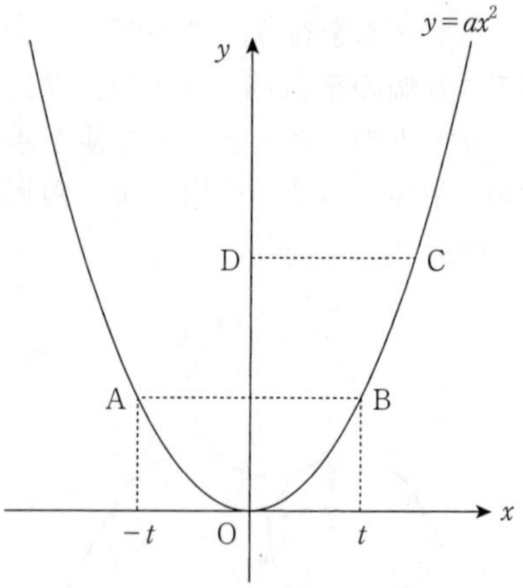

(1)　$t=1$とする。

Ｄのy座標が８で，四角形ABCDが平行四辺形のとき，aの値を求めなさい。また，平行四辺形ABCDの面積を求めなさい。

(2)　$t=2$とする。

四角形ABCDがひし形のとき，aの値を求めなさい。また，∠ABCの大きさを求めなさい。

社《やしろ》を作りて（注11）斎《いは》ひ給へ。さらば2いかにもまぼり奉らん」といひけるを、「（注12）我が心一つにてはかなはじ。この由《よし》を院へ申してこそは」といひければ、「憎《にく》き男の言事《いひごと》かな」とて、三度《みたび》上《かみ》ざまへ蹴上《けあ》げ蹴上げして、（注13）なへなへくたくたとなして、落つる所を口をあきて食ひたりけり。（注14）なべての人ほどなる男と見る程に、おびたたしくBおほきになりて、この男をただ一口に食ひてけり。

（『宇治拾遺物語』より）

（注1）やうぜいゐん…第五十七代天皇（八六八―九四九）。在位八七六～八八四年。
（注2）御所…二条院。
（注3）物…物《もの》の怪《け》、妖怪、鬼、霊の類。
（注4）釣殿…寝殿造の東または西の廊下から南にある池に臨む位置にある建物。
（注5）番の者…夜、警備を担当する者。
（注6）そとそと…そっと。
（注7）浅黄…薄い藍色。浅葱《あさぎ》色。水色。
（注8）上下…上衣と袴《はかま》とが同生地、同色の着物。
（注9）物わびしげなる…みずぼらしそうな様子の者。
（注10）浦嶋が子の弟…浦島太郎の弟。
（注11）斎ひ給へ…神として祭ってください。
（注12）我が心一つでは…私の一存では。
（注13）なへなへくたくた…すっかり力が抜けてぐったりとした様子。
（注14）なべての…普通の。

問一 ～～～A・Bをそれぞれ現代仮名遣いに直しなさい。

問二 ＝＝a・bの活用形を、それぞれ次から選んで、番号で答えなさい。

1. 未然形　2. 連用形
3. 終止形　4. 連体形
5. 已然形　6. 命令形

問三 ――1「太刀を抜きて、片手につかみたりければ」とあるが、男はなぜそのような行動をとったのか、「男が［　　］に対して、［　　］と思ったから。」という形で、それぞれ解答欄の字数**以内**で説明しなさい。

問四 ――2「いかにもまぼり奉らん」の本文における意味として最も適当なものを、次から選んで、番号で答えなさい。

1. なんとかして助けてくれませんか
2. なんとかしてお守り申し上げよう
3. どうして守ってあげられましょう
4. どうしてご決心できないのですか
5. どのようにしても守り抜く覚悟です

問五 本文の内容に合致するものとして最も適当なものを、次から選んで、番号で答えなさい。

1. 住む場所のない夜警の男は、いつも大きな池に臨む釣殿で寝ていた。
2. 夜警の男は、自分の顔をそっとなでる者が浦島太郎の弟だと最初から気づいていた。
3. 夜警の男は、自分を祭るようにいう物の怪に、一人では決められないと答えた。
4. 夜警の男は、物の怪の命乞いに対して、「憎い男だ」と思い再三蹴り上げた。
5. 夜警の男は、たくさんの家来と共に、物の怪をたったの一噛《か》みで食い殺した。

問六 『宇治拾遺物語』の成立した時代を、次から選んで、番号で答えなさい。

1. 奈良時代　2. 平安時代　3. 鎌倉時代
4. 室町時代　5. 江戸時代

ば肉など）をォホウチすれば、あっという間に細菌が増えてしまいますが、餅やパンなど乾燥した食べ物、ジャムなどの糖を多く含んだ食べ物（糖が水分を吸収してしまうので、乾燥しているのと近い状態になります）であれば、細菌はなかなか増えることができません。したがって、腐りにくくなります。しかし、腐ることは防げたとしても、時間がたてばカビが生えて結局食べられなくなってしまいます。これはカビが、細菌が増えることができないような乾燥したものでも栄養源として使うことができるためです。

9　Ⅲ、細胞が大きくなったことにより、細菌を捕食することができるようになったものもいます。たとえばゾウリムシは、細胞の一部の場所が口のようになって餌となる細菌を飲み込むことができます。飲み込まれた細菌は小胞の中に包まれ、ゾウリムシの細胞の中をぐるぐる回りながら、消化酵素によって少しずつ消化されていきます。そうして漏れ出してきた栄養をゾウリムシの細胞が使うことになります。捕食ができるようになると、先に細菌が増えて環境中の栄養がなくなっても、増えた細菌を餌にしてしまえばいいわけです。

（市橋伯一『増えるものたちの進化生物学』より）

問一　〰〰ア～オのカタカナを漢字に直しなさい。

問二　本文中の Ⅰ ～ Ⅲ に当てはまる語の組み合わせとして最も適当なものを次から選び、番号で答えなさい。

1. Ⅰ　そして　Ⅱ　だから　Ⅲ　だが
2. Ⅰ　しかし　Ⅱ　また　Ⅲ　だから
3. Ⅰ　だから　Ⅱ　さらに　Ⅲ　そして
4. Ⅰ　しかし　Ⅱ　また　Ⅲ　さらに
5. Ⅰ　だが　Ⅱ　だから　Ⅲ　さらに

問三　次の形式段落を、本文中に戻す場合に適当な箇所はどこか。直前の段落番号を答えなさい。

このように大きく、いろいろな器官をもつことができるようになった単細胞性真核生物は、細菌にはできない能力を獲得しました。身近によくいる単細胞性真核生物の酵母を使って説明してみたいと思います。

問四　――1「多産多死の戦略」とあるが、これはどのような戦略だと考えられるか。解答欄に合うように四十字以内で説明しなさい。

問五　――2「少産少死の戦略」とあるが、これについて説明した次の選択肢のうち、**誤っている**ものを次から選んで、番号で答えなさい。

1. 酵母、ミドリムシ、ユーグレナのとっている戦略である。
2. 細菌が栄養としないものまで栄養とすることができる。
3. 個体の大きさはこの戦略にはとくに関係がない。
4. ワインはこの戦略の結果としてできあがる食品である。
5. この戦略によって遺伝子をたくさんもてるようになる。

問六　――3「ワインが出来上がる」とあるが、どのような仕組みで「ワインが出来上がる」のか。「酵母」という語句を必ず用いて、解答欄に合うように五十字以内で説明しなさい。

二

次の文章を読んで、後の問いに答えなさい。（設問の都合上、本文の表記を一部書き改めた箇所がある。）

今は昔、A（注1）やうぜいゐんおりゐさせ給ひての（注2）御所は、大宮よりは北、西洞院《にしのとうゐん》よりは西、油の小路よりは東にてなんありaける。

そこは（注3）物すむ所にてなんありける。大きなる池のありける（注4）釣殿《つりどの》に（注5）番の者寝たりければ、夜中ばかりに、細々とある手にて、この男が顔を（注6）そとそとなでけり。けむつかしと思ひて、1太刀《たち》を抜きて、片手につかみたりければ、（注7）浅黄《あさぎ》の（注8）上下《かみしも》着たる翁の、殊《こと》の外《ほか》に（注9）物わびしげなるがいふやう、「我はこれ、昔住みし主《ぬし》なり。（注10）浦嶋が子の弟なり。古《いにしへ》よりこの所に住みて千二百余年になるなり。願はくは許しb給へ。ここに

二〇二四年度 順天高等学校（第一回推薦Ⅰ・Ⅱ）

【国語】（三〇分）〈満点：一〇〇点〉

〔注意〕 問題文に「説明しなさい」と指示のある問題は、すべて部分採点を行います。完全な解答が得られない場合も、積極的に解答を書き込むようにしてください。

一 次の文章を読んで、後の問いに答えなさい。なお、字数制限のある問いの解答については、すべて句読点・記号等も一字とする。（設問の都合上、本文の表記を一部書き改めた箇所がある。）

1 1多産多死の戦略と対になるのは少産少死の戦略です。増えるのは遅いが、その分死ににくくすることで生き残る確率を上げ、少しずつ増えるアケンジツな戦略です。こちらの戦略では速く増える必要はありませんので、細胞を大きくして機能もたくさん持つことができます。

2 Ⅰ 、遅く増えるというのは簡単ではありません。普通どんな環境にも多産多死の戦略をとる細菌がいて、それらが先に増えて栄養を全部取ってしまうからです。栄養がなければ、そもそも増えることができません。

3 したがって、2少産少死の戦略をとるためには、栄養獲得のために何らかの特殊能力が必要となります。たとえば、普通の細菌では利用できないような物質を栄養として使うことができる能力や、わずかな栄養を集める機能、細菌が生きていけない厳しい環境でも生きていける能力、あるいはもっと有効なのは先に増えた細菌を捕食する機能などです。こういう能力を獲得することができれば、もう多産多死の生物と同じイドヒョウで戦う必要はなくなります。

4 細菌よりも少し少産少死の戦略を採用している生物としては、たとえば単細胞性の真核生物があります。身近なところではパンやビールを作る「酵母」や、池や水たまりによくいる「ゾウリムシ」、最近は健康食品として有名な「ミドリムシ（ユーグレナ）」がいます。

5 先ほども触れたように、真核生物の細胞は細菌よりも長さで10倍、体積では1000倍くらい大きく、そして細胞内に核やミトコンドリアといった細菌にはない様々な細胞内小器官を持っています。真核生物は、細菌とよく似た単細胞生物（古細菌）の一種だったのが、細菌の一種を細胞内に共生させることによってウタンジョウしたと言われています。この共生によって、細胞の中に別の細胞をもつことになり、エネルギー生産を分業して行なうことができるようになりました。その結果、エネルギー生産量が増し、細胞サイズを大きくすることができ、さらに遺伝子もたくさん持てるようになったと考えられています。

6 酵母はいわゆるカビの一種です。カビはエガクジュツ用語では「真菌」と呼ばれます。細菌と同じ「菌」が付いていますが、核も細胞内小器官もない原核生物の細菌とは異なり、真菌は核や様々な細胞内小器官をもった真核生物です。

7 酵母などの真菌類の細胞は細菌よりずっと大きく、その分増殖はずっと遅くなりました。しかし、細菌にはない丈夫さを獲得しています。酵母はブドウやかんきつ類など多くの果実の表面に棲息《せいそく》しています。果実の表面は酸性です。酵母は酸性の原因となる「水素イオン」を汲《く》みだすしくみを複数持っていることにより、酸性環境下でもゆっくりですが増えることができるようになっています。なお、ブドウを皮ごと潰して置いておけば、細菌よりも酵母が優先的に増えていきます。酵母はアルコールを作る能力もありますので、それによって3ワインが出来上がることになります。こうした酵母を使った酒づくりが可能なのは、細菌が増えにくい果汁の酸性環境下でも、酵母は増えることができるからです。

8 Ⅱ 、カビなどの真核生物は乾燥にも強くなっています。そのため、細菌が増えることができないような乾燥した食べ物でも、カビなら増えることができます。十分に水分を含んだ食品（たとえ

2024年度／順天高等学校(第１回推薦Ⅰ・Ⅱ)

英語解答

1 Part A　(1)…ア　(2)…エ　(3)…ウ
(4)…ア　(5)…エ

Part B　(1)…エ　(2)…イ　(3)…ウ
(4)…イ　(5)…ウ

Part C　(1)…エ　(2)…ア　(3)…イ

2 (1)　ウ　(2)　ア　(3)　エ　(4)　イ
(5)　イ　(6)　ア

3 (1)　B　(2)　ウ　(3)　エ　(4)　ア

(5)　スケートボーダーとは異なるサーファーやダンサーとしての側面。
(30字)

(6)　ア，エ

(7)　(A)　is the most exciting sport I have ever

(B)　①…ウ　②…ア　③…ア

1〔放送問題〕解説省略

2〔適語(句)選択〕

(1)相手に同意を求めたり念を押したりする付加疑問文をつくる。前半が肯定文のときは，文末に‘(助)動詞の否定形＋主語(代名詞)’をつける。　「あなたのお父さんはフランス語が話せますよね」

(2)‘look forward to＋名詞〔動名詞〕’「～することを楽しみにする」を用いる。なお，この to は前置詞なので，後ろに動詞の原形は置かない。　「サイモンはあなたの手紙を楽しみにしていた」

(3)The lady who is sitting on the bench が主語のまとまりで，これに対応する動詞が入る。動詞の visit は後ろに to を伴わないので，ここでは使えない。　「ベンチに座っている女性は昨日私の家に来た」

(4)this character を主語とする受け身形の疑問文をつくる。これは，‘be動詞＋主語＋過去分詞…’の語順で表す。　「このキャラクターは英語で何といいますか」

(5)take care of ～「～の世話をする」の care を good が修飾する形にする。　「あなたが留守の間，私がしっかり子どもたちの世話をします」

(6)one には，前に形容詞を置いて，前に出てきた名詞の代わりをするはたらきがある。　「パソコンが壊れたので，新しいものを買ってきます」

3〔長文読解総合─伝記〕

≪全訳≫❶スカイ・ブラウンはその技術と前向きな性格で世界中の人々を鼓舞している，若くてすばらしいスケートボーダーだ。彼女は2008年７月７日に日本の宮崎で生まれた。彼女は幼い頃から，スケートボードで天性の才能を発揮していた。彼女の父親もスケートボーダーで，練習を始めて技術を身につけるよう彼女に勧めた。彼女はすぐにスケートボードが好きになり，毎日何時間も地元のスケートパークで過ごした。スカイの技術が上達するにつれ，彼女のスケートボードへの愛も強くなっていった。10歳のとき，彼女は史上最年少のプロスケートボーダーになった。❷スケートボードは1960年代から70年代にかけてアメリカで流行したが，日本では普及に時間がかかった。ルールが多く，スケートボーダー用の公共の場所がほとんどなかったため，最初のうちは普及が難しかった。しかし近年になり，このスポーツは，特にスカイ・ブラウンのような特別なアスリートたちの成功のおかげで，より人気が高まっている。スケートパークが全国に出現し，スケートボーダーはこれらのパークで練習し，ほかの人とつながることができる。2021年，スケートボードは東京オリンピックの正式種目としてデビューした。BこＢの瞬間，スケートボードの世界的な重要性が示されるとともに，スカイ・ブラウンのような若いアスリートたちが世界の舞台で技術を披露するための扉が開かれたのだ。❸スカイ・ブラウンは日本人であると同時にイギリス人でもあるが，③オリンピックではイギリス代表としてスケートする方を選んだ。彼女は13歳にして，オリンピックに出場した史上最年少のイギリス人選手となった。スケートボード・女子パーク競技での彼女の演技はすばらしかった。ジャンプやターンのたびに，スカイはその技術と個性を見せつけた。誰もが彼女の動きとエネルギーに驚いた。スカイは競技を終えて銅メダルを獲得し，イギリス史上最年少でオリンピックメダルを獲得した選手となった。❹スカイ・ブラウンは今やソーシャルメディアのスターだ。彼女はYouTubeやInstagramで動画やニュースをファンと共有している。彼女はサーファーでもあり，ダンサーでもあるが，自分のこうした異なる側面をファンに見せるためにソーシャルメディアを使っている。彼女はテレビに出ることもあれば，スピーチをすることもあり，今や作家ですらある。彼女は自分のストーリーをつづった本を書き，子どもたちに自分自身を信じるよう勧めている。スカイの勤勉さ，前向きな精神，そして成功は，世界中のあらゆる年齢の人々を鼓舞し続けている。彼女の物語はほかの人々に希望を与え，自分自身を信じる助けとなっている。東京オリンピックを通じて，この少女は新しい世代を鼓舞したのである。

(1)<**適所選択**>入れる文の意味は「この瞬間，スケートボードの世界的な重要性が示されるとともに，スカイ・ブラウンのような若いアスリートたちが世界の舞台で技術を披露するための扉が開かれた」である。「世界の舞台」や「扉が開かれた」などの表現から，この文の冒頭の This moment「この瞬間」が，スケートボードが東京オリンピックの正式種目としてデビューしたときだと判断できる。

(2)<**語句解釈**>「幼い頃から」や「才能を発揮していた」という内容から，この natural は「生まれながらの，天性の」という意味であることがわかる。したがって，ウ．「私の姉〔妹〕は天性の音楽家で，世界の数多くのコンサートで演奏している」が同じ。なお，アは「日本人は地震や津波などの自然災害に備えるべきだ」，イは「果物や野菜は体によい自然食品だ」，エは「彼が彼女に腹を立てるのは当然なことだ」という意味。

(3)<**適語選択**>空所を含む文の前では，スケートボードが日本ではなかなか普及しなかったという状況が述べられている。一方，空所を含む文では，日本でもスケートボードが普及してきた様子が述べられているので，‘逆接’の however「しかしながら」が適する。

(4)<**適文選択**>直後の文に「彼女は13歳にして，オリンピックに出場した史上最年少のイギリス人選手となった」とあることから，スカイ・ブラウンは日本人でもイギリス人でもあるが，オリンピックではイギリス代表として競技する方を選んだことがわかる。

(5)<**文脈把握**>スカイ・ブラウンはスケートボーダーとして活躍しているが，ここではサーファーでもあり，ダンサーでもあると紹介されている。つまり，「異なる側面」とは，「スケートボーダーとは異なるサーファーやダンサーとしての側面」ということになる。

(6)<**内容真偽**>ア．「スカイ・ブラウンはスケートボーダーである父親から前向きな影響を受けた」…○　第１段落第４文に一致する。　イ．「スケートボードは20世紀の間に日本で流行し始めた」

…×　第2段落第3文参照。スケートボードが日本で流行し始めたのは近年になってから。　ウ.「スカイ・ブラウンは東京オリンピックで2位に入賞した」…×　第3段落最終文参照。スカイは3位の選手に与えられる銅メダルを獲得した。　エ.「スカイ・ブラウンはイギリス出身の13歳以下で最初のオリンピックメダリストである」…○　第3段落第2文および最終文に一致する。オ.「スカイ・ブラウンはスケートボードの乗り方についての本を書き，子どもたちにスケートボードを始めることを勧めている」…×　第4段落第5文参照。彼女の書いた本は自分のストーリーをつづったものである。

⑺≪全訳≫❶タロウ(T)：スケートボードをやったことはある？❷マリ(M)：いいえ，ないわ。東京オリンピックでスケートボードが取り上げられたときに，スポーツとしてのスケートボードを知ったの。①あなたにとっても初めてだったの？❸T：いや，スケートボードはオーストラリアにいるときにやったことがあるよ。オーストラリアではとても人気があるんだ。❹M：スケートボードをやったことがあるなんて意外だわ。②難しくないの？❺T：いや，スケートボードの上でバランスをとるのに時間がかかったけど，スケートボードは今までやった中で一番ワクワクするスポーツなんだ。❻M：そうなの？　私もスケートボードをやってみたいわ。③スケートボードのやり方を教えてくれる？❼T：もちろん，いつでもいいよ。喜んでアドバイスするよ。

(A)<整序結合>「私が今まで～した中で一番…な―」は‘the＋形容詞の最上級＋名詞＋(that) I have ever＋過去分詞’の形で表せる。「一番ワクワクするスポーツ」は the most exciting sport。

(B)<適文選択>①この問いかけにタロウは No で答え，それに続けてスケートボードをやった経験があると言っている。ここから，マリはスケートボードの経験の有無を尋ねたとわかる。アの場合は答えが Yes になるので，ウが適切。この new は「初めて知った」という意味。　②この後，タロウは「スケートボードの上でバランスをとるのに時間がかかった」と，スケートボードの難しかった点を答えている。ここから，マリはスケートボードが難しくないのか尋ねたのだとわかる。タロウは Yes と返事をしているが，これは Yes, it is difficult. のこと。疑問文の問い方にかかわらず，肯定の内容の返事をする場合は‘Yes＋肯定文’で，否定の内容の返事をする場合は‘No＋否定文’で答える。　③この後，タロウが「もちろん，いつでもいいよ」と言っていることから，マリが何かをタロウにお願いしたのだと判断できる。

数学解答

1 (1) $2\sqrt{2}-1$ (2) $21\sqrt{3}$ (3) -3

(4) $a=-7$，$b=-5$ (5) 300

(6) $\dfrac{4}{9}$ (7) $a=3$，$b=9$

(8) $6+4\sqrt{3}$ (9) $2\sqrt{2}$

2 (1) 4π (2) $3\sqrt{2}\pi$ (3) $2\sqrt{3}\pi$，4π (4) $\dfrac{\pi}{3}$倍

3 (1) $a=2$，面積…12

(2) $a=\dfrac{\sqrt{3}}{6}$，$\angle\mathrm{ABC}=120°$

1〔独立小問集合題〕

(1)＜数の計算＞与式$=\sqrt{6}-3+3\sqrt{2}+2-\sqrt{6}-\sqrt{2}=2\sqrt{2}-1$

(2)＜数の計算＞与式$=(x+y)(x-y)$とする。$x+y=\dfrac{3\sqrt{3}+7}{2}+\dfrac{3\sqrt{3}-7}{2}=\dfrac{3\sqrt{3}+7+3\sqrt{3}-7}{2}=\dfrac{6\sqrt{3}}{2}=3\sqrt{3}$，$x-y=\dfrac{3\sqrt{3}+7}{2}-\dfrac{3\sqrt{3}-7}{2}=\dfrac{(3\sqrt{3}+7)-(3\sqrt{3}-7)}{2}=\dfrac{3\sqrt{3}+7-3\sqrt{3}+7}{2}=\dfrac{14}{2}=7$だから，与式$=3\sqrt{3}\times7=21\sqrt{3}$となる。

(3)＜関数―切片＞２直線$y=\dfrac{1}{2}x+b$，$y=-x$の交点のx座標が２だから，$y=-x$に$x=2$を代入して，$y=-2$となり，交点の座標は$(2,\ -2)$となる。直線$y=\dfrac{1}{2}x+b$はこの点を通るので，$x=2$，$y=-2$を代入して，$-2=\dfrac{1}{2}\times2+b$，$-2=1+b$，$b=-3$となる。

(4)＜連立方程式―解の利用＞$ax+by=-1$……①，$2ax+3by=-17$……②とする。①，②の連立方程式の解が$x=-2$，$y=3$だから，解を①に代入すると，$a\times(-2)+b\times3=-1$より，$-2a+3b=-1$……③となり，②に代入すると，$2a\times(-2)+3b\times3=-17$より，$-4a+9b=-17$……④となる。③×3－④より，$-6a-(-4a)=-3-(-17)$，$-2a=14$，$a=-7$となり，これを③に代入して，$-2\times(-7)+3b=-1$，$14+3b=-1$，$3b=-15$，$b=-5$となる。

(5)＜一次方程式の応用＞仕入れ値x円の20％の利益を見込んで定価をつけたので，定価は$x\times\left(1+\dfrac{20}{100}\right)=\dfrac{6}{5}x$(円)と表せ，その半額は$\dfrac{6}{5}x\times\dfrac{1}{2}=\dfrac{3}{5}x$(円)である。仕入れた1000個のうち，定価で850個，残りの$1000-850=150$(個)は定価の半額で売れたので，売り上げの合計は，$\dfrac{6}{5}x\times850+\dfrac{3}{5}x\times150=1020x+90x=1110x$(円)である。また，仕入れ値の合計は$x\times1000=1000x$(円)である。利益が33000円であることから，$1110x-1000x=33000$が成り立ち，これを解くと，$110x=33000$より，$x=300$(円)となる。

(6)＜確率―サイコロ＞サイコロを２回投げるとき，目の出方は全部で$6\times6=36$(通り)ある。このうち，３点獲得するのは，２回のゲームのうち１回は１，２の目で２点獲得し，もう１回は３，４，５，６の目で１点獲得する場合である。１回目で１，２の目が出たとき，２回目で３，４，５，６の目が出ればよいから，１回目が２通り，２回目が４通りより，$2\times4=8$(通り)ある。１回目で３，４，５，６の目が出たとき，２回目で１，２の目が出ればよいから，１回目が４通り，２回目が２通りより，$4\times2=8$(通り)ある。よって，ゲームを２回行って，３点獲得する場合は$8+8=16$(通り)あるので，求める確率は$\dfrac{16}{36}=\dfrac{4}{9}$である。

(7)＜データの活用―a，bの値＞６個の整数の平均値が8.5だから，合計について，$13+8+11+7+a$

$+b=8.5\times6$ が成り立ち，$39+a+b=51$，$a+b=12$ となる。また，中央値が8.5より，6個の整数を小さい順に並べたときの3番目と4番目の平均値が8.5となる。これより，3番目と4番目の合計は $8.5\times2=17$ である。中央値の8.5より小さい最大の整数8が6個の整数の中にあるので，8が3番目であり，4番目は $17-8=9$ である。よって，a，b のどちらかが9だから，$12-9=3$，$a<b$ より，$a=3$，$b=9$ となる。このとき，6個の整数を小さい順に並べると，3，7，8，9，11，13となり，3番目が8，4番目が9となるから，適する。

(8)＜平面図形―面積＞右図1のように，正三角形の3つの頂点をA，B，C，辺ABに接する2つの円の中心をO，P，円O，Pと辺AB，BC，CAの接点をD，E，F，Gとする。円O，Pの半径が1より，$OP=1+1=2$ である。$OD=PE=1$，$\angle ODE=\angle PED=90^\circ$ より，四角形DEPOは長方形だから，$DE=OP=2$ となる。また，△AODと△AOGにおいて，$\angle ADO=\angle AGO=90^\circ$，$OD=OG=1$，$AO=AO$ だから，$\triangle AOD\equiv\triangle AOG$ となり，$\angle OAD=\angle OAG=\frac{1}{2}\angle BAC=\frac{1}{2}\times60^\circ=30^\circ$ である。よって，△AODは3辺の比が $1:2:\sqrt{3}$ の直角三角形となるので，$AD=\sqrt{3}OD=\sqrt{3}\times1=\sqrt{3}$ となる。同様に，$\triangle BPE\equiv\triangle BPF$ より，$\angle PBE=\angle PBF=30^\circ$ となり，△BPEで，$BE=\sqrt{3}$ となる。したがって，$BC=AB=AD+DE+BE=\sqrt{3}+2+\sqrt{3}=2+2\sqrt{3}$ となる。点Aから辺BCに垂線AHを引くと，△ABHは3辺の比が $1:2:\sqrt{3}$ の直角三角形となるので，$AH=\frac{\sqrt{3}}{2}AB=\frac{\sqrt{3}}{2}\times(2+2\sqrt{3})=\sqrt{3}+3$ となり，$\triangle ABC=\frac{1}{2}\times BC\times AH=\frac{1}{2}\times(2+2\sqrt{3})\times(\sqrt{3}+3)=\frac{1}{2}\times(12+8\sqrt{3})=6+4\sqrt{3}$ である。

図1

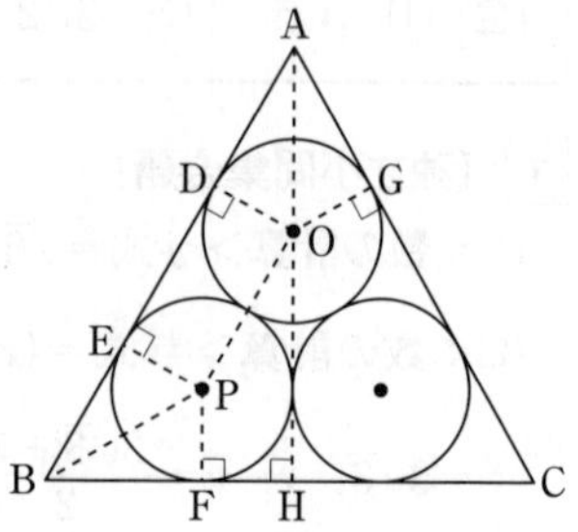

(9)＜空間図形―長さ＞六角形の内角の和が $180^\circ\times(6-2)=720^\circ$ より，正六角形の1つの内角は $720^\circ\div6=120^\circ$ だから，右図2で，△CBDは，$\angle BCD=120^\circ$，$CB=CD=2$ の二等辺三角形である。点Cから線分BDに垂線CMを引くと，$\angle CBM=(180^\circ-120^\circ)\div2=30^\circ$ より，△BCMは3辺の比が $1:2:\sqrt{3}$ の直角三角形となる。点Mは線分BDの中点だから，$BM=\frac{\sqrt{3}}{2}BC=\frac{\sqrt{3}}{2}\times2=\sqrt{3}$ となり，$BD=2BM=2\sqrt{3}$ である。△BDIは正三角形になるから，$BI=BD=2\sqrt{3}$ となる。$\angle BCI=90^\circ$ だから，△BCIにおいて三平方の定理より，$CI=\sqrt{BI^2-BC^2}=\sqrt{(2\sqrt{3})^2-2^2}=\sqrt{8}=2\sqrt{2}$ となり，正六角柱ABCDEF-GHIJKLの高さは $2\sqrt{2}$ である。

図2

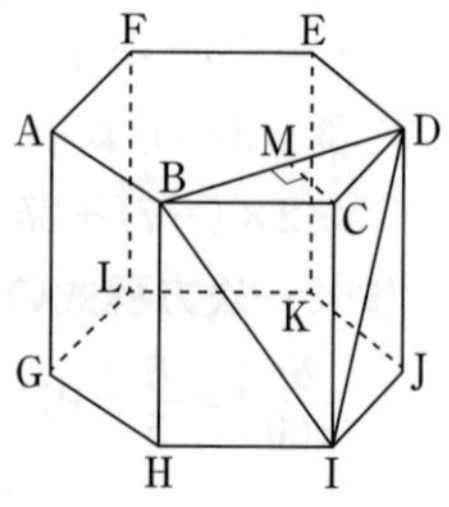

2 〔平面図形―円，正三角形，正方形，正六角形〕

(1)＜長さ＞半径が6より，円Pの円周の長さは，$2\pi\times6=12\pi$ である。よって，正三角形の周の長さも 12π になるので，正三角形の1辺の長さは，$12\pi\div3=4\pi$ となる。

(2)＜長さ＞(1)より，正方形の1辺の長さは，$12\pi\div4=3\pi$ である。正方形に対角線を1本引くと，2つの合同な直角二等辺三角形となる。直角二等辺三角形の3辺の比は $1:1:\sqrt{2}$ だから，正方形の対角線の長さは，$\sqrt{2}\times3\pi=3\sqrt{2}\pi$ である。

(3)＜長さ＞(1)より，正六角形の1辺の長さは，$12\pi\div6=2\pi$ である。次ページの図のように正六角形の6つの頂点をA～Fとし，対角線を引くと，その長さは，線分AC，線分ADのどちらかと同じになるから，2通りある。△BACは，1(9)より，$\angle ABC=120^\circ$ であり，$BA=BC=2\pi$ の二等辺三角形となる。点Bから対角線ACに垂線BHを引くと，1(9)と同様に，△ABHは3辺の比が1：

2：$\sqrt{3}$ の直角三角形となるので，$\mathrm{AH}=\frac{\sqrt{3}}{2}\mathrm{AB}=\frac{\sqrt{3}}{2}\times 2\pi=\sqrt{3}\pi$ となり，$\mathrm{AC}=2\mathrm{AH}=2\times\sqrt{3}\pi=2\sqrt{3}\pi$ である。また，対角線 AD，BE の交点をOとすると，$\angle\mathrm{OAB}=\frac{1}{2}\angle\mathrm{BAF}=\frac{1}{2}\times120^\circ=60^\circ$，$\angle\mathrm{OBA}=\frac{1}{2}\angle\mathrm{ABC}=\frac{1}{2}\times120^\circ=60^\circ$ となるので，△OAB は正三角形となる。これより，$\mathrm{OA}=\mathrm{AB}=2\pi$ となり，OA＝OD だから，$\mathrm{AD}=2\mathrm{OA}=2\times2\pi=4\pi$ となる。よって，正六角形の対角線の長さは，$2\sqrt{3}\pi$，4π である。

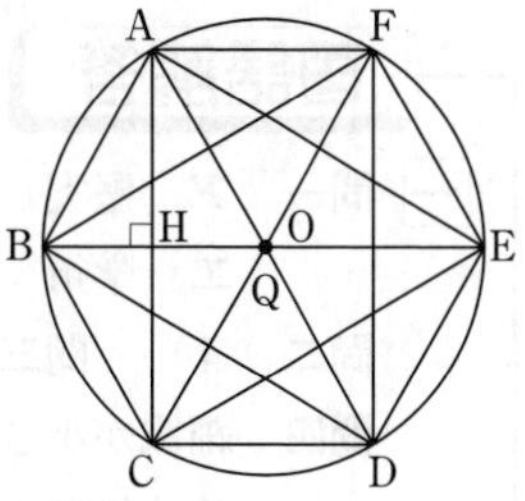

(4)＜**長さの比**＞右上図で，円Qの中心は点Oと一致する。(3)より，円Qの半径は $\mathrm{QA}=\mathrm{OA}=2\pi$ である。また，円Pの半径は6である。円の周の長さは半径に比例するので，円Qの半径が円Pの半径の $2\pi\div6=\frac{\pi}{3}$(倍)より，円Qの周の長さは円Pの周の長さの $\frac{\pi}{3}$ 倍である。

3 〔**関数―関数 $y=ax^2$ と一次関数のグラフ**〕

(1)＜**比例定数，面積**＞右図1において，$t=1$ のとき，2点A，Bの x 座標はそれぞれ-1，1である。2点A，Bは，関数 $y=ax^2$ のグラフ上にあることより，y 軸について対称だから，線分 AB は x 軸に平行であり，$\mathrm{AB}=1-(-1)=2$ となる。四角形 ABCD が平行四辺形のとき，DC∥AB，DC＝AB＝2となるので，点Cの x 座標は2となる。点Cの y 座標は点Dの y 座標と同じ8なので，C(2，8)である。点Cは関数 $y=ax^2$ のグラフ上の点であるので，$8=a\times2^2$ より，$a=2$ である。次に，点Aは関数 $y=2x^2$ のグラフ上の点となるから，$y=2\times(-1)^2=2$ となり，A$(-1,\ 2)$である。線分 AB と y 軸の交点をEとすると，▱ABCD の底辺を AB＝2としたときの高さは，DE＝8－2＝6となるので，▱ABCD＝AB×DE＝2×6＝12である。

図1

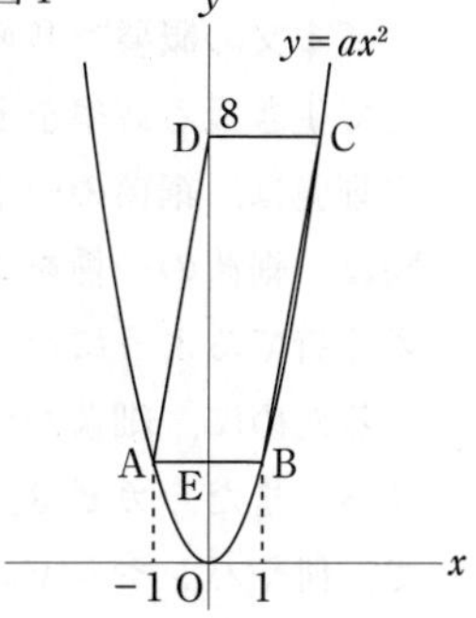

(2)＜**比例定数，角度**＞右図2において，$t=2$ のとき，2点A，Bの x 座標はそれぞれ-2，2だから，$\mathrm{AB}=2-(-2)=4$ となる。四角形 ABCD がひし形なので，DC＝AB＝4となり，点Cの x 座標は4である。2点B，Cの y 座標はそれぞれ $y=a\times2^2=4a$，$y=a\times4^2=16a$ となるので，$\mathrm{DE}=16a-4a=12a$ となる。また，AE＝2，AD＝AB＝4である。∠DEA＝90°だから，△ADE で三平方の定理より，$\mathrm{AE}^2+\mathrm{DE}^2=\mathrm{AD}^2$ であり，$2^2+(12a)^2=4^2$ が成り立つ。これを解くと，$4+144a^2=16$，$144a^2=12$，$a^2=\frac{1}{12}$，$a=\pm\frac{\sqrt{3}}{6}$ となり，$a>0$ より，$a=\frac{\sqrt{3}}{6}$ である。次に，$\mathrm{DE}=12a=12\times\frac{\sqrt{3}}{6}=2\sqrt{3}$ となることより，△ADE の3辺の比は $\mathrm{AE}:\mathrm{AD}:\mathrm{DE}=2:4:2\sqrt{3}=1:2:\sqrt{3}$ となる。よって，△ADE は3辺の比が $1:2:\sqrt{3}$ の直角三角形となるので，∠ADE＝30°である。∠EDC＝90°より，∠ADC＝∠ADE＋∠EDC＝30°＋90°＝120°となるので，∠ABC＝∠ADC＝120°である。

図2

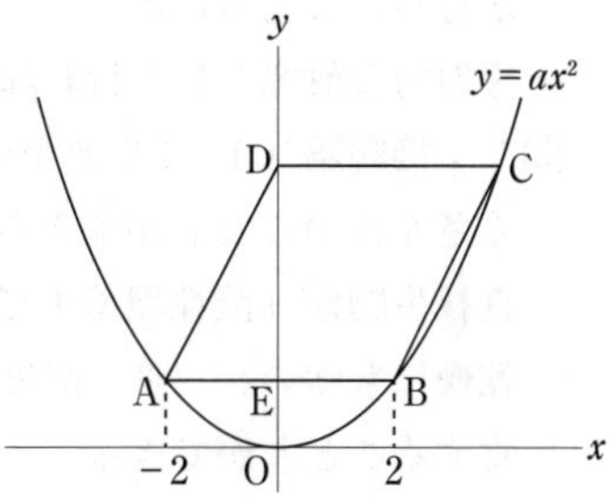

＝読者へのメッセージ＝

3の関数 $y=ax^2$ のグラフは放物線で，英語でパラボラ(parabola)といいます。パラボラアンテナは，断面が放物線の形になっています。

2024年度／順天高等学校（第１回推薦Ⅰ・Ⅱ）

国語解答

一 問一　ア　堅実　イ　土俵　ウ　誕生　エ　学術　オ　放置

問二　4　　問三　5

問四　細胞が小さく単純で死にやすいが，速く増殖することで生き残る確率を高める（35字）［という戦略。］

問五　3

問六　ブドウを皮ごと潰して置いておくと，アルコールを作る能力のある酵母が優先的に増え，ワインが出来上がる（49字）［という仕組み。］

二 問一　A　ようぜいいん　B　おおきに

問二　a…4　b…6

問三　［男が］夜中釣殿で寝ていた時に，顔を細い手でそっとなでる者（25字）［に対して，］薄気味悪い［と思ったから。］

問四　2　　問五　3　　問六　3

一〔説明文の読解―自然科学的分野―自然〕出典：市橋伯一『増えるものたちの進化生物学』。

≪本文の概要≫多産多死の戦略をとって増える細菌に対し，増えるのは遅いが，死ににくくすることで生き残る確率を上げ，少しずつ増える少産少死の戦略をとる生物がいる。その例である真核生物の細胞は，細菌の一千倍の体積を持ち，細胞内に，細菌にはない様々な小器官を持っている。真核生物は，細菌の一種を細胞内に共生させてエネルギー生産量を増し，細胞サイズを大きくし，遺伝子も多く持てるようになった生物である。その一つである酵母は，水素イオンを汲みだす仕組みをもっているために，細菌が増えにくい酸性環境下にある果実の表面に棲息して，ゆっくりと増えることができる。また，カビは，細菌が増えることができない乾燥した物でも栄養源として使うことができるので，餅やパンやジャムなどにも生えて増える。さらに，ゾウリムシなどは，細胞が大きくなったことで，細胞の一部の場所が口のようになって，餌となる細菌を飲み込むことができるため，先に細菌が増えて環境中の栄養がなくなっても，増えた細菌を捕食して，自身が増えることができる。

問一＜漢字＞ア．「堅実」は，確かで危なげないこと。　イ．「土俵」は，ここでは議論，交渉などが行われる場のこと。　ウ．「誕生」は，物事や状態が新しくできること。　エ．「学術」は，専門的な研究として行われる学問のこと。　オ．「放置」は，そのまま放っておくこと。

問二＜接続語＞Ⅰ．「少産少死の戦略」では，「速く増える必要」がなく「細胞を大きくして機能もたくさん持つこと」ができるけれども，「遅く増えるというのは簡単では」ない。　Ⅱ．酵母などの真核生物が「酸性環境下でも～増えることができる」ことと並立して，「カビなどの真核生物」は，乾燥にも強い。　Ⅲ．酵母が酸に強く，カビが乾燥に強いことに加えて，ゾウリムシは「細菌を捕食すること」ができる。

問三＜文脈＞真核生物が「細胞サイズを大きくすることができ，さらに遺伝子もたくさん持てるようになった」というように，「大きく，いろいろな器官をもつことができるようになった単細胞性真核生物」が獲得した能力を説明するために，酵母の例を挙げる。「酵母はいわゆるカビの一種」で，「真菌」と呼ばれる。

問四＜文章内容＞「少産少死の戦略」は，「細胞を大きくして機能もたくさん持つこと」ができるために，「増えるのは遅いが，その分死ににくくすることで生き残る確率を上げ，少しずつ増える」という戦略である。「多産多死の戦略」は，それとは逆に，細胞が小さく単純であるために，死にやすいが，その分速く増えることで生き残る確率を上げるという戦略である。

問五＜文章内容＞「少産少死の戦略を採用している生物」としては，「単細胞性の真核生物」があり，

「身近なところではパンやビールを作る『酵母』や，池や水たまりによくいる『ゾウリムシ』，最近は健康食品として有名な『ミドリムシ(ユーグレナ)』」がいる(１…○)。「少産少死の戦略をとる」には，「普通の細菌では利用できないような物質を栄養として使うことができる能力」などの「特殊能力が必要」となる(２…○)。「少産少死の戦略を採用」する「単細胞性の真核生物」は，細菌よりも「細胞サイズを大きくすることができ，さらに遺伝子もたくさん持てるように」なった(３…×，５…○)。「少産少死の戦略を採用」した酵母は「アルコールを作る能力」もあるので，「それによってワインが出来上がる」ことになる(４…○)。

問六＜文章内容＞「ブドウを皮ごと潰して置いておけば，細菌よりも酵母が優先的に増えて」いって，酵母は「アルコールを作る能力」もあるので，「それによってワインが出来上がる」ことになる。

二〔古文の読解―説話〕出典：『宇治拾遺物語』巻第十二ノ二十二。

≪現代語訳≫今となっては昔のことだが，陽成院が退位なさってからの御所は，大宮よりは北，西洞院よりは西，油の小路よりは東であった。／そこは物の怪が住む所であった。大きな池があった釣殿に夜警の者が寝ていたところ，夜中ごろに，細い手で，この男の顔をそっとなでた。薄気味悪いと思って，太刀を抜いて，片手でつかんだところ，水色の上下を着た翁で，格別にみすぼらしそうな様子の者が言うことには，「私はそもそも，昔(この邸に)住んでいた主だ。浦島太郎の弟だ。昔からこの所に住んで千二百年余りになるのだ。できることなら承諾してください。ここに社を作って神として祭ってください。もしそうすればなんとかしてお守り申し上げよう」と言ったのを，(夜警の者が)「私の一存ではできないだろう。この旨を院に申し上げて(からの相談です)」と言ったところ，(翁は)「憎い男の言い草だな」と言って，三度上の方へ蹴り上げ蹴り上げして，すっかり力が抜けてぐったりとした様子にして，落ちるところを口を開いて食ってしまった。(翁は)普通の人くらいの男だと思っていたところ，ものすごく大きくなって，この男をたった一口で食ってしまった。

問一＜歴史的仮名遣い＞Ａ．歴史的仮名遣いの二重母音「au」は，現代仮名遣いでは「ou」となる。歴史的仮名遣いの「ゐ」は，現代仮名遣いでは「い」に直す。　Ｂ．歴史的仮名遣いの語頭以外のハ行は，現代仮名遣いでは原則として「わいうえお」になる。

問二＜古典文法＞ａ．強意の係助詞「なん(なむ)」が係ると，係り結びの法則により，結びの語は連体形をとる。「ける」は，過去の助動詞「けり」の連体形。　ｂ．「給へ」は，ハ行四段活用動詞「給ふ」の命令形。

問三＜古文の内容理解＞釣殿で夜警の者が寝ていたところ，夜中ごろに，細い手で，何者かが顔をそっとなでたのを，薄気味悪いと思ったので，夜警の者は，太刀を抜いて片手でつかんだ。

問四＜現代語訳＞浦島太郎の弟だと名乗った翁は，自分のためにここに社を作って祭ってくれれば，なんとしてでもこの地とその住人を守ると申し出た。「奉る」は，謙譲語補助動詞で，～し申し上げる，という意味。

問五＜古文の内容理解＞夜警の者が，番のために釣殿で寝ていた(１…×)。夜中ごろに，細い手が自分の顔をそっとなでたのを，夜警の者は不気味に思い，太刀を抜いた(２…×)。すると，翁の姿をした物の怪がいて，自分を祭るように言ったので，夜警の者は，自身の一存では決められないと答えた(３…○)。夜警の者の返事を聞いた物の怪は，憎い男の言い草だと言って，夜警の者を三度蹴り上げた(４…×)。そして，物の怪は，三度目に蹴り上げて落ちてきた夜警の者を，一口で食ってしまった(５…×)。

問六＜文学史＞『宇治拾遺物語』は，鎌倉時代に成立した説話集。

2024年度 順天高等学校

【英　語】（60分，うちリスニングテスト約10分）〈満点：100点〉

第1問（リスニングテスト）

第1問リスニングテストは，Part AからPart Cまでの3部構成となっています。各部の指示に従って，注意して放送を聞き，後に続く問題に答えなさい。なお，メモを取っても構いません。

Part A　これから短い英文が2度ずつ読まれます。その英文に対する応答として最も適切なものを，ア～エの中から1つ選びなさい。

(1)　ア　I haven't decided yet.　イ　Music is relaxing.
　　ウ　I listen to rock music.　エ　I don't like watching movies.

(2)　ア　We went skiing last weekend.
　　イ　Some Pokemon cards.
　　ウ　I didn't go shopping last Monday.
　　エ　I want to buy some T-shirts.

(3)　ア　I have a math exam tomorrow.
　　イ　No, I like math.
　　ウ　Sorry, I don't need your help.
　　エ　Sure, I'm good at math.

(4)　ア　I don't like rabbits.　イ　Yes, on a farm.
　　ウ　I rode an elephant in Africa.　エ　No, the horse is in the field.

(5)　ア　On the eastern side of the city.
　　イ　She likes the countryside more than the city.
　　ウ　I grew up in downtown Seattle.
　　エ　My mother is growing lilies in the garden.

Part B　これからAとBの対話が2度ずつ読まれます。対話の後で，内容に関する質問が読まれます。質問の答えとして最も適切なものを，ア～エの中から1つ選びなさい。

(1)　ア　One block down the street
　　イ　Two blocks down the street
　　ウ　Three blocks down the street
　　エ　Four blocks down the street

(2)　ア　It has a problem.　イ　It's broken.
　　ウ　It's taken.　エ　It's free to sit on.

(3)　ア　Because his food was not prepared in the correct way.
　　イ　Because the steak is so expensive.
　　ウ　Because he doesn't like meat.
　　エ　Because his wife couldn't come with him.

(4)　ア　He doesn't like science fiction.
　　イ　The film is not very popular among people.
　　ウ　The movie is no longer shown in movie theaters.
　　エ　He doesn't have time to see the movie.

(5) ア She has to give up and sell John's car.

イ She is right about the plan of selling his car.

ウ She needs to understand his feelings.

エ She has a better idea.

Part C　これから長めの英文が２度読まれます。その英文に対する質問の答えとして最も適切なものを，ア～エの中から１つ選びなさい。まず質問に目を通してから，注意して放送を聞きなさい。

(1) What is the meaning of the stripes on the flag ?

ア The original 30 colonies

イ New York, California and Texas

ウ The original 13 colonies

エ The 50 states

(2) When is it necessary to burn an American flag ?

ア When it touches the ground.

イ When it becomes dirty.

ウ On Flag Day.

エ When it is in terrible condition.

(3) What feeling do many Americans have on Flag Day ?

ア Courage　イ Pride　ウ Truth　エ Freedom

※＜リスニングテスト放送原稿＞は英語の問題の終わりに付けてあります。

第２問

1　次の各英文の(　)に入るものとして最も適切なものを，ア～エの中から１つ選びなさい。

(1) I don't know why (　　) come to the party.

ア doesn't he　イ did he　ウ he didn't　エ he

(2) Kim found a nice park on the way (　　).

ア to home　イ home　ウ at school　エ school

(3) (　　) English spoken in your country ?

ア Is　イ Are　ウ Do　エ Did

(4) Mary has (　　　　) as Jessy.

ア more books　イ books more

ウ as many books　エ books as many

(5) Would you mind (　　) the light on for me ?

ア to turn　イ me to turning　ウ turn　エ turning

2　次の英文の空所に入る最も適切な１語を答えなさい。

(1) William was (　　) tired that he could not talk.

(2) (　　) go in the sea now !　The news says someone saw a shark today.

(3) How was your trip ?　(　　) was the food in Japan like ?

(4) (　　) of my friends is from Kyusyu.

(5) A： How (　　) do you go shopping ?

B： Once a week.

第3問

次の英文を読んで，あとの問に答えなさい。なお，人名を日本語で答える際にはMiyoは「ミヨ」，Davidは「デイビッド」と表記しなさい。（＊印の語句には脚注があります。）

In Britain, many bakeries join the *Britain's Best Loaf Award every year. The competition is usually held in spring and there are many *categories. In 2021, Joe's Bakery won Britain's Best Loaf Award with their *Sourdough, and, in 2022, Bakerman's Sourdough won. Some of the other categories are *flavoured sourdough, *gluten free, innovation, international and white bread. In 2023, the Britain's Best Loaf Award was won by Miyo Aoetsu, a Japanese woman.

Miyo owns a bakery called Kuma-San Bakehouse in England. Miyo's prize-winning bread is called "Japanese Matcha Bread"and is made with matcha, white chocolate and fruit. ①It was influenced by her time living in France and her Japanese customs. The *judges said it had a wonderful taste and, though they judged for many years, ②彼らはミヨのパンのようなものを見るのは初めてだ. Miyo said, "Using matcha for sweets, cakes and cookies is common in Japan." She was very excited to win the award because it *reflected her Japanese culture and *identity.

Miyo is from Tokushima in central Japan on Shikoku Island. She first visited the UK as a university student. She studied education at the University of Manchester and met her husband there. Miyo and her husband lived in Switzerland and France for several years. Miyo fell in love with bread when she lived in France. In France, most bread was freshly homemade. After moving back to the UK, she learned to bake bread because she missed the bread from (③). In the UK, 80% of the bread was made in a factory and she wanted to bake (④) bread she had in France. In the beginning, she didn't plan to become a professional baker, (⑤) her friends encouraged her to start a bakery. Before opening the bakery, she took lessons at a bakery in her local neighborhood.

Why did Miyo name her bakery "Kuma-San Bakehouse"? Miyo's husband is called David and both Miyo and David love bears. In fact, David's *nickname is "Kuma-Chan". She used her love for bears to name the bakery "Kuma-San Bakehouse". Her husband helps Miyo at the bakery by tasting all the different bread she creates. They have a really good relationship.

In the future, Miyo would like to increase her opening times to three days a week. At present, she only bakes on Thursdays and Saturdays because of the limited *capacity. Maybe Miyo will win another award someday.

（注）＊Britain's Best Loaf Award：英国で行われるパン職人のコンテスト　＊category：部門
＊sourdough：サワードウ（パンの一種で酸味が特徴）　＊flavoured：味付けされた
＊gluten free：グルテンフリー　＊judge：審査員　＊reflect：～を反映する
＊identity：アイデンティティ・個性　＊nickname：あだ名　＊capacity：生産能力

(1) 下線部①の指す内容を本文から3語の英語で抜き出しなさい。

(2) 下線部②の日本語と同じ意味を表すようにカッコ内の語句を並べ替えなさい。
it was (for / see / something / the first time / them / to) like Miyo's bread.

(3) (③) に入る最も適切なものをア～エの中から1つ選びなさい。
ア France　イ Japan
ウ Switzerland　エ the UK

(4) (④) に入る最も適切なものをア～エの中から1つ選びなさい。
ア old　イ fresh　ウ Japanese　エ the same

(5)　(⑤) に入る最も適切なものをア～エの中から１つ選びなさい。

ア　and　　イ　in addition　　ウ　but　　エ　of course

(6)　MiyoがパンƎ屋の名前をKuma-San Bakehouseにした理由を句読点を含め20字以内の日本語で答えなさい。

(7)　本文の内容と一致しているものを，ア～カの中から２つ選びなさい。

ア　The winner two years before Kuma-San Bakehouse was Joe's Bakery.

イ　Only British people can take part in the Britain's Best Loaf Award.

ウ　In Miyo's opinion, Japanese people often use matcha for making sweets.

エ　Miyo studied at the University of Manchester to become a professional baker.

オ　Miyo calls David Kuma-Chan because he always tastes the bread that she sells.

カ　The author believes that, if Miyo can open the shop three days a week, she will be able to get the prize again.

第４問

次の英文を読んで，あとの問に答えなさい。（＊印の語には脚注があります。）

In the small town of Bluefield, near the mountains, tradition was everything. But a young woman, Emily, traveled the world and believed that change was necessary to (①). When she returned to Bluefield, she brought some of that change with her.

One sunny afternoon, Emily went to each neighbor's door to (②) the idea of a *community garden to everyone. She talked about the benefits of growing their own vegetables and the importance of connecting with nature. But it was a new idea and her neighbors were not sure about sharing land with others. Still, Emily didn't give up.

After much discussion, the people in the town agreed to try Emily's idea. They ③(a piece / her / land / far / of / from / gave) the center of the town, and the community garden was born.

Emily was so happy to see the garden come to life. She worked hard to prepare the *dirt, plant the seeds, and (④) a wall to stop hungry rabbits and deer. After several weeks, the garden began to *flourish.

Corn, beans, and pumpkins came up, and the tomato plants grew tall and proud. People of all ages came to plant their own vegetables and take care of the garden.

By the end of July, the garden became the center of activity in Bluefield. Families came to the garden after church on Sunday mornings, children came to help their grandparents with the vegetables, and couples came to watch the sun go down over the mountains.

One day, Emily noticed an elderly man alone on a bench in the garden. She went to him and introduced herself.

"Hello, sir. Is everything okay ?" she asked.

The man looked up at her and smiled. "Yes, everything's fine. I was just enjoying the garden. I used to have a garden like this when I was younger, and ⑤it brings back good memories."

Emily smiled. "That's wonderful. Would you like to plant something here ?"

The man looked at her with surprise. "Me ? No, I'm too old for ⑥that."

"You're never too old for planting something !" Emily said. "Here, I'll help you."

She took the man's hand and together they planted some tomatoes and gave them water.

The man looked at Emily. "Thank you, young lady. You've brought back some of my joy."

Emily smiled. "That's the purpose for the garden. To (⑦) joy and community."

From that day, Emily and the man became friends. They laughed and shared stories while planting and taking care of the garden together. And while the sun set over the mountains, they both knew that the community garden was just the beginning of a bright future in Bluefield.

（注） ＊community garden：コミュニティガーデン（地域で運営する場） ＊dirt：土
＊flourish：栄える

(1) (①), (②), (④), (⑦) に入る語の組み合わせとして最も適切なものをア～エの中から１つ選びなさい。

ア ① grow ② introduce ④ build ⑦ give
イ ① grow ② build ④ give ⑦ introduce
ウ ① build ② grow ④ introduce ⑦ give
エ ① build ② introduce ④ grow ⑦ give

(2) 下線部③の語句を並べ替えて意味の通る文にしなさい。

(3) 下線部⑤が指すものを以下の本文の抜粋から１つ選びなさい。

"Yes, ア <u>everything</u>'s fine. I was just enjoying イ <u>the garden</u>. I used to have ウ <u>a garden</u> like this when I was younger, and it brings back エ <u>good memories</u>."

(4) 下線部⑥を日本語で具体的に説明しなさい。

(5) 本文の内容と一致しているものを，ア～オの中から２つ選びなさい。

ア Emily thought that tradition was the most important.
イ The idea of a community garden was new to Emily's neighbors.
ウ Emily never stopped trying to make a community garden.
エ It's hard for elderly people to plant vegetables, so they never came to the community garden.
オ Emily thought that this community garden was the goal of Bluefield.

＜リスニングテスト放送原稿＞

それでは，これからリスニングテストを始めます。

第１問リスニングテストは，Part A から Part C までの３部構成となっています。各部の指示に従って，注意して放送を聞き，後に続く問題に答えなさい。なお，メモを取っても構いません。

Part A これから短い英文が２度ずつ読まれます。その英文に対する応答として最も適切なものを，ア～エの中から１つ選びなさい。

(1) What kind of music do you listen to ?
(2) What did you buy last weekend ?
(3) Can you help me with this math problem ?
(4) Have you ever ridden a horse ?
(5) Where did your mother grow up ?

Part B これからＡとＢの対話が２度ずつ読まれます。対話の後で，内容に関する質問が読まれます。質問の答えとして最も適切なものを，ア～エの中から１つ選びなさい。

(1) A(man) : Excuse me, where is the nearest post office ?
B(woman) : Sure, there's one just two blocks down the street. You can't miss it.
A(man) : Thank you !
Q : Where is the post office ?

(2) A(woman) : Excuse me, is this seat taken ?

B(man)　: No, it's open.　You can sit here.
A(woman): Thank you!
B(man)　: No problem.
Q: What did the man say about the seat?

(3) A(man)　: There has been a mistake.　I wanted the steak medium rare.
B(woman): I'm so sorry, I'll take it back to the kitchen right away.
A(man)　: It's one of the most expensive things on the menu so I want it just right.
B(woman): I understand, sir!　I'll be back in just a moment.
Q: Why was the man unhappy?

(4) A(man)　: I was too busy to watch it until yesterday, but have you seen the newest Science Fiction movie?
B(woman): Yeah, I saw it last night.　The special effects were amazing!
A(man)　: Wow, where did you see it?　Is it still in theaters?
B(woman): I don't think so.　It was a special one-night show.　But you can watch it on the Internet next week.
Q: Why can't the man see it in theaters now?

(5) A(woman): John, did you know the price of gasoline is going up again?
B(man)　: I know, Kate.　It's not good news.
A(woman): John, we're paying a lot of money to keep two cars.　Why don't we give up one of our cars and sell it?　I mean your old sports car!　You don't drive that car very often.
B(man)　: No way!　I really love that car!　You know that!　Don't you have a better idea?
Q: How does John probably feel about Kate?

Part C　これから長めの英文が2度読まれます。その英文に関する質問の答えとして最も適切なものを，ア～エの中から1つ選びなさい。まず質問に目を通してから，注意して放送を聞きなさい。

A national flag is an important symbol for every country.　It stands for a nation's people, land and government.　To get a better understanding of a country and its culture, we can learn many things from its flag.　Let's look at the unique flag, of the United States, also known as the Stars and Stripes.

The colors of the flag of the U.S. are red, white and blue.　The red means courage, the white means freedom, and the blue means truth.　The 13 lines are red and white, and these stripes stand for the original 13 colonies which later became states.　The 50 white stars stand for the 50 states of the United States.

Now for some other interesting facts about the American flag.　First, you should never let the flag touch the ground.　However, if it touches the ground, it can still be displayed only after it is washed and cleaned.　Second, an American flag that is very damaged or in such bad condition should be destroyed by burning it.

In 1777, the flag became the official national symbol of the U.S. Every year on June 14, Flag Day is celebrated.　On Flag Day, many people put the U.S. flag in front of their homes, businesses and schools.　On Flag Day, many people feel proud of their country.

以上でリスニングテストを終わります。

【数　学】（50分）〈満点：100点〉

〔注意〕 分数形で解答する場合は，それ以上約分できない形で答えなさい。根号を含む形で解答する場合は，根号の中に現れる自然数が最小となる形で答えなさい。

1 　次の各問いに答えなさい。

(1) $\frac{7}{3^2}-\left(-\frac{1}{2}\right)\div\left(1-\frac{5}{2}\right)^2$ を計算しなさい。

(2) x，y についての連立方程式 $\begin{cases}2ax+by=5\\ ax-by=13\end{cases}$ の解が $x=2$，$y=-3$ のとき，a，b の値を求めなさい。

(3) $xy-2x-2y+4$ を因数分解しなさい。

(4) 2次方程式 $x(x+1)=3\times4$ を解きなさい。

(5) 1枚の硬貨をくり返し投げ，表が4回，または裏が1回出たところで終了する。このときの表と裏の出方は何通りあるか求めなさい。

(6) ある班の5人のテストの得点が67，59，81，63，x であり，中央値が x (点)であったとき，整数 x をすべて答えなさい。

(7) y は x に比例し，z は y の2乗に比例する。$x=3$ のとき $y=6$ であり，$y=4$ のとき $z=4$ である。$x=4$ のとき，z の値を求めなさい。

(8) 下の図のような平行四辺形ABCDがあり，CA＝CBである。対角線AC上に2点A，Cと異なる点Eをとり，点Dと点Eを結ぶ。∠ABC＝72°，∠AED＝95°のとき，∠CDEの大きさを求めなさい。

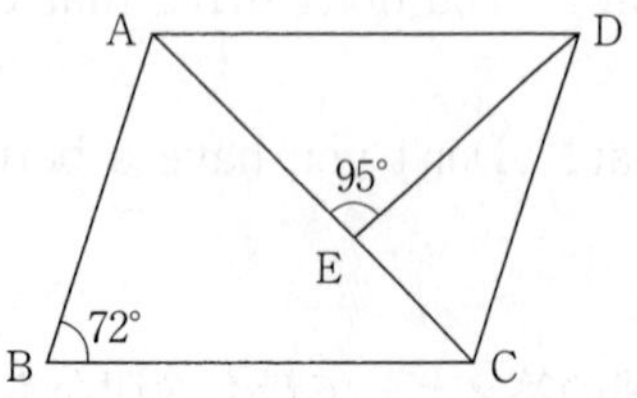

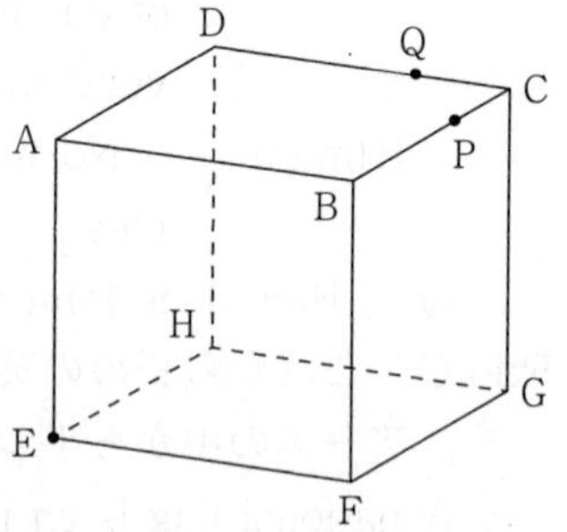

(9) 右の図のような立方体ABCDEFGHがあり，辺BC，DC上にBP：PC＝2：1，DQ：QC＝2：1となる点P，Qをとる。3点P，Q，Eを通る平面と辺BFの交点をRとする。BR：RFをもっとも簡単な整数の比で求めなさい。

(10) Aさんは自宅から1200m離れた学校に登校するため，午前7時59分に家を出た。最初は毎分80mの速さで歩いていたが，午前8時10分の登校時間に遅れそうになったので，ある地点から毎分200mの速さで走ったところ，午前8時8分に学校に到着した。走り始めたのは自宅から何m離れた地点か求めなさい。

2　一辺の長さが4の正六角形ABCDEFがある。このとき，次の問いに答えなさい。

(1)　△ABCの面積を求めなさい。

(2)　おうぎ形ACEの面積を求めなさい。

(3)　図の斜線部分の面積を求めなさい。

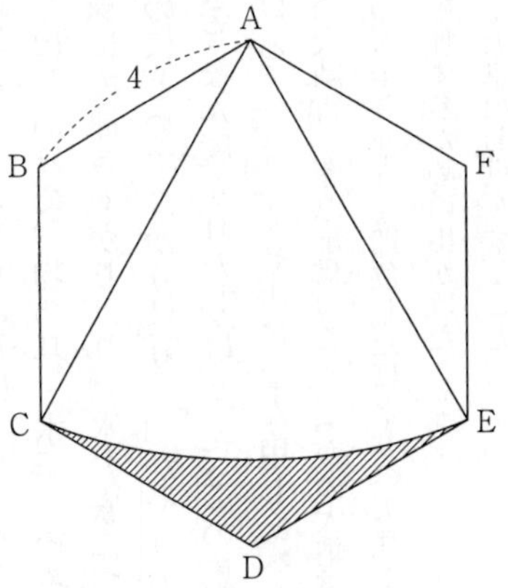

3　大小2つのさいころを同時に投げ，大きいさいころの出た目の数を a，小さいさいころの出た目の数を b とする。このとき，次の問いに答えなさい。

(1)　$\dfrac{b}{a}$ の値が自然数となる確率を求めなさい。

(2)　直線 $y=\dfrac{b}{a}x$ を考えるとき，点(8，4)がこの直線上にある確率を求めなさい。

(3)　右の図のように，2直線 $y=x$ と $y=\dfrac{1}{3}x$ がある。

点(a，b)が，斜線部分または2直線 $y=x$，$y=\dfrac{1}{3}x$ 上にある確率を求めなさい。

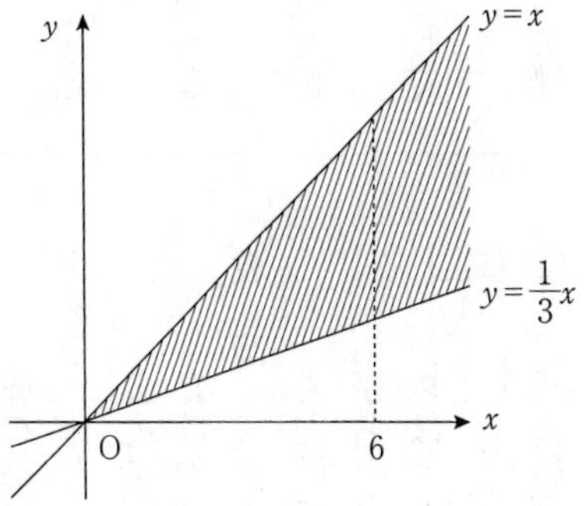

4　次の各問いに答えなさい。

(1)　2次方程式 $2x^2-5x+1=0$ を解きなさい。

(2)　(1)で求めた解を m，n とする。(ただし，$m>n$ とする)

$n<t<m$ を満たす整数 t の個数を求めなさい。

(3)　右の図のように，(1)で求めた解 m，n を半径とする2つの円O，O′が点Aで接している。また，2つの円O，O′は直線 l と点B，点Cで接している。このとき，線分BCの長さを求めなさい。

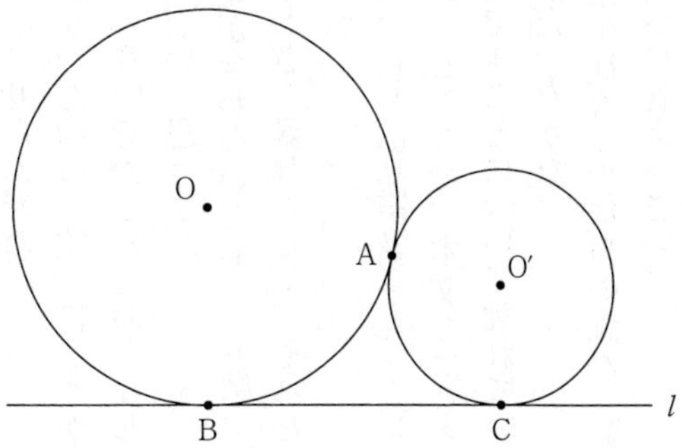

3乗る人、川に沈みて見えざりければ、上下《かみしも》おどろきあさみあへりけるほどに、しばしありて、物の具《ぐ》・水干《すいかん》・袴《はかま》みな浮き出でたりけり。その後、裸にて泳ぎあがりけり。水の底にてのどかに脱ぎとかれけり。水練《すいれん》のほどめでたかりけり。4かやうの用意にや、かねて(注9)たふさぎをなん履《は》かれたりける。5この馬に乗りて二《ふた》たび高《かう》名《みやう》せられたりける、(注10)くせ事になん申しあへりける。

(注1) 坊門の大納言…藤原忠信のこと。「かの大納言」も同じ。
(注2) 御禊のぎやうかう…即位したばかりの天皇が、「御禊」という儀式に参加するために出かけたこと。
(注3) 供奉…天皇のお供をすること。
(注4) 桟敷…高く設けられた見物席。
(注5) 馬副ひ…馬を引く従者。
(注6) 韈…足袋(たび)。
(注7) 鐙…「足踏み」の意。馬に乗る人の足を支える器具。
(注8) 轡をはげて…口に金具をつけて。
(注9) たふさぎ…下に履く袴。ふんどし。
(注10) くせ事…めったにないこと。

問一 ~~~A・Bをそれぞれ現代仮名遣いに直しなさい。

問二 ——1のようになったのはなぜか、簡潔に答えなさい。

問三 ——2はどのようなことを言おうとしているのか、説明として最も適当なものを、次の選択肢から選び答えなさい。

1. 馬から落ちると大けがをすることになりかねないので、注意したほうがよい。
2. 馬は一度暴れはじめると止めることができないので、乗らないほうがよい。
3. 御禊ではわけもなく失敗することがあるというから、気を付けたほうがよい。
4. 御禊には天皇がお出ましになるのだから、絶対に失敗をしてはいけない。
5. 御禊では驚くようなことが起きるものだから、決して目を離してはいけない。

問四 ——3は誰のことか、本文中から五字程度で書き抜きなさい。

問五 ——4の具体的な内容として最も適当なものを、次の選択肢から選び答えなさい。

1. 水に落ちたときのため　2. 馬が暴れたときのため
3. 鹿を狩りに行くため　4. 周囲を驚かせるため
5. 泳ぎを練習するときのため

問六 ——5について話し合っている教師と生徒の会話を読み、後の問いに答えなさい。

教　師　ここでいう「高名」とは「名を上げること」なんだけど、「大納言」は何をして名を上げたのか、しっかり読み取ることができたかな。

生徒A　一つ目は御禊のときだね。轡が切れて制御できなくなった馬に、「大納言」は裸になって飛び乗ると、馬を見事に止めたと書いてあるね。

生徒B　「大納言」が馬を止めたのは間違いないけれども、裸になったとは書いていないよ。彼は靴を脱いで足袋だけになって、馬を安心させたんだね。

生徒C　足袋だけになったのは「鐙」にしっかりと乗るためだよ。そもそも馬は「鼻」をかかれておとなしくなったのだから、靴の話は関係ないと思うよ。

生徒D　誰とも意見が合わないなあ。「大納言」は周囲を驚かせるために馬をわざと暴れさせて、それを乗りこなしたってだけの話だよね。

教　師　残念ながら、正しい読解ができているのは[　　]さんだけですね。ところで、本文ではもう一つ、「大納言」が名を上げたできごとについて触れているけれども、そちらはどんな話だったかな。

(ⅰ) [　　]に入るのは生徒A～生徒Dの誰か、答えなさい。
(ⅱ) 二重傍線部の問いに答えなさい。

き、人手不足を解消することもできるとして、肯定的にとらえている。

3．社会的に有用なエッセンシャル・ワークがきちんと評価されるようになり、環境負荷も抑えられるようになるとして、肯定的にとらえている。

4．労働集約型産業は環境に優しいという点では積極的に推進されるべきだが、経済成長になじまないという点では課題が残るとしている。

5．「感情労働」とも表現される労働集約型産業は、生産性を高めることが難しく、経済成長に歯止めをかけてしまうものだとして、否定的にとらえている。

問四　――B「機械化の困難さ」とあるが、ケア労働部門における「機械化の困難さ」とはどのようなものか。「ケア労働」・「イレギュラー」の二語を必ず用いて六十字以内で説明しなさい。

問五　――C「『価値』と『使用価値』の極端な乖離」とはどういうことか。四十字以内でわかりやすく説明しなさい。

問六　――D「労働条件悪化」の具体的内容にあたるものとして適当なものを次の1～6から**二つ**選び、番号で答えなさい。

1．エッセンシャル・ワークはやりがいのある仕事だと見なされていること。

2．低賃金で長時間労働を強いられていること。

3．資本主義経済が停滞し、脱成長が求められるようになったこと。

4．ケア労働の従事者たちがやりがいを失っていること。

5．職務上不必要な管理や規則の手間を増やされていること。

6．日本で保育士の一斉退職や医療現場からの異議申し立てが生じていること。

問七　本文の内容に合致するものとして最も適当なものを次の1～5から選び、番号で答えなさい。

1．資本主義経済の行き詰まりを打開するには、生産性を高めるために多くの労働者が集まって働く労働集約型産業を重視するべきだ。

2．ケア労働はオートメーション化やAI化が難しいものであるため、どうしても労働者にとっては「感情労働」になりやすい。

3．エッセンシャル・ワークにおける人手不足を解決することで、民主主義的な相互扶助のコミュニティを形成することも可能となる。

4．男性中心型の製造業重視から、女性中心型のサービス業重視へと移行することで、さらなる経済成長が可能となる。

5．今日のエッセンシャル・ワーカーには、仕事自体にやりがいがあるのだから賃金は低くてもよいという理屈を押し付けられている面がある。

二

次の文章は『古今著聞集』の一節である。これを読み、後の問いに答えなさい。（設問の都合で、本文の表記を一部改めた箇所がある）

（注1）坊門《ばうもん》の大納言、左衛門の督《かみ》にて侍《はべ》りける時、建暦の（注2）御禊《ごけい》のAぎやうかうに、「一六」といふ馬に乗りて（注3）供奉《ぐぶ》せられたりけるに、二条室町にて院の御（注4）桟敷《さじき》の前の幕《まく》、風に吹き上げられたりけるにおどろきて、御桟敷の東より幕をひきて1走りけるを、（注5）馬副《ぞ》ひ引きまろばかされて、馬をすててけり。留めけるほどに、轡《くつわ》も切れにけるに、しづかに靴を片足づつ脱ぎててて、（注6）韈《したうづ》ばかりにて（注7）鐙《あぶみ》をふみおほせて後、馬の鼻をかきて、Bにでう烏丸《からすま》なる桟敷の前にてとどめられにけり。見るもの目をおどろかしけり。その桟敷ゆかりありける人にて、いそぎ（注8）轡をはげて奉《たてまつ》りけり。すべて御禊には、などやらん、馬より落《お》つる例《ためし》おほく侍り。2よくよく慎むべき事にや。

かの大納言、片野の御狩《か》りにおなじ馬に乗りて、鹿《しか》につきて馳せけるほどに、鹿、淀川に入りければ、馬もつづきて入りにけり。

ここでの矛盾は、「使用価値」をほとんど生み出さないような労働が高給のため、そちらに人が集まってしまっている現状だ。一方、社会の再生産にとって必須な「エッセンシャル・ワーク（「使用価値」が高いものを生み出す労働）」が低賃金で、恒常的な人手不足になっている。

だからこそ、「使用価値」を重視する社会への移行が必要となる。それは、エッセンシャル・ワークが、きちんと評価される社会である。

これは、地球環境にとっても望ましい。ケア労働は社会的に有用なだけでなく、低炭素で、低資源使用なのだ。経済成長を至上目的にしないなら、男性中心型の製造業重視からエダッキャクし、労働集約型のケア労働を重視する道が開ける。そして、これは、エネルギー収支比が低下していく時代にもふさわしい、労働のあり方である。繰り返せば、ここにも減速の契機《けいき》がある。ケア労働の生産性を上げるのは、質の低下を伴わずしては困難だからである。

（中略）

脱成長コミュニズムがケア労働に注目するのは、環境に優しいからだけではない。今、世界のあちこちで資本主義の論理に対抗して立ち上がっているのが、ケア労働の従事者だからだ。これが、グレーバーの言う「ケア階級の叛逆《はんぎゃく》」（revolt of the caring classes）である。

現在、ケア労働者に代表されるエッセンシャル・ワーカーは、役に立つ、やりがいのある労働をしているという理由で、低賃金・長時間労働を強いられている。まさに、やりがいの搾取《さくしゅ》だ。そのうえ、余計な管理や規則の手間ばかりを増やすだけで、実際には役立たずの管理者たちに虐《しいた》げられている。

だが、ついに、エッセンシャル・ワーカーたちは、抵抗のために立ち上がりつつある。彼らも、これ以上のD労働条件悪化には耐えられない。そしてなにより、コストカットのせいで自分が提供するサービスの質が低下することにも我慢できなくなっているのである。

その結果、日本でも、保育士一斉退職、医療現場からの異議申し立て、教員スト、介護ストが目立ってきている。それ以外にも、コンビニの二四時間営業停止や高速道路のサービスエリアでのストライキなども増えている。（Y）、それがSNSで拡散されて、人々の支持を集めるようになっているのだ。

これは世界的な流れである。こうした連帯の流れを、より広い、そしてより（注）ラディカルな流れにつなげられるだろうか。この瞬間に、私たちは彼らと連帯できるだろうか。（Z）「使用価値」を蔑《ないがし》ろにし、くだらない仕事を重視するブルシット・エコノミーに固執するのか。

これこそが、相互扶助の強化か、オブンダンの深化かの分かれ道となるだろう。うまくいけば、より民主主義的な相互扶助のコミュニティ再形成が可能となり、別の社会への道が開けるはずだ。

（斎藤幸平『人新世の「資本論」』）

（注）ラディカル…「革新的」、あるいは「根本的」の意。

問一　本文中の～～ア～オのカタカナをそれぞれ漢字に直しなさい。

問二　本文中の（X）～（Z）に当てはまることばの組み合わせとして適当なものを次の1～5から選び、番号で答えなさい。

1. X だから　Y そして　Z それとも
2. X そして　Y さらに　Z そして
3. X また　Y あるいは　Z なぜ
4. X ゆえに　Y また　Z やはり
5. X もちろん　Y しかし　Z どうして

問三　——A「労働集約型産業を重視」して「経済を減速」させることを、筆者はどのようにとらえているか。最も適当なものを次の1～5から選び、番号で答えなさい。

1. 労働集約型産業は、オートメーション化やAI化を進めるのが難しく、生産性の向上を見込むことができないとして、否定的にとらえている。
2. ケア労働部門におけるオートメーション化を進めることがで

二〇二四年度 順天高等学校

【国語】（五〇分）〈満点：一〇〇点〉

〔注意〕問題文に「説明しなさい」と指示のある問題は、すべて部分採点を行います。積極的に解答を書き込みなさい。

一 次の文章を読み、後の問いに答えなさい。なお、字数制限のある問いの解答については、すべて句読点・記号等も一字とする。
（設問の都合上、本文には一部省略した箇所がある。）

一般に、機械化が困難で、人間が労働しないといけない部門を、「労働集約型産業」と呼ぶ。ケア労働などは、その典型である。脱成長コミュニズムは、この労働集約型産業を重視する社会に転換する。その転換によっても、経済は減速していくのだ。

A労働集約型産業の重視が、経済を減速させるということを理解するために、ここで、ケア労働について、少し掘り下げておきたい。

まず、自明なこととして、ケア労働の部門において、オートメーション化を進めるのはかなり困難である。ケアやコミュニケーションが重視される社会的再生産の領域では、画一化やマニュアル化を徹底しようとしても、求められている作業は複雑で多岐にわたるため、イレギュラーな要素が常に発生してしまう。このイレギュラーな要素はどうしても排除できないため、ロボットやAIでは対応しきれないのである。

これこそ、ケア労働が「使用価値」を重視した生産であることの証《あかし》である。例えば、介護福祉士は単にマニュアルに則して、食事や着替えや入浴の介助を行うだけではない。日々の悩みの相談に乗り、信頼関係を構築するとともに、わずかな変化から体調や心の状態を見て取り、柔軟に、相手の性格やバックグラウンドに合わせてケースバイケースで対処する必要がある。保育士や教師も同じだ。

こうした特性から、ケア労働は「感情労働」と呼ばれる。ベルトコンベアでの作業とは違って、感情を無視したら、台無しになってしまう。（ X ）、感情労働は、ひとりの労働者が扱う対象人数を二倍、三倍にしていくという形で生産性を上昇させることができない。ケアやコミュニケーションは、時間をかける必要がある。そしてなにより、サービスのアジュキュウ者が、スピードアップを望んでいない。

もちろん、介護や看護の過程を徹底的にパターン化し、効率を上げることはある程度可能だ。だが、儲け（＝「価値」）のために労働生産性を過度に追求するなら、最終的にはサービスの質（＝「使用価値」）そのものが低下してしまう。

ところが、まさにB機械化の困難さのせいで、労働集約的なケア労働部門は生産性が「低く」、高コストだとみなされている。そのため、官僚から現場に近いところまで含めたマネジメント層からは無理な効率化が求められたり、理不尽な改革やコストカットが断行されるようになったりしているのである。

（中略）

資本主義社会でのエッセンシャル・ワークに対する圧迫には、C「価値」と「使用価値」の極端な乖離《かいり》という問題が潜んでいる。

現在高給をとっている職業として、マーケティングや広告、コンサルティング、そして金融業やイホケン業などがあるが、こうした仕事は重要そうに見えるものの、実は社会の再生産そのものには、ほとんど役に立っていない。

デヴィッド・グレーバーがウシテキするように、これらの仕事に従事している本人さえも、自分の仕事がなくなっても社会になんの問題もないと感じているという。世の中には、無意味な「ブルシット・ジョブ（クソくだらない仕事）」が溢《あふ》れているのである。

たしかに、私たちは無駄な会議をたくさん開き、プレゼンの資料を無駄に作り込み、誰も読まないようなFacebookの企業広報記事をまとめたり、フォトショップで写真を加工したりしている。

英語解答

1 Part A (1)…ウ (2)…イ (3)…エ
(4)…イ (5)…ア
Part B (1)…イ (2)…エ (3)…ア
(4)…ウ (5)…ウ
Part C (1)…ウ (2)…エ (3)…イ

2 [1] (1)…ウ (2)…イ (3)…ア (4)…ウ
(5)…エ
[2] (1) so (2) Don't (3) What
(4) One (5) often

3 (1) Japanese Matcha Bread
〔Miyo's prize-winning bread〕
(2) the first time for them to see something
(3) ア (4) イ (5) ウ
(6) ミヨとその夫は熊が好きだったから。
(7) ア，ウ

4 (1) ア
(2) gave her a piece of land far from
(3) イ
(4) コミュニティガーデンに何かを植えること。
(5) イ，ウ

1 〔放送問題〕解説省略

2 〔文法総合〕

[1]＜適語句選択＞

(1)間接疑問文では疑問詞以下が‘疑問詞＋主語＋動詞…’の語順になる。ここでは‘didn't＋動詞の原形 come’という過去形の否定文になっている。なお，エであれば後には comes がくる。「なぜ彼がパーティーに来なかったのかわからない」

(2)‘on the/～'s way to＋場所’で「～へ行く途中で」を表す。home「家に」は副詞なので前に to はつかない。 「キムは家に帰る途中，よい公園を見つけた」

(3)受け身形の疑問文である‘be動詞＋主語＋過去分詞’の形にする。English が主語なので，be動詞には Is を用いる。 「あなたの国では英語が話されていますか」

(4)「…と同じくらい～」は‘as ～ as …’で表されるが，‘数’に関して述べる場合は‘as many＋複数名詞＋as ～’の形にする。 「メアリーはジェシーと同じくらい本を持っている」

(5)Would you mind ～ing？で「どうか～していただけませんか」。 「私のためにどうか電気をつけていただけませんか」

[2]＜適語補充＞

(1)‘so ～ that … can't —’「とても～なので…は—できない」の形にする。 「ウィリアムはとても疲れていたので話すことができなかった」

(2) 2文目の内容から，‘Don't＋動詞の原形…’で「～してはいけない，～するな」という否定の命令文をつくればよいとわかる。 「今は海に入ってはいけない！ ニュースで今日サメを見た人がいると言っている」

(3)‘What＋be動詞＋主語＋like？’で「～はどのようなものか」との，‘感想’や‘印象’を問うことができる。この like は「～のような」という意味の前置詞。 「旅行はどうでしたか？ 日本の食べ物はどのようなものでしたか？」

(4)動詞が is であることから，主語は３人称単数だとわかる。‘one of＋複数名詞’「～の１人〔１つ〕」を主語にした場合，３人称単数として扱う。　「私の友達の１人は九州出身だ」

(5)A：どのくらいの頻度で買い物に行きますか？／B：週に１回です。∥How often で「どのくらい，何回」という‘頻度’を尋ねられる。

3〔長文読解総合―ノンフィクション〕

≪全訳≫❶イギリスでは，毎年多くのパン屋がブリテンズ・ベスト・ローフ・アワードに参加する。このコンテストは通常春に開催され，多くの部門がある。2021年にはジョーズベーカリーのサワードウがブリテンズ・ベスト・ローフ賞を受賞し，2022年にはベーカーマンのサワードウが受賞した。その他の部門には，フレーバー・サワードウ，グルテンフリー，イノベーション，インターナショナル，ホワイトブレッドなどがある。2023年のブリテンズ・ベスト・ローフ賞は日本人女性の青悦美代が受賞した。❷美代はイギリスで「くまさんベークハウス」というベーカリーを経営している。美代が受賞したパンは「ジャパニーズ抹茶パン」と呼ばれ，抹茶，ホワイトチョコレート，フルーツでつくられている。それはフランスで暮らした時間と日本の習慣に影響を受けたものだ。審査員らはすばらしい味だと評価し，長年審査をしているが，彼らは美代のパンのようなものを見るのは初めてだと言った。美代は「お菓子やケーキ，クッキーに抹茶を使うのは日本では一般的なのです」と語った。日本の文化や個性を反映したものだったので，彼女はこの受賞をとても喜んだ。❸美代は四国の徳島出身だ。彼女が初めてイギリスを訪れたのは大学生のときだった。マンチェスター大学で教育学を学び，そこで夫と出会った。夫とはスイスとフランスで数年間暮らした。フランスに住んでいるとき，美代はパンが大好きになった。フランスではほとんどのパンが新鮮な自家製だった。イギリスに戻った後，彼女はパンを焼くことを学んだが，それはフランスのパンが恋しかったからだ。イギリスではパンの80％が工場でつくられていて，彼女はフランスで食べた新鮮なパンを焼きたいと思った。当初，彼女はプロのパン職人になるつもりはなかったが，友人たちは彼女にパン屋を始めるよう勧めた。パン屋を開く前に，彼女は地元にある近所のパン屋でレッスンを受けた。❹なぜ美代は自分のパン屋を「くまさんベークハウス」と名づけたのだろうか。美代の夫はデイビッドといい，美代もデイビッドも熊が大好きなのだ。実際，デイビッドのニックネームは「くまちゃん」だ。彼女はその熊好きを生かして，パン屋を「くまさんベークハウス」と名づけた。夫はパン屋で美代のつくるさまざまなパンを全て試食して彼女を手伝う。２人は本当によい関係だ。❺美代は将来，営業日を週３日に増やしたいと考えている。生産能力が限られているため，現在は木曜日と土曜日しかパンを焼かない。もしかしたら，美代はいつかまた別の賞を取るかもしれない。

(1)<指示語>直前に「美代が受賞したパンは『ジャパニーズ抹茶パン』と呼ばれ，抹茶，ホワイトチョコレート，フルーツでつくられている」とある。ここから，「それはフランスで暮らした時間と日本の習慣に影響を受けたものだ」の「それ」が，Japanese Matcha Bread「ジャパニーズ抹茶パン」あるいは Miyo’s prize-winning bread「美代が受賞したパン」を指すとわかる。

(2)<整序結合>‘it is … for＋人＋to＋動詞の原形’「〈人〉が～するのは…だ」の形を用いる。「初めて」は the first time。この後に for them to see something を続ける。

(3)<適語選択>２つ前の文に「フランスに住んでいるとき，美代はパンが大好きになった」とあることから，美代が恋しかったのはフランスのパンだとわかる。　miss「～が恋しい，懐かしい」

(4)<適語選択>直前に「イギリスではパンの80％が工場でつくられていた」とある。そこで彼女は，工場製のものとは対照的な新鮮なパンを自分で焼きたいと考えたのである。

(5)＜**適語選択**＞空所の前には「当初，彼女はプロのパン職人になるつもりはなかった」とあり，空所の後には「友人たちは彼女にパン屋を始めるよう勧めた」とある。前と後で内容が対立しているので，‘逆接’の but「しかし」でつなぐ。

(6)＜**文脈把握**＞第４段落第２文で理由が説明されている。ここに，「美代の夫はデイビッドといい，美代もデイビッドも熊が大好きなのだ」とある。

(7)＜**内容真偽**＞ア.「くまさんベークハウスの２年前の受賞者はジョーズベーカリーだった」…○　第１段落および第２段落第１文参照。2023年の受賞者は「くまさんベークハウス」の青悦美代で，2021年の受賞者はジョーズベーカリーである。　イ.「ブリテンズ・ベスト・ローフ・アワードに参加できるのはイギリス人だけだ」…×　第１段落参照。日本人の美代も参加した。　ウ.「美代の意見では，日本人はお菓子づくりに抹茶をよく使う」…○　第２段落最後から２文目に一致する。　エ.「美代はプロのパン職人になるためにマンチェスター大学で学んだ」…×　第３段落第２，３文参照。マンチェスター大学では教育学を学んだ。　オ.「美代はデイビッドのことを『くまちゃん』と呼んでいるが，それは彼女が売るパンを彼がいつも試食しているからだ」…×　第４段落参照。試食とニックネームの関係は読み取れない。　カ.「美代が週に３日店を開けられるようになれば，また賞を取れると著者は信じている」…×　最終段落参照。営業日数を増やせば賞を取れると信じているとは述べられていない。

4〔**長文読解総合―物語**〕

≪全訳≫❶山に近いブルーフィールドという小さな町では，伝統が全てだった。しかし，若い女性エミリーは世界を旅して，発展するには変化が必要だと考えた。ブルーフィールドに戻ったとき，彼女はその変化の一部をもたらした。❷ある晴れた日の午後，エミリーはコミュニティガーデンのアイデアを皆に紹介するために近所の家を一軒一軒回った。彼女は，自分たちで野菜を育てることの利点や，自然とつながることの大切さについて話した。しかし，それは新しいアイデアであり，彼女の隣人たちは他人と土地を共有することに確信が持てなかった。それでもエミリーは諦めなかった。❸散々話し合った末，町の人々はエミリーのアイデアを試すことに同意した。そして，町の中心部から離れた土地をエミリーに提供し，コミュニティガーデンが誕生した。❹エミリーはガーデンに命が吹き込まれたのを見てとても喜んだ。彼女は土を整え，種をまき，おなかをすかせたウサギやシカを止めるための塀をつくろうと懸命に働いた。数週間後，ガーデンは発展し始めた。❺トウモロコシ，豆，カボチャが芽を出し，トマトの苗は堂々と背を伸ばした。あらゆる年代の人々が自分たちの野菜を植え，ガーデンの世話をするようになった。❻７月の終わりには，ガーデンはブルーフィールドの活動の中心となった。日曜日の朝，礼拝が終わると家族連れがガーデンに集まり，子どもたちは祖父母の野菜づくりを手伝い，カップルは山に沈む夕日を眺めに来た。❼ある日，エミリーはガーデンのベンチに１人で座っている老人に気づいた。彼女は彼のもとへ行き，自己紹介をした。❽「こんにちは。大丈夫ですか？」と彼女は尋ねた。❾男性は彼女を見上げてほほ笑んだ。「ああ，何でもないよ。ガーデンを楽しんでいただけさ。若い頃こんなガーデンを持っていてね，それがいい思い出をよみがえらせるんだ」❿エミリーはほほ笑んだ。「すてきですね。ここに何か植えてみませんか？」⓫男性は驚いて彼女を見た。「私がかい？　いや，もう歳だからそれは無理だよ」⓬「何かを植えるのに歳は関係ないですよ！」とエミリーは言った。「そうだ，私が手伝います」⓭彼女は男性の手を取り，一緒にトマトを植え，水をやった。⓮男性はエミリーを見た。「ありがとう，お嬢さん。君は私に喜びの一部を取り戻してくれたよ」⓯エミリーはほほ笑んだ。「それがガーデンの目的なんです。喜びと一体感をもたらすことが」⓰その日からエミリーと男性は友達になった。植えつけやガーデンの手入れを一緒にしながら，２人は笑い，話をした。そして夕日は山に沈んでいったが，コミュニティガーデンがまさにブルーフィールドの明るい未来の始まりであることを，２人ともわかっていた。

⑴＜**適語選択**＞①伝統に縛られた小さな町が(　　)には変化が必要だ，という部分。build「つくる」では不自然なので，「発展する」といった意味を持つ grow が適する。　②'introduce ～ to …'「…に～を紹介する」の形になっている。　④a wall「塀」を目的語に取る動詞として，build「つくる」が適切。　⑦ガーデンの目的なので，「喜びと一体感をもたらすこと」といった意味になる give が適する。community には「帰属意識，一体感」という意味がある。

⑵＜**整序結合**＞'give＋人＋物'「〈人〉に〈物〉を与える」の語順にする。'人' は her，'物' は a piece of land とし，この後にその場所を示す far from を置く。

⑶＜**指示語**＞男性は「ああ，何でもないよ。ガーデンを楽しんでいただけさ。若い頃，こんなガーデンを持っていてね，それがいい思い出をよみがえらせるんだ」と言っている。「それ」とは，the garden，つまりコミュニティガーデンのことである。

⑷＜**指示語**＞エミリーが男性に「ここに何か植えてみませんか？」と尋ね，男性は「いや，もう歳だからそれは無理だよ」と答えている。この「それ」とは，ここ，つまりコミュニティガーデンに何かを植えることを指している。

⑸＜**内容真偽**＞ア.「エミリーは，伝統が最も大切だと考えていた」…×　第１段落第２文参照。エミリーは変化が必要だと考えていた。　イ.「エミリーの隣人たちにとって，コミュニティガーデンというアイデアは初めて聞くものだった」…○　第２段落第１～３文に一致する。　ウ.「エミリーは，コミュニティガーデンをつくろうとすることを決してやめなかった」…○　第２段落最終文に一致する。　エ.「高齢者が野菜を植えるのは難しいので，彼らは一度もコミュニティガーデンに来なかった」…×　第５段落参照。あらゆる年代の人がガーデンに来た。　オ.「エミリーは，このコミュニティガーデンがブルーフィールドの目標だと考えていた」…×　コミュニティガーデンがブルーフィールドの目標だという記述はない。

2024年度／順天高等学校

数学解答

1 (1) 1　(2) $a=3,\ b=\frac{7}{3}$

(3) $(x-2)(y-2)$　(4) $x=3,\ -4$

(5) 5通り　(6) 63, 64, 65, 66, 67

(7) 16　(8) 23°　(9) 2：3

(10) 400m

2 (1) $4\sqrt{3}$　(2) 8π　(3) $16\sqrt{3}-8\pi$

3 (1) $\frac{7}{18}$　(2) $\frac{1}{12}$　(3) $\frac{1}{2}$

4 (1) $x=\frac{5\pm\sqrt{17}}{4}$　(2) 2個

(3) $\sqrt{2}$

1〔独立小問集合題〕

(1)＜数の計算＞与式 $=\frac{7}{9}-\left(-\frac{1}{2}\right)\div\left(-\frac{3}{2}\right)^2=\frac{7}{9}-\left(-\frac{1}{2}\right)\div\frac{9}{4}=\frac{7}{9}-\left(-\frac{1}{2}\right)\times\frac{4}{9}=\frac{7}{9}-\left(-\frac{2}{9}\right)=\frac{7}{9}+\frac{2}{9}=\frac{9}{9}=1$

(2)＜連立方程式―解の利用＞$2ax+by=5$……①，$ax-by=13$……②とする。①，②の連立方程式の解が $x=2$，$y=-3$ であるから，この解を①に代入して，$2a\times2+b\times(-3)=5$，$4a-3b=5$……③となり，②に代入して，$a\times2-b\times(-3)=13$，$2a+3b=13$……④となる。③＋④より，$4a+2a=5+13$，$6a=18$，$a=3$ となり，これを④に代入して，$2\times3+3b=13$，$6+3b=13$，$3b=7$，$b=\frac{7}{3}$ となる。

(3)＜式の計算―因数分解＞与式 $=x(y-2)-2(y-2)$ として，$y-2=M$ とおくと，与式 $=xM-2M=(x-2)M$ となる。M をもとに戻して，与式 $=(x-2)(y-2)$ となる。

(4)＜二次方程式＞$x^2+x=12$，$x^2+x-12=0$，$(x-3)(x+4)=0$　$\therefore x=3,\ -4$

(5)＜場合の数―硬貨＞1枚の硬貨を繰り返し投げ，表が4回，または裏が1回出たところで終了するのは，1回目から表が続けて4回出るか，表が4回出る前に裏が出る場合である。よって，右表より，5通りある。

1回目	2回目	3回目	4回目
表	表	表	表
表	表	表	裏
表	表	裏	
表	裏		
裏			

(6)＜データの活用―中央値＞中央値が x 点となるので，5人の得点を小さい順に並べると，59，63，x，67，81となる。よって，x は63以上67以下の整数だから，整数 x は，$x=63$，64，65，66，67である。

(7)＜関数―z の値＞y は x に比例するので，比例定数を a とすると，$y=ax$ とおける。$x=3$ のとき，$y=6$ だから，$6=a\times3$ より，$a=2$ となり，x と y の関係は $y=2x$ である。また，z は y の2乗に比例するので，比例定数を b とすると，$z=by^2$ とおける。$y=4$ のとき，$z=4$ だから，$4=b\times4^2$ より，$b=\frac{1}{4}$ となり，y と z の関係は $z=\frac{1}{4}y^2$ である。よって，$x=4$ のとき，y の値は，$y=2\times4=8$ となるので，z の値は，$z=\frac{1}{4}\times8^2=16$ となる。

(8)＜平面図形―角度＞右図1で，CA＝CBだから，△ABCは二等辺三角形であり，∠BAC＝∠ABC＝72°である。四角形ABCDが平行四辺形より，AB∥DCだから，錯角は等しくなり，∠DCE＝∠BAC＝72°となる。よって，△DCEで内角と外角の関係より，∠CDE＝∠AED－∠DCE＝95°－72°＝23°である。

図1

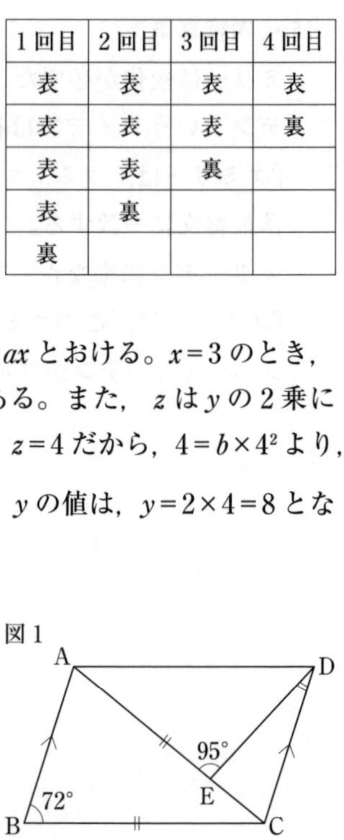

(9)＜空間図形―長さの比＞次ページの図2のように，線分QPの延長と辺ABの延長との交点をTとすると，3点P，Q，Eを通る平面は，点Tを通る。よって，線分ETと辺BFの交点がRである。

立方体の辺より，BC＝DCであり，BP：PC＝DQ：QC＝2：1だから，PC＝QCとなる。∠PCQ＝90°だから，△PCQは直角二等辺三角形である。これより，∠BPT＝∠CPQ＝45°となり，∠PBT＝90°だから，△PBTも直角二等辺三角形となる。したがって，BT＝BP＝$\frac{2}{2+1}$BC＝$\frac{2}{3}$BCと表せる。また，△BRTと△FREにおいて，∠RBT＝∠RFE＝90°，∠BRT＝∠FREより，△BRT∽△FREだから，BR：RF＝BT：FEである。FE＝BCなので，BR：RF＝$\frac{2}{3}$BC：BC＝2：3となる。

図2

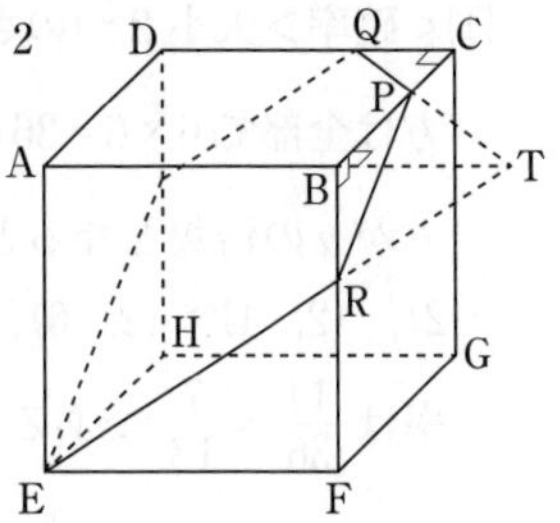

⑽＜**一次方程式の応用**＞自宅からある地点までの道のりをxmとすると，自宅から学校までは1200mだから，ある地点から学校までの道のりは$1200-x$mと表せる。自宅からある地点までは毎分80mで歩いたので，歩いた時間は$\frac{x}{80}$分である。また，ある地点から学校までは毎分200mで走ったので，走った時間は$\frac{1200-x}{200}$分である。午前7時59分に家を出て，午前8時8分に学校に到着したので，自宅から学校までかかった時間は9分であり，$\frac{x}{80}+\frac{1200-x}{200}=9$が成り立つ。両辺に400をかけて解くと，$5x+2(1200-x)=3600$，$5x+2400-2x=3600$，$3x=1200$，$x=400$となるので，歩いた道のりが400mより，走り始めたのは自宅から400m離れた地点である。

2 〔平面図形—正六角形〕

⑴＜**面積**＞六角形の内角の和は180°×(6－2)＝720°だから，正六角形の1つの内角の大きさは，720°÷6＝120°である。よって，右図で，∠ABC＝120°である。△ABCはBA＝BC＝4の二等辺三角形だから，∠BAC＝∠BCA＝(180°－120°)÷2＝30°である。また，点Bから線分ACに垂線BHを引くと，点Hは線分ACの中点となる。△ABHは3辺の比が$1:2:\sqrt{3}$の直角三角形となるから，BH＝$\frac{1}{2}$AB＝$\frac{1}{2}\times4=2$，AH＝$\sqrt{3}$BH＝$\sqrt{3}\times2=2\sqrt{3}$となり，AC＝2AH＝$2\times2\sqrt{3}=4\sqrt{3}$となる。したがって，△ABCの面積は，$\frac{1}{2}$×AC×BH＝$\frac{1}{2}\times4\sqrt{3}\times2=4\sqrt{3}$である。

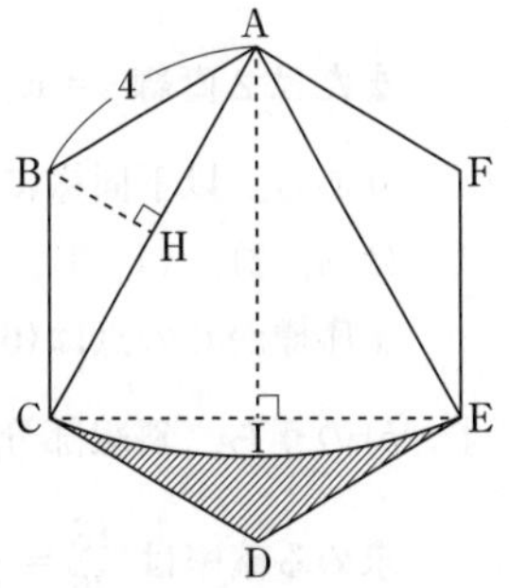

⑵＜**面積**＞右上図で，△ABCと△CDEと△EFAは合同となるから，AC＝CE＝EAであり，△ACEは正三角形となる。よって，∠CAE＝60°である。⑴より，AC＝$4\sqrt{3}$だから，おうぎ形ACEの面積は，$\pi\times(4\sqrt{3})^2\times\frac{60°}{360°}=8\pi$である。

⑶＜**面積**＞右上図で，斜線部分の面積は，四角形ACDEの面積からおうぎ形ACEの面積をひいて求められる。四角形ACDEの面積は，△ACEの面積と△CDEの面積を合わせたものである。点Aから線分CEに垂線AIを引くと，⑵より，△ACEは正三角形だから，△ACIは3辺の比が$1:2:\sqrt{3}$の直角三角形となり，AI＝$\frac{\sqrt{3}}{2}$AC＝$\frac{\sqrt{3}}{2}\times4\sqrt{3}=6$である。CE＝AC＝$4\sqrt{3}$だから，△ACE＝$\frac{1}{2}$×CE×AI＝$\frac{1}{2}\times4\sqrt{3}\times6=12\sqrt{3}$である。⑴より，△CDE＝△ABC＝$4\sqrt{3}$であるから，四角形ACDEの面積は，△ACE＋△CDE＝$12\sqrt{3}+4\sqrt{3}=16\sqrt{3}$となる。おうぎ形ACEの面積は$8\pi$だから，求める面積は，〔四角形ACDE〕－〔おうぎ形ACE〕＝$16\sqrt{3}-8\pi$である。

3 〔データの活用—確率—さいころ〕

(1)＜**確率**＞大小2つのさいころを同時に投げるとき，それぞれ6通りの目の出方があるから，目の出方は全部で$6\times6=36$(通り)あり，a，bの組も36通りある。このうち，$\dfrac{b}{a}$の値が自然数となるのは，bがaの倍数となるときだから，$(a,\ b)=(1,\ 1)$，$(1,\ 2)$，$(1,\ 3)$，$(1,\ 4)$，$(1,\ 5)$，$(1,\ 6)$，$(2,\ 2)$，$(2,\ 4)$，$(2,\ 6)$，$(3,\ 3)$，$(3,\ 6)$，$(4,\ 4)$，$(5,\ 5)$，$(6,\ 6)$の14通りある。よって，求める確率は$\dfrac{14}{36}=\dfrac{7}{18}$である。

(2)＜**確率**＞直線$y=\dfrac{b}{a}x$上に点$(8,\ 4)$があるとき，$4=\dfrac{b}{a}\times8$より，$4a=8b$，$a=2b$となる。36通りのa，bの組のうち，$a=2b$となるのは，$(a,\ b)=(2,\ 1)$，$(4,\ 2)$，$(6,\ 3)$の3通りだから，求める確率は$\dfrac{3}{36}=\dfrac{1}{12}$である。

(3)＜**確率**＞右図で，2直線$y=x$，$y=\dfrac{1}{3}x$上でx座標が1の点は，$y=1$，$y=\dfrac{1}{3}\times1=\dfrac{1}{3}$より，点$(1,\ 1)$，点$\left(1,\ \dfrac{1}{3}\right)$である。これより，斜線部分または2直線$y=x$，$y=\dfrac{1}{3}x$上にある点$(a,\ b)$のうち，$x$座標が1の点は，$(1,\ 1)$の1通りある。2直線$y=x$，$y=\dfrac{1}{3}x$上で$x$座標が2の点は，$y=2$，$y=\dfrac{1}{3}\times2=\dfrac{2}{3}$より，点$(2,\ 2)$，点$\left(2,\ \dfrac{2}{3}\right)$である。これより，斜線部分または2直線$y=x$，$y=\dfrac{1}{3}x$上にある点$(a,\ b)$のうち，$x$座標が2の点は，$(2,\ 1)$，$(2,\ 2)$の2通りある。以下同様に考えて，$x$座標が3の点は$(3,\ 1)$，$(3,\ 2)$，$(3,\ 3)$の3通り，$x$座標が4の点は$(4,\ 2)$，$(4,\ 3)$，$(4,\ 4)$の3通り，$x$座標が5の点は$(5,\ 2)$，$(5,\ 3)$，$(5,\ 4)$，$(5,\ 5)$の4通り，$x$座標が6の点は$(6,\ 2)$，$(6,\ 3)$，$(6,\ 4)$，$(6,\ 5)$，$(6,\ 6)$の5通りある。よって，36通りの点$(a,\ b)$のうち，斜線部分または2直線$y=x$，$y=\dfrac{1}{3}x$上にあるのは$1+2+3+3+4+5=18$(通り)だから，求める確率は$\dfrac{18}{36}=\dfrac{1}{2}$である。

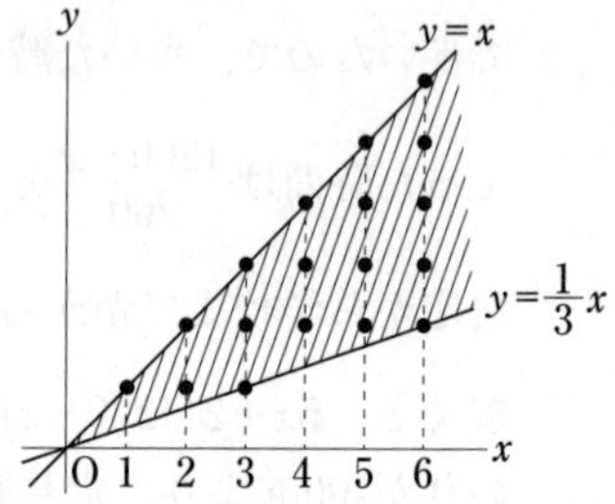

4〔**数と式，平面図形―円**〕

≪**基本方針の決定**≫(3)　三平方の定理を利用する。

(1)＜**二次方程式**＞解の公式より，$x=\dfrac{-(-5)\pm\sqrt{(-5)^2-4\times2\times1}}{2\times2}=\dfrac{5\pm\sqrt{17}}{4}$となる。

(2)＜**数の性質**＞$m>n$なので，(1)より，$m=\dfrac{5+\sqrt{17}}{4}$，$n=\dfrac{5-\sqrt{17}}{4}$となる。$n<t<m$だから，$\dfrac{5-\sqrt{17}}{4}<t<\dfrac{5+\sqrt{17}}{4}$を満たす整数$t$を考える。$\sqrt{16}<\sqrt{17}<\sqrt{25}$より，$4<\sqrt{17}<5$，$5+4<5+\sqrt{17}<5+5$，$9<5+\sqrt{17}<10$，$\dfrac{9}{4}<\dfrac{5+\sqrt{17}}{4}<\dfrac{10}{4}$，$2.25<\dfrac{5+\sqrt{17}}{4}<2.5$となるので，$t<\dfrac{5+\sqrt{17}}{4}$を満たす最大の整数$t$は，$t=2$である。また，$-\sqrt{25}<-\sqrt{17}<-\sqrt{16}$より，$-5<-\sqrt{17}<-4$，$5-5<5-\sqrt{17}<5-4$，$0<5-\sqrt{17}<1$，$0<\dfrac{5-\sqrt{17}}{4}<\dfrac{1}{4}$，$0<\dfrac{5-\sqrt{17}}{4}<0.25$となるので，$\dfrac{5-\sqrt{17}}{4}<t$を満たす最小の整数$t$は，$t=1$である。よって，$\dfrac{5-\sqrt{17}}{4}<t<\dfrac{5+\sqrt{17}}{4}$を満たす整数$t$は$t=1$，2の2個である。

⑶＜長さ＞右図のように，線分OO′，OB，O′Cを引く。直線 l は2つの円O，O′の接線だから，∠OBC＝∠O′CB＝90°である。点O′からOBに垂線O′Dを引くと，四角形O′DBCは長方形となるので，BC＝DO′となる。⑵より，$\mathrm{OB}=m=\dfrac{5+\sqrt{17}}{4}$，$\mathrm{DB}=\mathrm{O'C}=n=\dfrac{5-\sqrt{17}}{4}$ となるから，$\mathrm{OD}=\mathrm{OB}-\mathrm{DB}=\dfrac{5+\sqrt{17}}{4}-\dfrac{5-\sqrt{17}}{4}=\dfrac{\sqrt{17}}{2}$ となる。また，$\mathrm{OA}=\dfrac{5+\sqrt{17}}{4}$，$\mathrm{O'A}=\dfrac{5-\sqrt{17}}{4}$ より，$\mathrm{OO'}=\mathrm{OA}+\mathrm{O'A}=\dfrac{5+\sqrt{17}}{4}+\dfrac{5-\sqrt{17}}{4}=\dfrac{5}{2}$ となる。△OO′Dで三平方の定理より，$\mathrm{DO'}=\sqrt{\mathrm{OO'}^2-\mathrm{OD}^2}=\sqrt{\left(\dfrac{5}{2}\right)^2-\left(\dfrac{\sqrt{17}}{2}\right)^2}=\sqrt{2}$ となるから，$\mathrm{BC}=\sqrt{2}$ である。

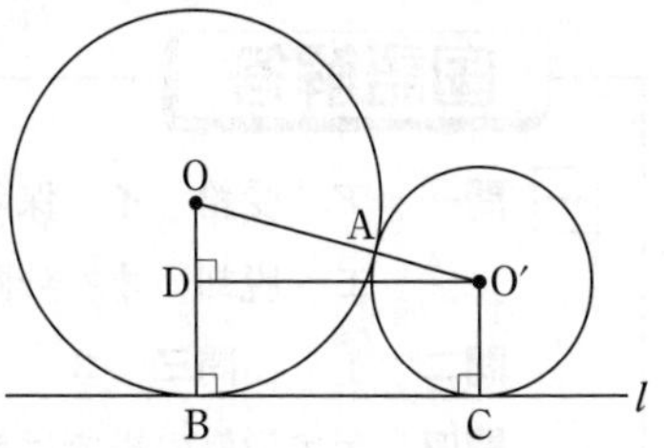

＝読者へのメッセージ＝

2で正六角形の問題が出題されました。ハチの巣穴は正六角形を隙間なく並べた構造をしていて，これをハニカム構造といいます。

2024年度／順天高等学校

国語解答

一 問一　ア　受給　イ　保険　ウ　指摘
　　　　エ　脱却　オ　分断

問二　1　　問三　3

問四　ケア労働の場では複雑で多岐にわたる作業が求められ，そこで生じるイレギュラーな要素に機械では対応しきれないというもの。（58字）

問五　社会の再生産に必須ではない労働に対して高給が支払われているということ。（35字）

問六　2，5　　問七　5

二 問一　A　ぎょうこう　B　にじょう

問二　馬が，幕が風に吹き上げられたことに驚いたから。

問三　3　　問四　大納言　　問五　1

問六　(i)…C
　　　(ii)　鹿を追いかけた馬が川に入り溺れかけたが，衣服を脱ぐことで難を逃れた。

一〔論説文の読解─社会学的分野─現代社会〕出典：斎藤幸平『人新世の「資本論」』。

≪本文の概要≫ケア労働は，機械化が困難で，人間の労働を要する労働集約型産業の典型である。脱成長コミュニズムは，労働集約型産業を重視する社会に転換し，経済を減速させる。使用価値の高い，ケアやコミュニケーションが重視される社会的再生産の領域では，作業が複雑で多岐にわたり，イレギュラーな要素が多いため，機械では対応しきれない。このような感情労働は，少ない労働力で生産性を上げられず，徹底的なパターン化などによって効率を上げれば，サービスの質が低下する。資本主義社会では，社会の再生産には役に立たず使用価値を生み出さないのに高給である労働に人が集まり，社会の再生産に必要なエッセンシャル・ワークが低賃金で人手不足に陥っている。そこで，使用価値を重視し，エッセンシャル・ワークが評価される社会への移行が必要となる。経済成長を至上目的とせず，製造業重視から脱却し，労働集約型のケア労働を重視する社会は，地球環境にとっても望ましく，ここにも経済の減速の契機がある。現在，エッセンシャル・ワーカーは，役に立つ，やりがいのある労働をしているという理由で，低賃金・長時間労働を強いられ，役立たずの管理者たちに虐げられている。今，世界中で，エッセンシャル・ワーカーが資本主義の論理に対抗して立ち上がりつつある。この流れを，広くラディカルな流れにつなげればより民主的な相互扶助を強化したコミュニティ再形成が可能な社会への道が開けるはずである。

問一＜漢字＞ア．「受給」は，給与，配給などを受けること。　イ．「保険」は，火災，死亡など，偶発する事故によって生じる経済的不安に備えて，多数の人が掛け金を出し合い，それを資金として，事故に遭遇した人に一定金額を給付する制度のこと。　ウ．「指摘」は，大切な点や欠点などを具体的に取り上げて指し示すこと。　エ．「脱却」は，古い考えや欠点などを捨て去ること。オ．「分断」は，一つながりのものを切り離すこと。

問二＜接続語＞X．「感情労働は相手の感情を無視したら，台無しになってしまう」ので，「ひとりの労働者が扱う対象人数」を増やすという形で「生産性を上昇させることができない」のである。
Y．エッセンシャル・ワーカーたちの抵抗として，「コンビニの二四時間営業停止や高速道路のサービスエリアでのストライキなども増えて」おり，「それがSNSで拡散されて，人々の支持を集め」

ている。　Z．エッセンシャル・ワーカーたちの抵抗という「世界的な流れ」を，「より広い，そしてよりラディカルな流れにつなげ」て，エッセンシャル・ワーカーたちと私たちが「連帯できるか」，あるいは，「『使用価値』を蔑ろにし，くだらない仕事を重視するブルシット・エコノミーに固執するのか」の選択が，「相互扶助の強化か，分断の深化かの分かれ道」になる。

問三＜文章内容＞「労働集約型産業の重視」により，「使用価値」の高い「エッセンシャル・ワークが，きちんと評価される」ようになり，「これは，エネルギー収支比が低下していく時代にもふさわしい，労働のあり方」であると考えられている。ここでは「労働集約型産業の重視」による経済の減速は，肯定的にとらえられている。

問四＜文章内容＞「ケア労働部門」で「求められている作業は複雑で多岐にわたる」ために発生してしまう「イレギュラーな要素」に，「ロボットやAIでは対応しきれない」のである。

問五＜文章内容＞「マーケティングや広告，コンサルティング，そして金融業や保険業」などは，エッセンシャル・ワークのような「使用価値」がなく，「実は社会の再生産そのものには，ほとんど役に立っていない」仕事である。それにもかかわらず，「高給をとっている」ことが，「儲け(＝『価値』)」と，「サービスの質(＝『使用価値』)」を，かけ離れたものにしている。「乖離」は，かけ離れること。

問六＜文章内容＞エッセンシャル・ワーカーたちは，「役に立つ，やりがいのある労働をしているという理由で，低賃金・長時間労働を強いられて」きた(2…○)。また，彼らは，「余計な管理や規則の手間ばかりを増やすだけで，実際には役立たずの管理者たちに虐げられ」てきた(5…○)。だが，彼らは，ついに，このような「労働条件悪化」に対し立ち上がろうとしている。

問七＜要旨＞高給のブルシット・ジョブに人材が集中し，エッセンシャル・ワークが恒常的な人手不足に陥っているという資本主義社会の行き詰まりを打開するには，「脱成長コミュニズム」を進めて，「使用価値」の高い「労働集約型産業」を重視した社会に転換していくべきである(1…×)。「ケア労働」は，「感情労働」であるため，オートメーション化やAI化が困難である(2…×)。「労働集約型産業」は，「地球環境にとっても望ましい」労働のあり方であり，「ここにも減速の契機」がある(4…×)。「現在，ケア労働者に代表されるエッセンシャル・ワーカーは，役に立つ，やりがいのある労働をしているという理由で，低賃金・長時間労働を強いられ」やりがいを搾取されている(5…○)。労働条件悪化に対するエッセンシャル・ワーカーたちの抵抗を，より広い，よりラディカルな流れにつなげられれば，「より民主主義的な相互扶助のコミュニティ再形成が可能」となる(3…×)。

二〔**古文の読解―説話**〕出典：『古今著聞集』巻第十，三六八。

≪現代語訳≫坊門の大納言が，左衛門の督でございましたとき，建暦の御禊の天皇のお出ましに，「一六」という馬に乗ってお供なさったところ，二条室町で院の御見物席の前の幕が，風に吹き上げられたのに(馬が)驚いて，御見物席の東から幕を引いて走ったので，馬を引く従者が引きずり転ばされて，馬を手放してしまった。(馬を)引き止めたときに，轡も切れてしまったので，(大納言は)静かに靴を片足ずつ脱ぎ捨てて，足袋だけで鐙をしっかり踏んで後，馬の鼻をかいて，二条烏丸にある見物席の前で(馬を)止めなさった。見る人々は目を驚かせた。その見物席(にいた人)が(大納言に)関係のある人で，すぐに(馬の)口に金具をつけて差し上げた。総じて御禊では，どういうわけであろうか，馬から落ちる例が多くあります。くれぐれも注意しなければならないことであろうか。

あの大納言は，片野の御狩りで同じ馬に乗って，鹿を追って馬を走らせたときに，鹿が，淀川に入ったので，馬も続いて入ってしまった。乗る人は，川に沈んで見えなかったので，人々が皆驚き騒ぎ合ううちに，しばらくたって，狩りの道具・水干・袴が全部(水面に)浮き上がってきた。その後，(大納言が)裸で泳ぎ上がった。水の底で落ち着いて脱ぎ解きなさったのだった。水泳の技術がすばらしかったことだ。このようなときのための用意であろうか，以前からふんどしを履いていらっしゃったのだ。この馬に乗って二回評判になりなさったことは，めったにないことだと(世間の人々は)申し上げあった。

問一＜歴史的仮名遣い＞Ａ．歴史的仮名遣いの二重母音「au」は，現代仮名遣いでは「ou」となる。

Ｂ．歴史的仮名遣いの二重母音「eu」は，現代仮名遣いでは「you」となるので，「にでう」は「にぢょう」となり，歴史的仮名遣いの「ぢ」は，現代仮名遣いでは「じ」となる場合が多いので，「にぢょう」は「にじょう」となる。

問二＜古文の内容理解＞大納言の乗っていた馬が，二条室町で，院の御見物席の前の幕が風で吹き上げられたのに驚いたために，走り出してしまった。

問三＜古文の内容理解＞総じて御禊のときは，どういうわけであろうか，馬から落ちるなどの事故が多いものだから，くれぐれも気をつけなければならない。

問四＜古文の内容理解＞「かの大納言」が，例の「一六」という馬に乗って片野の御狩りに出仕したとき，馬が，鹿を追って淀川に入ってしまった。乗り手は，「大納言」である。「坊門の大納言」でもよい。

問五＜古文の内容理解＞大納言は，馬が乗り手ごと川に入ってしまい，馬と一緒に溺れそうになったとき，水中で，落ち着いて狩りの道具や着衣を脱ぎ解き，ふんどしを着けた裸で泳ぎ上がってきた。このように水に落ちたときの用心に，以前からふんどしを履いていたのである。

問六＜古文の内容理解＞(i)御禊のとき，風で幕が吹き上がったのに驚いて暴れ始めた馬の轡が切れて制御できなくなったのを，大納言は，靴を脱いで足袋だけで鐙をしっかりと踏み，馬の鼻をかいて落ち着かせ，馬を止めたことで名を上げた(Ａ・Ｂ・Ｄ…×，Ｃ…○)。　(ii)同じ大納言が，片野の狩りのおり，鹿を追って馬が川に入ってしまったために，乗り手の自分まで溺れそうになったが，水中で落ち着いて狩りの道具と衣服を脱ぎ，ふんどし一つの裸で泳ぎ上がってきたことで名を上げた。

2023年度 順天高等学校(第1回推薦Ⅰ・Ⅱ)

【英　語】(40分，うちリスニングテスト約10分)〈満点：100点〉

第1問　(リスニングテスト)

第1問リスニングテストは，Part AからPart Cまでの3部構成となっています。各部の指示に従って，注意して放送を聞き，後に続く問題に答えなさい。なお，メモを取っても構いません。

Part A　これから短い英文が2度ずつ読まれます。その英文に対する応答として最も適切なものを，ア～エの中から1つ選びなさい。

(1)　ア　I like baseball the best.　　イ　I like swimming the best.
　　ウ　I like skiing the best.　　エ　I like drawing the best.

(2)　ア　We should meet him tomorrow.
　　イ　We eat meat three times a week.
　　ウ　At 8 pm in front of the coffee shop.
　　エ　I met her many times in New York.

(3)　ア　Oh, this is my first time.
　　イ　I'd like to visit Japan many times.
　　ウ　I often leave Japan when I have a long vacation.
　　エ　I've been here for two years.

(4)　ア　I'll get a table for dinner at a nice restaurant.
　　イ　No, I had lunch with her last week.
　　ウ　Yes, I am.　Where should we meet?
　　エ　I'll pick you up at your apartment.

(5)　ア　He didn't know it.　　イ　I'll do it.
　　ウ　I have no idea.　　エ　That's a good idea.

Part B　これからAとBの対話が2度ずつ読まれます。対話の後で，内容に関する質問が読まれます。質問の答えとして最も適切なものを，ア～エの中から1つ選びなさい。

(1)　ア　He is traveling alone.
　　イ　He is traveling with his wife.
　　ウ　He is traveling with his family.
　　エ　He likes good views.

(2)　ア　On his desk.　　イ　In his pocket.
　　ウ　Behind the TV.　　エ　In the living room.

(3)　ア　Because he keeps a dog.
　　イ　Because the dog doesn't want to stay inside.
　　ウ　Because the dog is making too much noise.
　　エ　Because she doesn't like dogs.

(4)　ア　He got "A's" in math and social studies.
　　イ　He got "A's" in every subject.
　　ウ　He got "A's" in most subjects.
　　エ　He got no "A's".

(5) ア He will take a taxi.
イ He will walk for 5 minutes.
ウ He will take a subway.
エ He will wait for Bus No. 15.

Part C これから長めの英文が２度読まれます。その英文に関する質問の答えとして最も適切なものを，ア～エの中から１つ選びなさい。まず質問に目を通してから，注意して放送を聞きなさい。

(1) What is the main topic ?
ア The role of the animal control office.
イ General health and safety risks.
ウ Recent accidents near the school.
エ New rules to protect local animals.

(2) Why is the school worried about the family of bears ?
ア They have lived near the school for at least two years.
イ They are changing their behavior these days.
ウ They may not be saved after they are caught.
エ The rabbit and neighborhood's pets attacked them.

(3) Which sentence would the speaker probably agree with ?
ア Bears usually attack people.
イ The animal control office should not take care of the bears.
ウ The school will have to cancel all classes.
エ The students should not approach the bears in their town.

※<リスニングテスト放送原稿>は英語の問題の終わりに付けてあります。

第２問

次の英文の(　)内に入れるものとして最も適切なものをそれぞれ下のア～エの中から１つ選びなさい。

(1) This is a book (　　) by Emi.
ア write　イ writing　ウ written　エ to write

(2) "(　　) car is this ?"
"It's my father's."
ア Who　イ When　ウ Why　エ Whose

(3) We don't know (　　) to get to the station.　Let's look at this map.
ア how　イ where　ウ when　エ what

(4) I (　　) a shower when you called me, so I didn't answer the phone.
ア take　イ took　ウ is taking　エ was taking

(5) I like English better than (　　) subject.
ア all　イ other　ウ all other　エ any other

(6) I came here (　　) train.
ア with　イ in　ウ on　エ by

第3問

次の英文を読んで，あとの問いに答えなさい。（＊印の語句には脚注があります。）

Most people today have more *leisure time than before. （ ① ） Some people just want to relax. They watch television, read, or listen to music. Others want ②to be more active with their leisure time. They want to learn something new or develop a new skill. Other people want to take part in activities with people who have similar interests.

Today, many people use their leisure time ③to do something productive. Perhaps because they work only with their minds all day, they want to do something with their hands. They want to do something very different from their office jobs or schoolwork. Some enjoy working in a garden. Others like to build or fix things in their leisure time. For example, they may want to work with wood, build *furniture, or paint. Others learn how to cook foods from other countries.

For some people, the most important thing about leisure time is to spend it with other people. ④This is especially true for those people who like to play sports. All over the world, soccer, basketball, tennis, and other sports bring people together. Other games of competition also bring people together. Card games, such as *poker, are popular in the United States.

Technology has changed how we spend our leisure time. For example, people can play games on computers. Today, you can play card games, word games and even sports on your computer or smartphone. You can play alone or with other people. With Internet technology, people can play online games together, （ ⑤ ） they are far from each other. People who play games together make an online community. This is a group of people who have similar interests.

Game sites are not the only online communities. Technology helps people with similar interests to make online communities. However, the most popular communities are SNS such as Facebook or Instagram. People join SNS to communicate with old friends and make new friends.

（注） *leisure time：余暇　*furniture：家具　*poker：ポーカー

(1) （①）に入る英文として最も適切なものをア～エの中から１つ選び，記号で答えなさい。

ア How are they spending this time?

イ Why do people spend this time?

ウ Where are they spending this time?

エ Who are spending this time?

(2) 第１段落の内容から考えて，下線部②の具体的な例には該当しないと考えられるものをア～エの中から１つ選び，記号で答えなさい。

ア to play sports with friends

イ to grow vegetables in a garden

ウ to learn a foreign language

エ to sit on the sofa and watch TV

(3) 下線部③と同じ意味になるように，空所に適切な１語を書きなさい。ただし，与えられている文字で始めること。

to（m　　）something or act to get a result

(4) 下線部④の内容を25字程度の日本語で説明しなさい。

(5) 空所⑤に入る表現として最も適切なものを，ア～エの中から１つ選び，記号で答えなさい。

ア but　　イ even if　　ウ because　　エ for example

(6) 本文の内容に合うものをア～オの中から2つ選び，記号で答えなさい。

ア Most people have less leisure time than before.

イ Building furniture is a way for people to spend their leisure time.

ウ Online games have become so popular that people never play games with friends and neighbors.

エ Technology has changed how we enjoy our leisure time.

オ People have a lot of leisure time, but they have no idea what they want to do.

(7) 本文に関連した以下のArielとKazukiの会話文を読んで，(A)，(B)の質問に答えなさい。

Ariel ： 夏休みには何をしたいですか。

Kazuki： Well, I am planning to try climbing Mt. Takao this summer. I have never done it before. (①)

Ariel ： Thank you for asking me, but I won't go with you. I am interested in it, but I like staying at home alone.

Kazuki： (②) If you come with me, I am sure you can enjoy it. You will feel relaxed when you see a beautiful view from the top of the mountain.

Ariel ： (③) OK, then I will go with you.

(A) 解答欄に続けて，下線部の日本語の意味になるように次の語句を並べ替えなさい。

do / in / like / summer vacation / to / you / your / would

(B) (①)～(③)に入る文として最も適当なものをア～ウの中からそれぞれ選び，記号で答えなさい。

(①) ア I'm going by myself.
イ Where is Mt. Takao ?
ウ Will you come with me ?

(②) ア Feel better. イ Great ! ウ Really ?

(③) ア Oh, no.
イ That sounds nice.
ウ You're welcome.

＜リスニングテスト放送原稿＞

それではこれからリスニングテストを始めます。

第1問リスニングテストは，Part AからPart Cまでの3部構成となっています。各部の指示に従って，注意して放送を聞き，後に続く問題に答えなさい。なお，メモを取っても構いません。では，始めます。

Part A これから短い英文が2度ずつ読まれます。その英文に対する応答として最も適切なものを，ア～エの中から1つ選びなさい。

(1) What winter sport do you like the best ?
(2) When and where should we meet ?
(3) How many times have you been to Japan ?
(4) Are you free for lunch tomorrow ?
(5) Who brought this idea ?

Part B これからAとBの対話が2度ずつ読まれます。対話の後で，内容に関する質問が読まれます。質問の答えとして最も適切なものを，ア～エの中から1つ選びなさい。

(1)

A (man)　：Do you have any rooms for tonight ?
B (woman)：Certainly, sir.　Is that a room for one ?
A (man)　：Yes, could I have a room with a good view ?
B (woman)：All of our rooms have a good view, sir.　How would you like to pay ?
Question：Who is the man traveling with ?

(2)

A (man)　：Have you seen my keys ?　I looked around the kitchen and the living room.　I looked everywhere, but I can't find them !
B (woman)：Did you look behind the TV ?　Or did you look inside your pockets ?
A (man)　：I checked behind the TV.　They're not there.　Oh . . . here they are.　In my pocket.
B (woman)：You should leave them on your desk from now on.
Question：Where were the man's keys ?

(3)

A (man)　：Hello Alice.　What's the matter ?
B (woman)：It's your dog, Bill.　He barks all night long and I can't sleep.
A (man)　：What should I do about it ?
B (woman)：Why don't you bring him inside the house at night ?
Question：Why is the woman so angry ?

(4)

A (woman)：Hi, Brian.　How were the final exams ?　Did you get good grades ?
B (man)　：Well, I studied really hard this time.　I got a lot of "A's".
A (woman)：I thought you got "A's" in every subject, didn't you ?
B (man)　：No.　I'm good at math and science but not at social studies.　I did my best but I couldn't get "A's" in every subject.
Question：What grades did Brian get in the exams ?

(5)

A (man)　：Excuse me.　Does this bus go to the central station ?
B (woman)：No.　That's Bus No.15.　But it won't come for another 20 minutes.
A (man)　：I don't have time.　I'm in a hurry !　Should I take a taxi ?
B (woman)：Right now the road is really busy in the central station area.　I think you should take a subway to the central station.　The subway station is only a 5-minute walk from here.
Question：What will the man do next ?

Part C　これから長めの英文が２度読まれます。その英文に関する質問の答えとして最も適切なものを，ア～エの中から１つ選びなさい。まず質問に目を通してから，注意して放送を聞きなさい。

Good morning, students.　I hope you are all well.　As your principal, it is my job to keep all of you safe and healthy.　As you may already know, two days ago, a rabbit that we keep at our school died, and also, some of the neighborhood's pets, including dogs that are kept outdoors, were injured. We called the local animal control office to check, and they believe they were attacked by a bear.

Now, for at least two years, a mother and her child bears have lived in the forest about 5 km from the school.　We never had any problems with the bears before, but this time it is clear that their behavior has changed.

The local police and animal control office have promised to take care of the problem and the bears. Bears are usually afraid of humans, but if you see one, please do not approach it. Call the local police of animal control office. Also, at this time, we will cancel all outside activities. Please talk to your homeroom teacher to see if there are any changes to your after-school activities.

Thank you very much.

以上でリスニングテストを終わります。

【数　学】（30分）〈満点：100点〉

〔注意〕 分数形で解答する場合は，それ以上約分できない形で答えなさい。根号を含む形で解答する場合は，根号の中に現れる自然数が最小となる形で答えなさい。

1　次の各問いに答えなさい。

(1)　$(\sqrt{3}+3\sqrt{2})\sqrt{3}-3\sqrt{2}(\sqrt{3}-\sqrt{2})$ を計算しなさい。

(2)　$\dfrac{3a}{8b^2}\times(2b)^4\div 6a^2b^2$ を計算しなさい。

(3)　x の方程式 $(x-2)^2-(x+2)^2=4$ を解きなさい。

(4)　$y=2x^2$ において，x の値が -1 から２まで変化したときの変化の割合を求めなさい。

(5)　９人の生徒のテストの点数がそれぞれ

５，６，a，４，３，５，b，７，４

であったという。最頻値が４点のみで平均値が５点であったとき，整数 a，b の値を求めなさい。ただし，$a<b$ とする。

(6)　５個の異なる数１，２，３，４，５の中から異なる３個を使って３桁の数を作る。このとき352より大きい数は何通り作れるか求めなさい。

(7)　右の図１は一辺の長さが２の立方体で点Ｑは辺の中点である。この立方体を３点Ｐ，Ｑ，Ｒを通る平面で切断したときの切断面の面積を求めなさい。

図１

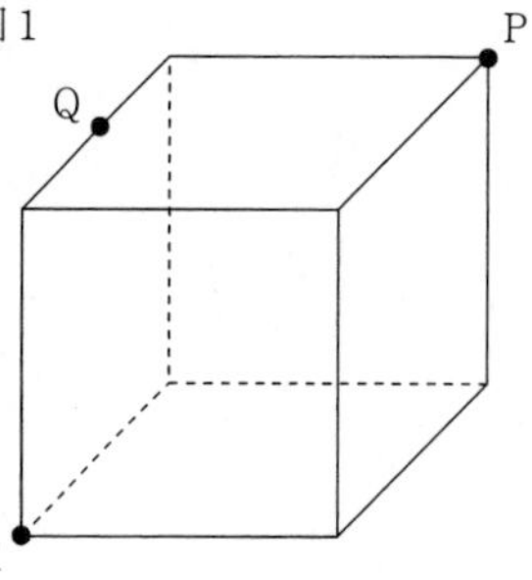

(8)　下の図２のような∠Ａ＝62°の三角形ABCにおいて，∠Ｂと∠Ｃの二等分線の交点をＤとする。このとき，∠BDCの大きさを求めなさい。

図２

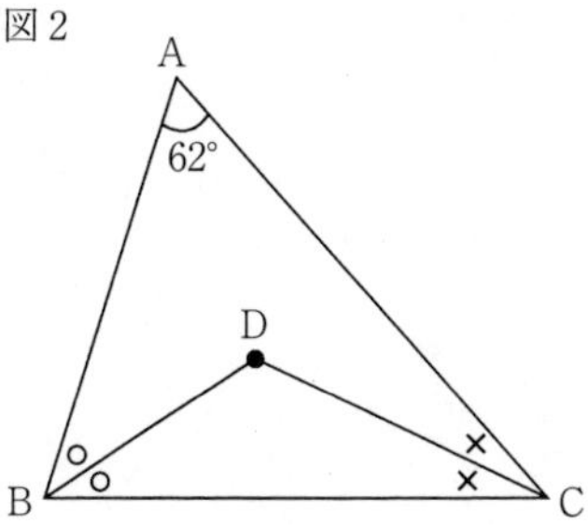

図３

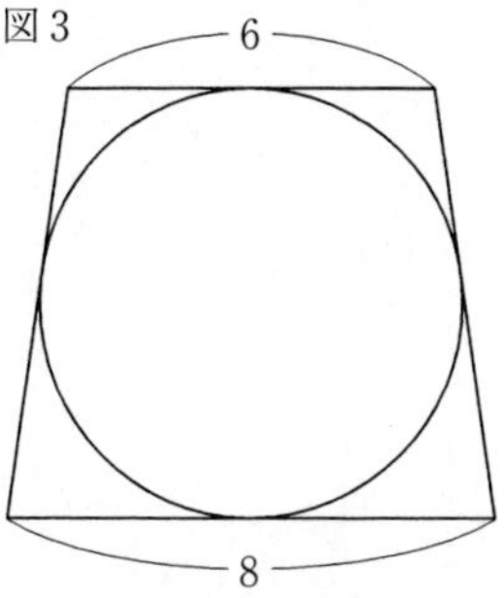

(9)　上の図３のように上底，下底の長さがそれぞれ６，８の等脚台形の４つのすべての辺に円が接しているとき，円の半径を求めなさい。

2　平面上に２点Ａ（５，０），Ｂ（０，３）がある。

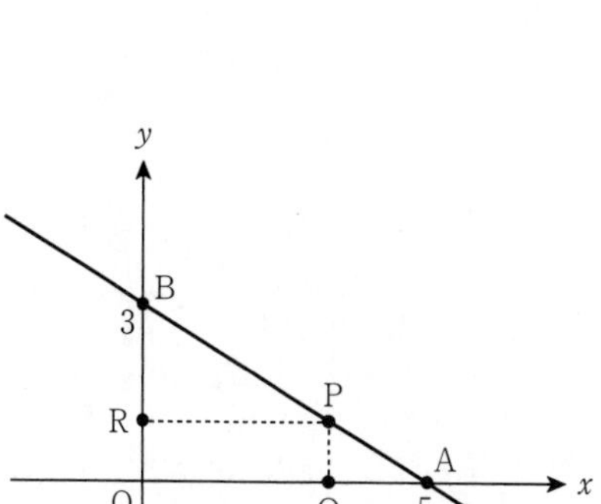

(1)　直線ABの式を求めよ。

(2)　直線AB上の $0<x<5$ の部分に点Ｐをとり，点Ｐから x 軸，y 軸へ垂線PQ，PRを引く。点Ｐの x 座標を t とする。

(i)　四角形ORPQの周の長さが $\dfrac{46}{5}$ になるような t の値を求めなさい。

(ii)　四角形ORPQの面積を t を用いて表しなさい。

(iii)　四角形ORPQの面積が△OABの面積の $\dfrac{1}{3}$ になるような

tの値をすべて求めなさい。

3　aを1以上100以下の奇数とし，$N=a(a+1)$とする。

(1)　Nが5で割り切れるようなaは，全部で何個存在するか答えなさい。

(2)　Nが10で割り切れるようなaは，全部で何個存在するか答えなさい。

(3)　Nが25で割り切れるようなaの値を，すべて求めなさい。

などかたらひて、Aふうりうの（注4）破子《わりご》やうのもの、ねんごろに（注5）営《いとな》み出《い》でて、箱《はこ》風情《ふぜい》の物に（注6）したため入れて、（注7）双《ならび》の岡《をか》の便《びん》よき所に埋《うづ》みおきて、紅葉《もみぢ》散らしかけなど、思ひよらぬさまにして、（注8）御所《ごしょ》へ参りて、児をそそのかし出でにけり。aうれしと思ひて、ここかしこに遊びめぐりて、（注9）ありつる（注10）苔《こけ》のむしろに並《な》みゐて、「いたうこそ（注11）こうじにbたれ」、「あはれ紅葉をたかん（注12）人もがな」、「（注13）験《げん》あらん僧達《そうたち》、祈り試みられよ」など言ひしろひて、埋みつる木のもとに向きて、数珠《ずず》おしすり、（注14）印《いん》ことことしく結び出でなどして、（注15）いらなくふるまひて、木《こ》の葉《は》をかきのけたれど、2つやつや物も見えず。所の違《たが》ひたるにやとて、掘らぬ所もなく山をあされどもなかりけり。埋みけるを人の見おきて、御所へまゐりたる間《ま》に盗めるなりけり。法師ども、言《こと》の葉《は》なくて、聞きにくくBいさかひ、腹立《はらた》ちて帰りにけり。

あまりに（注16）興《きょう》あらんとする事は、必ず3あいなきものなり。

（『徒然草』より）

（注1）御室…仁和寺。
（注2）能ある…芸能の達者なこと。
（注3）あそび法師…雑芸などを演じる僧の姿をした者。
（注4）破子やうのもの…弁当箱のようなもの。
（注5）営み出でて…作り上げて。
（注6）したため入れて…具合よく収めて。
（注7）双の岡…仁和寺の南にある岡。南北に三つの岡が連なっている。
（注8）御所…仁和寺。
（注9）ありつる…先ほど破子を隠しておいた。
（注10）苔のむしろ…苔が一面に生えた所。
（注11）こうじにたれ…疲れてしまった。
（注12）人もがな…人がいればいいのになあ。
（注13）験あらん…霊験あらたかな。
（注14）印ことことしく結び出で…印形を大げさに結んだりなどして。
（注15）いらなく…ごたいそうに。
（注16）興あらん…興をそえよう。

問一　〜〜〜A・Bをそれぞれ現代仮名遣いに直しなさい。

問二　‖a・bの活用形を、次から選んで、番号で答えなさい。

1．未然形　2．連用形　3．終止形
4．連体形　5．已然形　6．命令形

問三　――1「いかでさそひ出して遊ばん」の解釈として最も適当なものを、次から選んで、番号で答えなさい。

1．一体いつ誘えば相手をしてくれるものか
2．どこに誘い出せば遊んでくれるだろうか
3．どのようにして誘い出すのがいいだろう
4．どうすれば誘いに応じて遊んでくれるか
5．なんとかして誘い出して遊びたいものだ

問四　――2「つやつや物も見えず」とあるが、その理由を四十五字以上、五十五字以内で説明しなさい。

問五　――3「あいなき」の本文における意味として最も適当なものを、次から選んで、番号で答えなさい。

1．驚いた　2．情けのない
3．つまらない　4．しみじみとした
5．恐ろしい

問六　出典『徒然草』の作者と成立時代として最も適当なものを、それぞれ後から選んで、番号で答えなさい。

作者
1．紫式部　2．清少納言　3．紀貫之
4．兼好法師　5．鴨長明

成立時代
1．奈良時代　2．平安時代　3．鎌倉時代
4．室町時代　5．江戸時代

一汁一菜のような身体が求めるお料理は、作り手のエツゴウでおいしくならないことがあります。おいしい・おいしくないも、そのとき次第でよいのです。そう思って下さい。必要以上に味を気にして、喜んだり、悲しんだりしなくてもいい。どうでもよいというのではありませんが、どちらもありますから自分自身でその変化を感じていればよいのです。

3イチロー選手（2019年引退）など世界で活躍する一流のベースボール選手は、ヒットを打っても打てなくても、一喜一憂することはありません。日常は常に冷静でいることが望ましい。［Ⅲ］、次の打席で繰り返しヒットが打てる。彼は、日常を高めるという、総合的な質を大事に考えられているのだと思います。それによって、ヒットを打つ確率の向上やオグウゼンを取り込む直感力を意識的に磨いているのでしょう。

「慎ましい暮らしは大事の備え」と言われます。仕事に集中するときに、一汁一菜を試みて下さい。きっとはかどると思います。

（土井善晴『一汁一菜でよいという提案』より）

問一 〰〰ア〜オのカタカナを漢字に直しなさい。

問二 本文中の［Ⅰ］〜［Ⅲ］に当てはまる語の組み合わせとして最も適当なものを次から選び、番号で答えなさい。

1．Ⅰ しかし　Ⅱ そして　Ⅲ さらに
2．Ⅰ 他方　Ⅱ しかし　Ⅲ また
3．Ⅰ また　Ⅱ つまり　Ⅲ そして
4．Ⅰ さらに　Ⅱ つまり　Ⅲ しかし
5．Ⅰ 一方で　Ⅱ でも　Ⅲ だから

問三 ――1「普通においしい」とあるが、この若者言葉を著者はどのような意図で用いているのか。それについて説明したものとして最も適当なものを次から選んで、記号で答えなさい。

1．家庭料理から凝った料理までその味わいを自然に伝えるよい表現であると考えている。
2．若者に特有の言葉で何気ない普段の食事をおおげさにほめた表現であると考えている。
3．ほめ言葉である「おいしい」に「ふつう」をつけて用いるのは変な表現であると考えている。
4．普段の食事の安心なおいしさをありのままにほめている適切な表現であると考えている。
5．母親に料理のおいしさを伝える際の照れくささをごまかした表現であると考えている。

問四 ――2「情報的なおいしさと、普遍的なおいしさ」とあるが、それぞれどのようなおいしさか。違いが分かるように、本文中の語句を用いて百字以内で説明しなさい。

問五 本文中の空欄に入る慣用句として最も適当なものを次から選んで、記号で答えなさい。

1．腹が減っては戦ができない
2．同じ釜の飯を食う
3．衣食足りて礼節を知る
4．武士は食わねど高楊枝
5．蓼食う虫も好き好き

問六 ――3「イチロー選手」の例がここで用いられているのは、「一汁一菜」とどのような共通点がみられるからか。それを説明した次の文章の空欄に二十字以内のことばを入れ、説明を完成させなさい。

イチロー選手の取り組みにも似て、一汁一菜には［　　　　　　　　　　］効果があるから。

二 次の文章を読んで、後の問いに答えなさい。（設問の都合上、本文の表記を一部書き改めた箇所がある。）

（注1）御室《おむろ》に、いみじき児《ちご》ありけるを、1いかでさそひ出《いだ》して遊《あそ》ばんとたくむ法師どもありて、（注2）能《のう》ある（注3）あそび法師ども

二〇二三年度

順天高等学校（第一回推薦Ⅰ・Ⅱ）

【国　語】（三〇分）〈満点：一〇〇点〉

〔注意〕　問題文に「説明しなさい」と指示のある問題は、すべて部分採点を行います。完全な解答が得られない場合も、積極的に解答を書き込むようにしてください。

一　次の文章を読んで、後の問いに答えなさい。なお、字数制限のある問いの解答については、すべて句読点・記号等も一字とする。（設問の都合上、本文の表記を一部書き改めた箇所がある。）

ご飯や味噌汁《みそしる》をおいしいと感じて受け入れるのは、私たちの「身体《からだ》」です。ご飯を食べ、味噌汁を飲んでいるとき、おいしさ以上の何か、心地よさを感じていると思うのです。それは、安心感でしょうか、癒《いや》しでしょうか。感じ方はいろいろですが、少し幸せな気持ちになれるものです。

お肉の脂身《あぶらみ》やマグロのトロは、一口食べるなり反射的においしい！　と感じますが、それは舌先と直結した「脳」が喜んでいるのだと思います。そのように脳が喜ぶおいしさと、身体全体が喜ぶおいしさは別だと思うのです。

身体はアドンカン、ということでもないですが、すぐにはわからず、食べ終わってから感じる心地よさのような感覚、身体がきれいになったような気がする……というあれです。一つ一つの細胞が喜んでいるのです。それを、身体の心地よさで伝えてくれているのです。［　Ⅰ　］、その穏やかなやさしさに、脳は気づかないことが多い。どうも脳というのは、身体と反対の方向を向いていることがあるように思います。この頃は「脳に騙《だま》されるな」、あまり脳を信じてはいけないと思っています。

ご飯や味噌汁、切り干しやひじきのような、身体に良いと言われる日常の食べ物にはインパクトがないので、テレビのグルメ番組などに登場することもないでしょう。もし、切り干しやひじきを食べて「おいしいっ！」と驚いていたら、わざとらしいと疑います。そんなびっくりするような切り干しはないからです。若い人が「1普通においしい」という言葉使いをするのを聞いたことがありますが、それは正しいと思います。普通のおいしさとは暮らしの安心につながる静かな味です。切り干しのおいしさは、「普通においしい」のです。

お料理した人にとって、「おいしいね」と言ってもらうことは喜びでしょう。［　Ⅱ　］その「おいしい」にもいろいろあるということです。家庭にあるべきおいしいものは、穏やかで、地味なもの。よく母親が自分の作る料理について「家族は何も言ってくれない」と言いますが、それはすでに普通においしいと言っていることなのです。なんのイイワ感もない、安心している姿だと思います。

そのように考えると、私たちがものを食べる理由は、おいしいばかりが目的ではないことがわかります。メディアでは「おいしい」「オイシイ!!」と盛んに言われていますが、繰り返し聞かされている「おいしいもの」は、実は食べなくてもよいものも多いのです。メディアから発信される刺激的で新しいものには、よくわからないものもあります。そうした流行《はや》りはすぐに廃《すた》れ、次々変化していきます。2情報的なおいしさと、普遍的なおいしさとは区別するべきものです。全く別物であると理解して、食を選ぶのです。

「［　　　］」と昔の人は言いましたが、エネルギーが無くなると身体が動かなくなります。人間は、命をつくるために料理し、元気をつけるために食べ物を食べるのです。苦い青汁をウガマンして飲んでいる人を見掛けますが、それもおいしさよりも健康を求めて飲んでいるのでしょう。人間の「食べる」は、表層的なおいしさだけを求めているのではない。無意識の身体はそれをすでに知っており、穏やかな心地よさとしてゆっくりと脳へメッセージを伝えています。

英語解答

1 Part A ⑴…ウ ⑵…ウ ⑶…ア
⑷…ウ ⑸…ウ
Part B ⑴…ア ⑵…イ ⑶…ウ
⑷…ウ ⑸…イ
Part C ⑴…ウ ⑵…イ ⑶…エ

2 ⑴ ウ ⑵ エ ⑶ ア ⑷ エ
⑸ エ ⑹ エ

3 ⑴ ア ⑵ エ ⑶ make
⑷ （例）余暇において最も大切なことが他者と過ごすことだということ。（29字）
⑸ イ ⑹ イ，エ
⑺ (A) would you like to do in your summer vacation
(B) ①…ウ ②…ウ ③…イ

1 〔放送問題〕解説省略

2 〔適語（句）選択〕

⑴a book「本」を「書かれた」という受け身の意味で修飾すればよい（形容詞的用法の過去分詞）。write－wrote－written 「これはエミによって書かれた本だ」

⑵返答が「私の父のものである」となっているので，質問文は「これは誰の車ですか」とする。

⑶２文目の内容から，駅への「行き方」がわからないのだと判断できる。 how to ～「～する方法」 「私たちは駅への行き方がわからない。この地図を見よう」

⑷when 以下が「あなたが電話をかけてきたとき」となっているので，‘過去のある時点で進行中の動作’を表す過去進行形（was/were ～ing）にする。 「あなたが電話をかけてきたとき，私はシャワーを浴びていたので，電話には出ませんでした」

⑸‘比較級＋than any other＋単数名詞’で「他のどの～より…」という意味。 「私は他のどの教科よりも英語が好きだ」

⑹「～で」と交通手段を表すときは‘by＋乗り物’で表す。 「私は電車でここに来た」

3 〔長文読解総合―説明文〕

≪全訳≫❶現代人の多くは，以前より余暇を持つようになった。①彼らはこの時間をどのように過ごしているのだろうか。ただリラックスしたいだけの人もいる。テレビを見たり，本を読んだり，音楽を聴いたりする。余暇をもっと活動的に過ごしたいと思っている人もいる。何か新しいことを学んだり，新しいスキルを身につけたいと考えている。同じような興味を持つ人たちと一緒に活動に参加したいと考える人もいる。❷今日，多くの人が何か生産的なことをするために余暇を使っている。もしかすると彼らは一日中，頭を使ってばかりいるから，手を動かして何かをしたいと思うのかもしれない。オフィスワークや学業とは全く違うことをしたいのである。庭仕事を楽しむ人もいる。余暇に何かをつくったり直したりするのが好きな人もいる。例えば，木材を加工したり，家具をつくったり，ペンキを塗ったりしたいのかもしれない。他の国の料理のつくり方を習う人もいる。❸人によっては，余暇において最も大切なことは他者と過ごすことである。このことは，特にスポーツをするのが好きな人に当てはまる。サッカー，バスケットボール，テニスや他のスポーツは，世界中で人々を結びつけている。また，競争目的のゲームも人々を集める。アメリカでは，ポーカーなどのカードゲームが盛んだ。❹テクノロジーは私たちの余暇の過ごし方を変えた。例えば，コンピューターでゲームをすることができる。今日では，カードゲームや言葉遊び，スポーツでさえもコンピューターやスマートフォンでできる。１人で遊ぶことも，他の人と一緒に遊ぶこともできる。インターネットテクノロジーにより，たとえお互い離れた場所にいても，人々は一緒にオンラインゲームをすることができる。一緒にゲームをする人たちは，オンラインコミュニティをつくる。これは，同じような趣味を持つ人たちの集まりだ。❺ゲームサイトが唯一のオンラインコミュニティというわけではない。同じような趣味を持つ人たちがオンラインコミュニティをつくるのを，テクノロジーが手助けしている。しかし，最も人気のあるコミュニティはフェイスブックやインスタグラムなどのSNSだ。人々は，旧友とのコミュニケーションや新しい友人をつくるためにSNSに参加している。

⑴＜**適文選択**＞この後，テレビ・音楽鑑賞，読書，活動的に過ごすこと，新しいスキルを身につけることなど，余暇の使い方が具体的に述べられている。

⑵＜**語句解釈**＞直前の文に，リラックスする例としてテレビを見ることなどが挙げられており，active「活動的な」と対比されていることから，エ.「ソファーに座ってテレビを見ること」が適切。

⑶＜**書き換え**＞productive とは「生産的な」という意味。「生産的なことをする」は「何かをつくる，あるいは結果を生むために行動する」と言い換えられる。

⑷＜**指示語**＞This に当てはめて意味が通る内容を探すと，前文の内容が該当するので，その内容をまとめる。

⑸＜**適語(句)選択**＞「インターネットテクノロジーにより」の後，「お互い離れた場所にいる」と「人々は一緒にオンラインゲームをすることができる」をつなぐ語句として適切なものを選ぶ。even if ～「たとえ～でも」

⑹＜**内容真偽**＞ア.「多くの人は，以前より余暇が少なくなっている」…×　第1段落第1文に反する。　イ.「家具をつくることは余暇の過ごし方の1つだ」…○　第2段落後半に一致する。　ウ.「オンラインゲームがとても人気なので，人々は決して友人や近所の人と一緒にゲームをしない」…×　そのような記述はない。　エ.「科学技術は私たちの余暇の楽しみ方を変えた」…○　第4段落第1文に一致する。　オ.「人々は余暇の時間がたくさんあっても，何をしたいのかがわからない」…×　そのような記述はない。

⑺＜**対話文完成**＞≪**全訳**≫❶**アリエル(A)**：夏休みには何をしたい？❷**カズキ(K)**：そうだね，この夏は高尾山に登ってみようと思っているんだ。今まで一度も登ったことがないからね。①君も僕と一緒に行かないかい？❸**A**：誘ってくれてありがとう，でも一緒に行かないわ。興味はあるけど，1人で家にいるのが好きなの。❹**K**：②そうなの？　僕と一緒に来れば，きっと楽しめると思うんだけど。山の頂上からきれいな景色を見たら，きっと癒されるよ。❺**A**：③それはいいわね。わかったわ，じゃあ，一緒に行きましょう。

(A)＜**整序結合**＞「～したい」は‘would like to＋動詞の原形’で表せるが，What から始まる疑問文なので would と like to の間に主語を置き，What would you like to とする。この後，‘動詞の原形’に do を使い，「夏休みに」を in your summer vacation として続ける。

(B)＜**適文選択**＞①この後，アリエルが「誘ってくれてありがとう」と応じていることから，カズキはアリエルを一緒に高尾山に行くように誘ったのだとわかる。　②「興味はあるけど，1人で家にいるのが好きなの」というアリエルの言葉を聞いた後もカズキはアリエルを誘っていることから，アリエルの言葉はカズキには意外に思えたのだと考えられる。　③カズキから「山の頂上からきれいな景色を見たら，きっと癒されるよ」と言われたアリエルの返事としては，イ.「それはいいね」が適切。

2023年度／順天高等学校(第1回推薦Ⅰ・Ⅱ)

数学解答

1 (1) 9　(2) $\frac{1}{a}$　(3) $x=-\frac{1}{2}$

(4) 2　(5) $a=4$, $b=7$

(6) 25通り　(7) $2\sqrt{6}$　(8) 121°

(9) $2\sqrt{3}$

2 (1) $y=-\frac{3}{5}x+3$

(2) (i) 4　(ii) $-\frac{3}{5}t^2+3t$

(iii) $\frac{15\pm5\sqrt{3}}{6}$

3 (1) 20個　(2) 20個

(3) 25, 49, 75, 99

1〔独立小問集合題〕

(1)＜数の計算＞与式$=3+3\sqrt{6}-3\sqrt{6}+6=9$

(2)＜式の計算＞与式$=\frac{3a}{8b^2}\times16b^4\div6a^2b^2=\frac{3a}{8b^2}\times16b^4\times\frac{1}{6a^2b^2}=\frac{3a\times16b^4\times1}{8b^2\times6a^2b^2}=\frac{1}{a}$

(3)＜方程式＞$(x^2-4x+4)-(x^2+4x+4)=4$, $x^2-4x+4-x^2-4x-4=4$, $-8x=4$　$\therefore x=-\frac{1}{2}$

(4)＜関数―変化の割合＞関数$y=2x^2$において，$x=-1$のとき$y=2\times(-1)^2=2$, $x=2$のとき$y=2\times2^2=8$だから，xの値が-1から2まで変化したときの変化の割合は，$\frac{〔y\text{の増加量}〕}{〔x\text{の増加量}〕}=\frac{8-2}{2-(-1)}=2$である。

(5)＜データの活用―a，bの値＞9人の点数の平均値が5点であることから，点数の合計について，$5+6+a+4+3+5+b+7+4=5\times9$が成り立ち，$a+b=11$である。$a$，$b$を除く7人の点数は，4点と5点が2人ずつで最も多く，a，bを含めると，最頻値が4点のみとなることから，a，bの少なくともどちらかは4点である。$11=4+7$であり，$a<b$だから，$a=4$, $b=7$となる。このとき，4点が3人で，4点以外の点数は3人以上にならないから，最頻値が4点のみとなり，適する。

(6)＜場合の数―3けたの数＞百の位の数が3である3けたの数で，352より大きい数は354の1通りある。次に，百の位の数が4である3けたの数は，十の位の数が1，2，3，5の4通りあり，一の位の数が，4と，十の位の数以外の3通りあるから，$4\times3=12$(通り)ある。百の位の数が5である3けたの数も同様に考えて12通りある。よって，352より大きい数は，$1+12+12=25$(通り)ある。

(7)＜空間図形―面積＞右図1のように，立方体の頂点P，R以外の頂点をA～Fとする。3点P，Q，Rを通る平面は辺EFと交わるので，その交点をSとすると，切断面は四角形PQRSとなる。面ABCPと面DREF，面ABRDと面PCEFはそれぞれ平行なので，PQ∥SR，QR∥PSとなる。また，AP＝BR，∠QAP＝∠QBR＝90°であり，点Qが辺ABの中点より，AQ＝BQだから，△APQ≡△BRQである。これより，PQ＝RQとなる。よって，切断面の四角形PQRSはひし形だから，2点P，R，2点Q，Sを結ぶと，PR⊥QSであり，〔ひし形PQRS〕$=\frac{1}{2}\times$PR×QSとなる。2点B，Pを結ぶと，△ABPは直角二等辺三角形となるから，BP$=\sqrt{2}$AB$=\sqrt{2}\times2=2\sqrt{2}$となる。△BPRは∠PBR＝90°の直角三角形なので，PR$=\sqrt{\text{BP}^2+\text{BR}^2}=\sqrt{(2\sqrt{2})^2+2^2}=\sqrt{12}=2\sqrt{3}$となる。さらに，2点B，Eを結ぶと，QS＝BE＝BP$=2\sqrt{2}$となる。したがって，切断面の面積は，〔ひし形PQRS〕$=\frac{1}{2}\times2\sqrt{3}\times2\sqrt{2}=2\sqrt{6}$となる。

図1

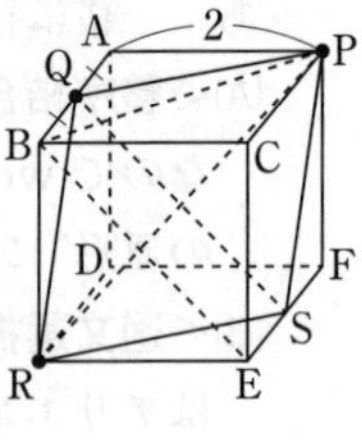

(8)＜平面図形―角度＞右図2で，$\angle DBA=\angle DBC=a$，$\angle DCA=\angle DCB=b$ とする。$\triangle ABC$ の内角の和より，$\angle ABC+\angle ACB+\angle A=180^\circ$ だから，$2a+2b+62^\circ=180^\circ$，$2a+2b=118^\circ$，$a+b=59^\circ$ である。よって，$\triangle DBC$ の内角の和より，$\angle BDC=180^\circ-(\angle DBC+\angle DCB)=180^\circ-(a+b)=180^\circ-59^\circ=121^\circ$ となる。

図2

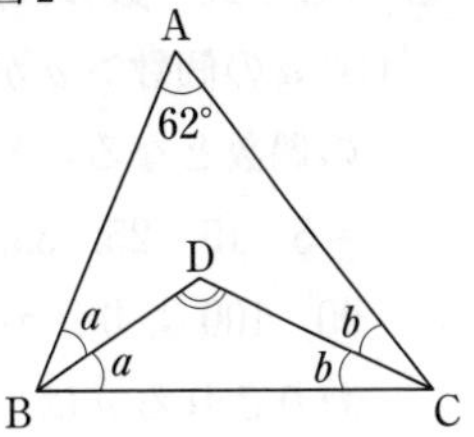

(9)＜平面図形―長さ＞右下図3で，台形の4つの頂点をA，B，C，Dとすると，等脚台形であることより，AD∥BC，AB＝DC である。台形 ABCD の全ての辺に接する円の中心をOとし，円Oと辺 AD，AB，BC の接点をそれぞれP，Q，Rとする。中心Oと3点A，P，Qをそれぞれ結ぶ。$\triangle OPA$ と $\triangle OQA$ において，OA＝OA，$\angle OPA=\angle OQA=90^\circ$，OP＝OQ より，直角三角形の斜辺と他の1辺がそれぞれ等しくなり，$\triangle OPA\equiv\triangle OQA$ である。これより，$AQ=AP=\frac{1}{2}AD=\frac{1}{2}\times6=3$ となる。中心Oと2点B，Rを結ぶと，同様に，$\triangle OQB\equiv\triangle ORB$ となり，$BQ=BR=\frac{1}{2}BC=\frac{1}{2}\times8=4$ となる。よって，$AB=AQ+BQ=3+4=7$ となる。また，点Aから辺 BC に垂線 AH を引く。四角形 AHRP は長方形となるから，$HR=AP=3$ となり，$BH=BR-HR=4-3=1$ である。したがって，$\triangle ABH$ で三平方の定理より，$AH=\sqrt{AB^2-BH^2}=\sqrt{7^2-1^2}=\sqrt{48}=4\sqrt{3}$ となるから，$PR=AH=4\sqrt{3}$ となり，円Oの半径は，$OP=\frac{1}{2}PR=\frac{1}{2}\times4\sqrt{3}=2\sqrt{3}$ である。

図3

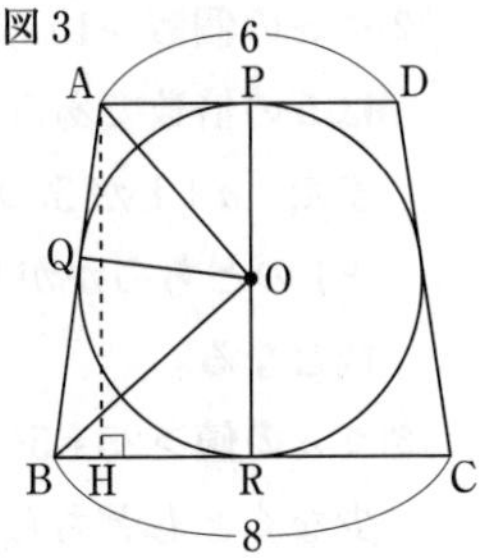

2〔関数―一次関数のグラフ〕

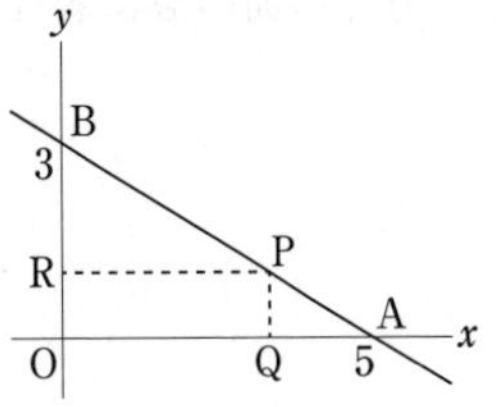

(1)＜直線の式＞右図で，A(5，0)，B(0，3)より，直線 AB の傾きは $\frac{0-3}{5-0}=-\frac{3}{5}$，切片は3だから，直線 AB の式は $y=-\frac{3}{5}x+3$ である。

(2)＜x 座標，面積＞(i)右図で，点Pは直線 $y=-\frac{3}{5}x+3$ 上にあり，x 座標が t だから，$y=-\frac{3}{5}t+3$ となり，$P\left(t,\ -\frac{3}{5}t+3\right)$ と表される。これより，$PR=t$，$PQ=-\frac{3}{5}t+3$ となる。四角形 ORPQ は長方形だから，周の長さは，$2PR+2PQ=2t+2\left(-\frac{3}{5}t+3\right)=\frac{4}{5}t+6$ となる。四角形 ORPQ の周の長さが $\frac{46}{5}$ より，$\frac{4}{5}t+6=\frac{46}{5}$ が成り立ち，$\frac{4}{5}t=\frac{16}{5}$，$t=4$ となる。　(ii)右上図で，(i)より，〔四角形 ORPQ〕$=PR\times PQ=t\times\left(-\frac{3}{5}t+3\right)=-\frac{3}{5}t^2+3t$ と表される。　(iii)右上図で，OA＝5，OB＝3 より，$\triangle OAB=\frac{1}{2}\times OA\times OB=\frac{1}{2}\times5\times3=\frac{15}{2}$ である。(ii)より，四角形 ORPQ の面積は $-\frac{3}{5}t^2+3t$ と表されるから，四角形 ORPQ の面積が $\triangle OAB$ の面積の $\frac{1}{3}$ になるとき，$-\frac{3}{5}t^2+3t=\frac{15}{2}\times\frac{1}{3}$ が成り立つ。これを解くと，$6t^2-30t+25=0$ より，$t=\frac{-(-30)\pm\sqrt{(-30)^2-4\times6\times25}}{2\times6}=\frac{30\pm\sqrt{300}}{12}=\frac{30\pm10\sqrt{3}}{12}=\frac{15\pm5\sqrt{3}}{6}$ となる。$0<t<5$ より，どちらも適する。

3〔数と式―数の性質〕

(1)＜***a*** **の個数**＞a が1以上100以下の奇数だから，$1+1=2$，$99+1=100$ より，$a+1$ は2以上100以下の偶数となる。$N=a(a+1)$ が5でわりきれるとき，a，$a+1$ のどちらかが5の倍数となるから，$a=5$，15，25，35，45，55，65，75，85，95，もしくは $a+1=10$，20，30，40，50，60，70，80，90，100 より，$a=9$，19，29，39，49，59，69，79，89，99 である。よって，$N=a(a+1)$ が5でわりきれる a は，20個ある。

(2)＜***a*** **の個数**＞$10=2\times5$ より，$N=a(a+1)$ が10でわりきれるとき，a，$a+1$ の少なくともどちらかは5の倍数である。a が5の倍数のとき，$a+1$ が偶数より，N は10の倍数となり，10でわりきれる。また，$a+1$ が5の倍数のとき，$a+1$ は10の倍数であるから，N は10でわりきれる。よって，a，$a+1$ のどちらかが5の倍数であれば，N は10でわりきれるから，求める a の個数は，(1)で示した20個となる。

(3)＜***a*** **の値**＞$25=5^2$ より，$N=a(a+1)$ が25でわりきれるとき，a，$a+1$ がともに5の倍数となるか，少なくともどちらかが25の倍数となる。a，$a+1$ は連続する自然数だから，a，$a+1$ がともに5の倍数となることはない。よって，a，$a+1$ の少なくともどちらかが25の倍数である。a が25の倍数のとき，奇数だから，$a=25$，75 である。$a+1$ が25の倍数のとき，偶数だから，$a+1=50$，100 であり，$a=49$，99 となる。以上より，求める a の値は，$a=25$，49，75，99 である。

＝読者へのメッセージ＝

1(7)では，立方体の切断面を考えました。立方体を平面で切断するとき，切断面は，三角形，四角形，五角形，六角形のいずれかであり，七角形以上になることはありません。その理由は説明できますか。立方体の面の数に着目するとわかると思います。立方体の面の数は6個ですね。理由はわかりましたか。

国語解答

一　問一　ア　鈍感　イ　違和　ウ　我慢
　　　　　エ　都合　オ　偶然

問二　5　問三　4

問四　情報的なおいしさとは，メディアが次々に伝える刺激的で新しいもののおいしさであるのに対して，普遍的なおいしさとは無意識の身体がエネルギーのために求める穏やかなおいしさのことである。
（89字）

問五　1

問六　［イチロー選手の取り組みにも似て，一汁一菜には］日常の質を高め，大事な仕事を成功に導く［効果があるから。］

二　問一　A　ふうりゅう　B　いさかい

問二　a…3　b…5　問三　5

問四　箱に入れた弁当箱のような物を埋めていたのを見た人が，僧たちが仁和寺に児を呼びに行っている間に盗んでいたから。（54字）

問五　3

問六　作者…4　成立時代…3

一〔論説文の読解―哲学的分野―人生〕出典；土井善晴『一汁一菜でよいという提案』。

≪本文の概要≫肉の脂身やマグロのトロなどの，一口食べるなり脳が喜ぶおいしさとは異なり，ご飯やみそ汁などの日常の食べ物には，身体全体が喜ぶおいしさがある。一汁一菜の穏やかなやさしさに脳はすぐには気づかず，食べ終わってから身体の心地よさとして感じるのである。若い人が「普通においしい」と言うのは，暮らしの安心につながる静かな味だと感じているのであり，家庭の料理について何も言わないのも，違和感なく安心しているのである。メディアから発信される刺激的で新しいものの情報的なおいしさは，次々に変化していく。それとは異なり，エネルギーを補うために食べるもののおいしさは，身体が無意識に求め，穏やかな心地よさとして感じる普遍的なおいしさである。一流のスポーツ選手が日常は冷静でいることを大事にするのと同様に，一汁一菜を心がけ，日常を高めることで，大きな仕事に集中することができる。

問一＜漢字＞ア．物事を感じ取る能力が鈍いさま。　イ．「違和感」は，調和がとれていない感じのこと。　ウ．辛いことを耐えしのぶこと。　エ．その折の状況や事情のこと。　オ．たまたま予期しないことが起こること。

問二＜接続語＞Ⅰ．ご飯やみそ汁は，食べ終わってから感じる細胞の喜びを身体の心地よさとして脳に伝えてくれているが，他方では，その心地よさの「穏やかなやさしさに，脳は気づかないことが多い」のである。　Ⅱ．「お料理した人にとって，『おいしいね』と言ってもらうことは喜び」であるが，「その『おいしい』にもいろいろある」のである。　Ⅲ．イチロー選手などの一流の選手にとって，「日常は常に冷静でいることが望ましい」のであり，冷静であるから，「繰り返しヒットが打てる」のである。

問三＜文章内容＞若い人が「普通においしい」と言うのは，家庭の料理などを食べて，「暮らしの安心につながる」おいしさとして受け入れているからであり，「それは正しい」のである。

問四＜文章内容＞「メディアから発信される刺激的で新しいもの」のおいしさは，情報的なおいしさであり，次々に変化していく。一方，「エネルギーが無くなると身体が動かなく」なるので，身体は無意識のうちにエネルギーを補うための食べ物を求めるが，そういった食べ物の穏やかなおいしさは，普遍的なおいしさである。

問五＜ことわざ＞「腹が減っては戦ができない」は，空腹では十分に活動できない，という意味。「同じ釜の飯を食う」は，一緒に生活して苦楽を分かち合った仲間である，という意味。「衣食足りて礼節を知る」は，生活にゆとりができて初めて礼儀に心を向けることができるようになる，という意味。「武士は食わねど高楊枝」は，貧しい境遇にあっても，気位を高く持ち，落ち着いて物事に動じない，という意味。「蓼食う虫も好き好き」は，人の好みはさまざまである，という意味。

問六＜文章内容＞イチロー選手にとって，「日常は常に冷静でいることが望ましい」のであり，彼は「日常を高める」ことによって，ヒットを打つ確率を向上させる感覚などを磨いている。イチロー選手のように，我々も「慎ましい暮らしは大事の備え」として，一汁一菜によって日常を高めることで，仕事に集中し，成果を得ることができる。

二〔古文の読解─随筆〕出典；兼好法師『徒然草』第五十四段。

≪現代語訳≫仁和寺に，大変かわいらしい児がいたのを，何とかして誘い出して遊びたいものだと企てる僧たちがいて，芸能の達者な僧たちなどを仲間に引き入れて，趣向をこらした弁当箱のような物を，心をこめてつくり上げて，箱のような物に具合よく収めて，双の岡の都合のいい所に埋めておいて，紅葉を散らしかけるなど，気づかれないようにしておいて，仁和寺へ参上して，児を誘って外出した。(僧たちは)うれしく思って，ここあそこと遊び回り，先ほど弁当箱のような物を隠しておいた苔が一面に生えた所に並んで座って，「とても疲れてしまったよ」，「ああ紅葉をたく人がいればいいのになあ」，「霊験あらたかな僧たち，試しに祈られよ」などと言い合って，(弁当箱のような物を)埋めてあった木の下に向かって，数珠をすったり，印形を大げさに結んだりなどして，ごたいそうに振る舞って，木の葉をかきのけたけれども，全く物も見えない。場所が違っているのだろうかと，掘らない所はないくらい山を探し歩くが(弁当箱のような物は)なかった。(僧たちが弁当箱のような物を)埋めていたのを人が見ておいて，(僧たちが)仁和寺へ参上している間に盗んだのだった。僧たちは，言葉もなくて，聞くに堪えないほどに言い争い，腹を立てて帰ってしまった。／あまりにも興を添えようとすると，必ずつまらなくなるものだ。

問一＜歴史的仮名遣い＞Ａ．歴史的仮名遣いの「iu」は，現代仮名遣いでは「yuu」になる。　Ｂ．歴史的仮名遣いの語頭以外のハ行は，現代仮名遣いでは原則として「わいうえお」になる。

問二＜古典文法＞ａ．「うれし」は，喜ばしい，という意味の形容詞「うれし」の終止形。　ｂ．「たれ」は，存続の意味の助動詞「たり」の已然形。「いたうこそ」の係助詞「こそ」の係結びで，文末の助動詞「たり」は已然形になる。

問三＜古文の内容理解＞「いかで」は，何とかして，という願望の意味を表す副詞。「遊ばん」は，動詞「遊ぶ」＋希望の意味の助動詞「む」で，遊びたい，という意味。したがって，「いかでさそひ出して遊ばん」は，何とかして誘い出して遊びたいものだ，という意味になる。

問四＜古文の内容理解＞「つやつや物も見えず」は，全く物も見えない，要するに，箱に入れた弁当箱のような物が全く見つからない，という意味である。見つからないのは，「埋みけるを人の見おきて，御所へまゐりたる間に盗めるなりけり」，つまり，僧たちが弁当箱のような物を埋めていたのを人が見て，僧たちが仁和寺へ参上している間にその人が盗んだ，というのがその理由である。

問五＜古語＞「あいなき」は，つまらない，という意味の形容詞「あいなし」の連体形。

問六＜文学史＞紫式部は平安時代中期に活躍した文学者で，作品には物語『源氏物語』，日記『紫式部日記』などがある。清少納言は平安時代中期に活躍した文学者で，作品には随筆『枕草子』などがある。紀貫之は平安時代前期に活躍した歌人で，勅撰和歌集『古今和歌集』の撰者の一人であり，作品には日記『土佐日記』などがある。兼好法師は鎌倉時代末期に活躍した歌人・随筆家で，作品には随筆『徒然草』などがある(**作者**…４，**成立時代**…３)。鴨長明は，鎌倉時代初期に活躍した歌人・随筆家で，作品には随筆『方丈記』，評論『無名抄』，説話『発心集』などがある。

2023年度 順天高等学校

【英　語】（60分，うちリスニングテスト約10分）〈満点：100点〉

第1問 （リスニングテスト）

第1問リスニングテストは，Part AからPart Cまでの3部構成となっています。各部の指示に従って，注意して放送を聞き，後に続く問題に答えなさい。

Part A　これから短い英文が2度ずつ読まれます。その英文に対する応答として最も適切なものを，ア～エの中から1つ選びなさい。

(1)　ア　Yes.　Please come to the restaurant now.
　　イ　Yes.　I'd like some iced tea, please.
　　ウ　No.　I didn't order any food.
　　エ　Well, I'd like a hamburger.

(2)　ア　Give me your lunch.　　イ　Ah, I'm just looking.
　　ウ　I can't help you.　　エ　You're welcome.

(3)　ア　I was able to meet you last weekend.
　　イ　I'll be free around 3 o'clock this afternoon.
　　ウ　In a small meeting room on the third floor.
　　エ　Nice to meet you, too.

(4)　ア　I go out with her every weekend.
　　イ　She often writes to me at Christmas.
　　ウ　I write to her once a month.
　　エ　She is not very good at writing.

(5)　ア　No.　I thought the game was on today.
　　イ　Yes.　I want to watch it with you.
　　ウ　I'm excited about Ohtani's homerun.
　　エ　I'm going to see it at the stadium tonight.

Part B　これから二人の対話とその内容に関する質問が2度ずつ流れます。質問の答えとして最も適切なものを，ア～エの中から1つ選びなさい。

(1)　ア　He will go hiking in the mountains again.
　　イ　The man got injured while hiking.
　　ウ　He will visit a doctor.
　　エ　The man's hand hurts a lot.

(2)　ア　She will call the hotel office.
　　イ　She will call room 418.
　　ウ　She will clean the entrance.
　　エ　She will write a report about the cell phone.

(3)　ア　He wants to open up a new school.
　　イ　He did terrible on his test.
　　ウ　He may want to enter the school down the street.
　　エ　He doesn't want to study harder.

(4) ア France.　イ Japan.　ウ America.　エ China.
(5) ア She thinks it's noisy but convenient.
イ She thinks it's not exciting.
ウ She thinks it's noisy but interesting.
エ She doesn't like it at all.

Part C　これから長めの英文が２度読まれます。その英文に対する質問の答えとして最も適切なものを，ア～エの中から１つ選びなさい。まず質問に目を通してから，注意して放送を聞きなさい。

(1) What do people do to become richer in the New Year ?
ア They watch fireworks.
イ They eat certain foods and wear special clothes.
ウ They throw round fruits and coins.
エ They watch celebrations on television.

(2) Which country celebrates New Year's in February ?
ア The Philippines.　イ The U.S.　ウ Japan.　エ China.

(3) What do some people do to welcome the New Year ?
ア They throw and catch the crystal ball.
イ They turn off their TVs.
ウ They wish for wealth.
エ They kiss their girlfriends or boyfriends.

※＜リスニングテスト放送原稿＞は英語の問題の終わりに付けてあります。

第２問

1　次の各英文の（　）に入るものとして最も適切なものをそれぞれ下のア～エの中から１つ選びなさい。

(1) I have a (　　) books I want you to read.
ア lot　イ few　ウ little　エ no

(2) (　　) your brother win the game yesterday ?
ア Has　イ Did　ウ Can　エ Was

(3) (　　) does it take to go to Hokkaido from Tokyo ?
ア How far　イ How many
ウ How soon　エ How long

(4) The soccer game (　　) because it started raining.
ア has canceled　イ canceled
ウ was canceled　エ was canceling

(5) I'm interested in (　　) the guitar.
ア play　イ playing　ウ played　エ to play

2　次の英文の空所に入る最も適切な１語を答えなさい。ただし，先頭の文字が与えられているときは，その文字で始まる１語を答えること。

(1) He always (　　) off his coat before he enters the house.
(2) January is the first month of the year and (　　) is the twelfth month of the year.
(3) "What (　　) do people in America speak ?"

"Most of them speak English."

(4) He may be angry. He went home without ( ) goodbye.

(5) My daughter became 18 today. She is old (e) to get a driving license.

第3問

次の英文を読んで，あとの問に答えなさい。（＊印の語句には脚注があります。）

There is a *saying : Eat breakfast like a king, lunch like a *prince, and dinner like a poor person. This means that breakfast ①(meal / should / of / be / the / largest) your day. In many countries, the major meal of the day is dinner. So why does this saying advise us to eat a large breakfast instead ?

The answer is in the word breakfast itself. It means the 'breaking' of a '②fast,' — a long period without eating. The *gap between dinner and breakfast may be up to twelve hours, so the meal that breaks your fast should be healthy. Also, the food which you eat for breakfast will give you energy to use while you are (③) during the day. It is said that eating a big breakfast, especially one with *whole grains and fruit, can improve your ability to focus, and raise your energy levels.

Although health experts tell us about the importance of eating a good breakfast and having our main meal earlier in the day, not so many people are changing their daily eating habits. In the U.S., for example, about ④70% of the population still has its main meal in the evening. Many of the most popular types of American food, such as steak and potatoes, are full of fat and *carbohydrates. It takes long to *digest them, and they make people fat. In Mexico, the most important meal for many families is usually eaten at 2:00 P.M.

The *comida*, a seven-part meal, normally includes an *appetizer, soup, pasta, fish, meat with a salad, dessert, and finally tea or coffee. In *Switzerland, the main meal is also eaten (⑤), and usually includes a lot of fresh vegetables and fruits ; the Swiss people generally eat meat only two or three times a week.

Many specialists in *nutrition suggest that people eat small, low-fat meals five or six times a day. Most agree, however, that good nutrition and food which you eat is more important than the timing of your meals. The best way to enjoy a healthy life is having a balanced meal and low-calorie foods with nutrition — vegetables, whole grains, fish, and fresh fruit. Eat healthy, and stay healthy.

（注） ＊saying：ことわざ　＊prince：王子　＊gap：間隔
＊whole grains：全粒穀物　＊carbohydrate：炭水化物　＊digest：消化する
＊appetizer：食欲増進作用のある食前酒・前菜　＊Switzerland：スイス　＊nutrition：栄養

(1) 下線部①の各語を並べ替えて，意味の通る文にしなさい。

(2) 下線部②は本文中ではどのような意味で用いられているか，日本語で答えなさい。

(3) (③)に入る最も適切なものをア～エの中から１つ選びなさい。

ア asleep　イ active　ウ eating　エ breaking

(4) この記事の書かれた時点でのアメリカの人口が約３億人だとすると，下線部④はどれほどの人数になるか，最も適切なものをア～エの中から１つ選びなさい。

ア about 150 million　イ about 210 million

ウ about 510 million　エ about 700 million

(5) (⑤)に入る最も適切なものをア～エの中から１つ選びなさい。

ア at the beginning of the day　イ in the middle of the day

ウ　in the evening　　　　　　　　エ　at the end of the day

(6)　最終段落に述べられている専門家たちの意見として正しくなるように以下の空欄を埋める際，最も適切なものをア～エの中から１つ選びなさい。

People should eat (　　) in a day.

ア　longer　　　イ　more often

ウ　more fat　　エ　only vegetables

(7)　以下の各文のうち，本文の内容と合っているものをア～カの中から３つ選びなさい。

ア　In most countries, people eat most at breakfast because it's cheaper.

イ　Most people are following health experts' advice and changing their eating habits.

ウ　If we eat a lot of fat and carbohydrates, our body will need more time to digest them.

エ　In Switzerland, people eat meat, but for less than half of their meals in a week.

オ　Many specialists agree that to eat at the right times is the biggest key to having a healthy life.

カ　Many specialists suggest that people should eat less for one meal.

第４問

次の英文を読んで，あとの問に答えなさい。（＊印の語には脚注があります。）

It was the rainy season in Singapore. It just rained heavily and stopped a few hours ago, so there was a lot of rain water in the street of a certain village. Two little girls were playing in the street water. It was festival time, so they were wearing new clothes. Malasha was younger than Akulya.

Malasha stamped her foot in the water. It was a little *muddy. The muddy water *splashed and fell on Akulya's new clothes. Akulya got angry and they started to *quarrel. Just when Akulya was rubbing out the *mud, her mother came walking her way. She looked at her daughter's dress and scolded her.

"How can you make your new dress so dirty? This is ①(bought / dress / grandmother / that / the / you / your) for the festival, right?" she asked.

"Malasha was playing in the water and some water splashed on me, mother," said Akulya.

Akulya's mother caught Malasha. She gave two or three *slaps on the back of Malasha. Malasha started crying loudly. Malasha's house was near the street and her mother heard the crying of her daughter. She came out in a hurry.

"(　②　)" asked her mother.

"Akulya's mother beat me on my back," said Malasha.

Malasha's mother turned to Akulya's mother in an angry mood. Malasha's mother said rude words to Akulya's mother. Soon they started quarreling loudly. Their shouting continued.

Other women joined them soon. Some supported Akulya's mother. Others supported Malasha's mother. The two fighting groups became bigger and bigger. The men also joined in the fighting. The quarrel became never-ending.

At that time the grandmother of Akulya came out of the house. She told the men and the women not to fight. "It is festival time. People should not quarrel," she told them.

No one listened to her. No one cared for her words. (③), Malasha and Akulya forgot about their quarrel and became friends again. They moved away from the fighting crowd and started playing with paper boats in the street water. Now the old woman spoke to the fighting groups,

"Look at the children. They have forgotten their quarrel. They have started playing again. They have become friends again. But you men and women still keep quarreling. Aren't you ashamed of yourselves ?"

The men and the women looked at the little girls. ④They felt ashamed. They went back to their houses quietly.

Children *forgive and forget very easily. The men and women learned this lesson from the little girls.

（注） *muddy：ぬかるんだ　*splash：飛び散る　*quarrel：口論する，口論
*mud：泥　*slap：平手打ち　*forgive：許す

(1) アクーリャの母がアクーリャを叱った理由を日本語で説明しなさい。

(2) 下線部①の語句を並べ替えて意味の通る文にしなさい。

(3) (②)に入る最も適切なものをア～エの中から１つ選びなさい。

ア Why were you playing with Akulya ?
イ Why were you crying ?
ウ Why did Akulya's mother give you some slaps ?
エ Why were you injured ?

(4) (③)に入る最も適切なものをア～エの中から１つ選びなさい。

ア So　イ Also　ウ On the other hand　エ For example

(5) 下線部④の内容として，最も適切なものをア～エの中から１つ選びなさい。

ア アクーリャとマラーシャは，ぬかるんだ場所で遊んでしまった自分達を恥じた。
イ 男性たちは女性たちを罵ってしまったことを恥じた。
ウ アクーリャとマラーシャは，大人たちが口論していることを忘れて遊び始めてしまったことを恥じた。
エ 男性たちと女性たちは，子どもたちが口論を気にせず再び遊び始めたのに，自分達が口論し続けてしまったことを恥じた。

(6) 本文の内容と合っているものをア～オの中から２つ選びなさい。

ア Malasha is as old as Akulya.
イ Akulya and Malasha often played together in rainy seasons.
ウ Malasha's mother got angry because Akulya's mother beat Malasha on the back.
エ The men joined the quarrel because some women asked them to support them.
オ Akulya's grandmother didn't want people to quarrel because it was the time for a festival.

＜リスニングテスト放送原稿＞

それではこれからリスニングテストを始めます。

第１問リスニングテストは，Part AからPart Cまでの３部構成となっています。各部の指示に従って，注意して放送を聞き，後に続く問題に答えなさい。なお，メモを取っても構いません。では，始めます。

Part A　これから短い英文が２度ずつ読まれます。その英文に対する応答として最も適切なものを，ア～エの中から１つ選びなさい。

(1) Would you like something to drink first ?
(2) How can I help you, Sir ?
(3) When is a good time for you to meet me ?

(4) Do you write to her very often ?

(5) Did you watch the football game on TV yesterday ?

Part B これからAとBの対話が2度ずつ流れます。対話の後で，内容に関する質問が読まれます。質問の答えとして最も適切なものを，ア～エの中から1つ選びなさい。

(1)

A (man) : I was attacked by a huge bee when I was hiking in the mountains.

B (woman) : Show me where it hurts.

A (man) : Right here on top of my left hand.

B (woman) : It looks really bad. You should go to the hospital.

Question : What will the man probably do next ?

(2)

A (man) : Hi, I lost my cell phone in the hotel entrance this afternoon.

B (woman) : I'm sorry, sir, we have just cleaned the entrance, but we haven't seen one.

A (man) : OK, well, I'm staying in room 418. If you hear anything, would you please let me know.

B (woman) : Certainly sir. Let me call the hotel office and check if they know anything about it.

Question : What will the woman do next ?

(3)

A (woman) : How was your English test yesterday ?

B (man) : It was terrible. All the questions were really difficult.

A (woman) : Well, I suggest you study harder. Also, I hear a new English school will open up down the street.

B (man) : Wow, maybe I should check it out.

Question : What is the boy thinking of doing in the near future ?

(4)

A (man) : Did you watch the TV program that I talked about last week ?

B (woman) : You mean the TV program about American history ?

A (man) : Yes. How did you like it ?

B (woman) : It wasn't as good as the one which compares Chinese and Japanese history, because I'm interested in east Asian history, but it really made me homesick.

Question : Where is the woman probably from ?

(5)

A (man) : Tell me about the new town you moved into.

B (woman) : Well, it's very convenient. There's bank across the street and a supermarket just around the corner.

A (man) : That's good! My town is too noisy. The train runs by my window and there is fire station on the other side of our building.

B (woman) : Your town might be noisy but it's also very exciting. There are so many things to do and places to see.

Question : What does the lady think of the man's town ?

Part C これから長めの英文が2度読まれます。その英文に対する質問の答えとして最も適切なものを，ア～エの中から1つ選びなさい。まず質問に目を通してから，注意して放送を聞きなさい。

New Year's is celebrated in many different ways throughout the world. It is even held at different times of the year in some countries. Most people want to become richer in the New Year. You can see many different customs on New Year's.

People all over the world believe in old traditions that will bring them wealth in the New Year. In some parts of America, people eat black beans, green vegetables, and corn bread. Corn bread is the color of gold, green vegetables are the color of dollar bills, and black beans look like money. In Holland, people eat round doughnuts that look like coins to bring wealth. In the Philippines, people wear clothes with circles on them. The circles look like money and people wish money will come to them in the New Year.

In most Western countries, people celebrate New Year's Eve on December 31st, and New Year's Day on January 1st. In Japan it is celebrated from January 1st-3rd. The Chinese New Year comes in February. People in Iran celebrate New Year's Day in the spring. In South America, New Year's Day is in the summer. New Year's is held at many different times of the year in the world.

In America, almost everyone watches the New Year's Eve celebration on TV. In Times Square, New York City, a big crystal ball is dropped at midnight. Some people kiss their friends or loved ones and say, "Happy New Year!" After that, fireworks displays are often held to welcome the New Year.

以上でリスニングテストを終わります。

【数　学】（50分）〈満点：100点〉

〔注意〕 分数形で解答する場合は，それ以上約分できない形で答えなさい。根号を含む形で解答する場合は，根号の中に現れる自然数が最小となる形で答えなさい。

1　次の各問いに答えなさい。

(1)　$-\dfrac{8}{5} \div \left(-\dfrac{4}{5}\right) \times \dfrac{5}{2}$ を計算しなさい。

(2)　$(2\sqrt{3}-\sqrt{7})\left(\dfrac{6}{\sqrt{3}}+\sqrt{7}\right)$ を計算しなさい。

(3)　$x^2+y^2+2xy-16$ を因数分解しなさい。

(4)　連立方程式 $\begin{cases} \dfrac{1}{x}-\dfrac{5}{y}=4 \\ \dfrac{3}{x}-\dfrac{4}{y}=1 \end{cases}$ を解きなさい。

(5)　２次方程式 $(x-3)^2=49$ を解きなさい。

(6)　さいころA，Bを同時に１回だけ投げるとき，出る目の和が７になる確率は，出る目の和が９になる確率の何倍かを求めなさい。

(7)　下の図１において，△ABCと△ADEの面積の比をもっとも簡単な整数比で表しなさい。

図１

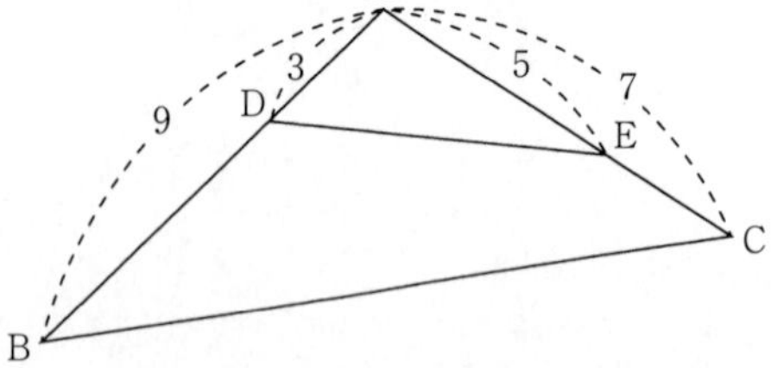

(8)　下の図２のように，一辺が１の立方体ABCD－EFGHがある。∠AIF＝90°のとき，線分IFの長さを求めなさい。

図２

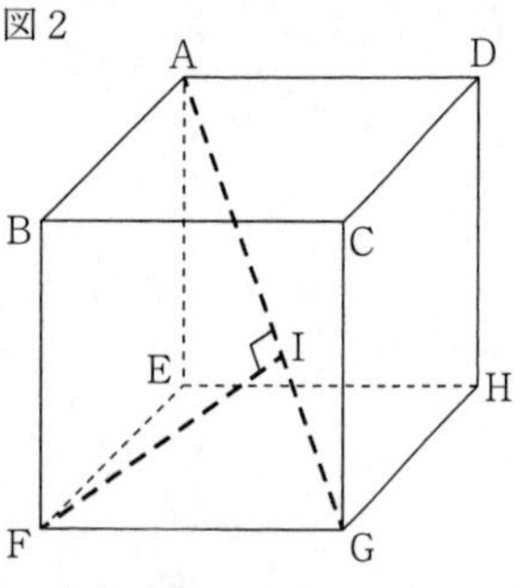

図３

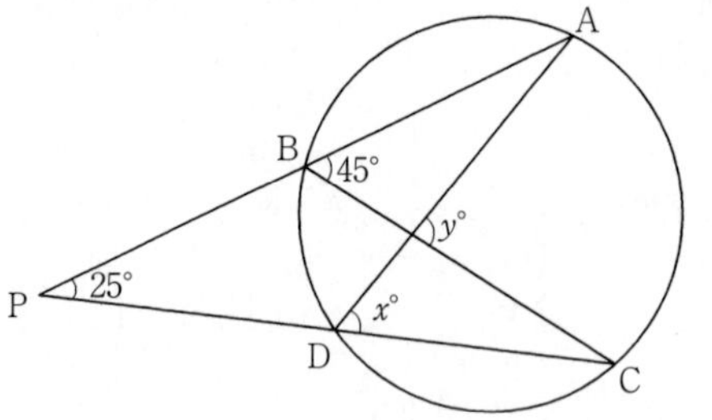

(9)　上の図３において，４点A，B，C，Dは同一円周上にある。$y-x$の値を求めなさい。

(10)　ある中学校の今年の夏休みは７月24日から８月28日までの36日間であった。Aさんは数学の宿題に毎日同じペースで取り組み，夏休みの最初の12日間で半分終わらせた。残りの宿題も同じペースで毎日取り組む予定であったが，他の教科の宿題もあり，数学のペースが予定より20％下がった。Aさんの数学の宿題が終わったのは何月何日かを求めなさい。

2　関数$y=\dfrac{1}{3}x^2$のグラフ上に３点O，A，Bがある。２点A，Bのx座標はそれぞれ-2，３である。このとき，次の問いに答えなさい。

(1)　直線ABの式を求めなさい。
(2)　△OABの面積を求めなさい。
(3)　点Aを通り，直線OBに平行な直線の式を求めなさい。
(4)　(3)で求めた直線上に点Pをとる。四角形OAPBが平行四辺形となるとき，点Pの座標を求めなさい。ただし，点Pのx座標は正とする。

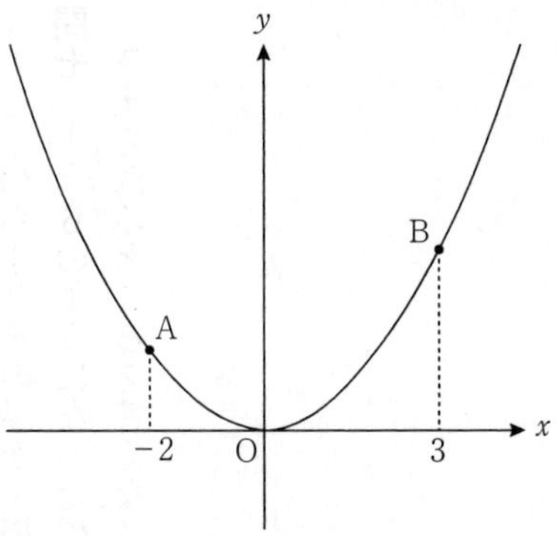

3　一辺の長さが１の正五角形ABCDEがある。線分ACの長さをxとするとき，次の問いに答えなさい。

(1)　△ABCと△AGBの相似比をxを用いて表しなさい。
(2)　線分AGの長さをxを用いて表しなさい。
(3)　∠GAFの大きさを求めなさい。
(4)　xの値を求めなさい。

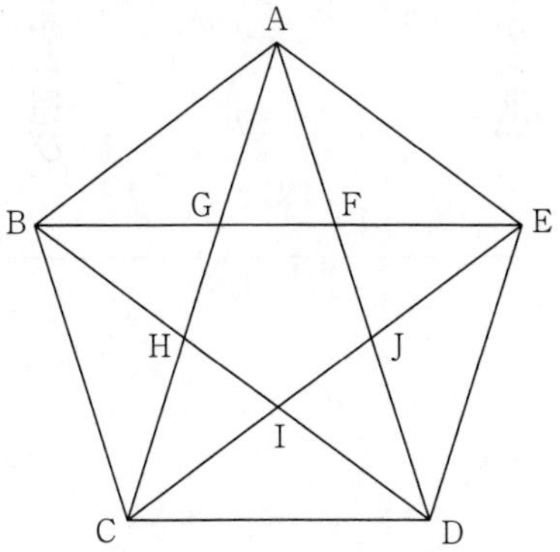

4　５枚のカード[1]，[2]，[3]，[4]，[5]がある。この中から１枚ずつ続けて３枚のカードを引き，引いた順に百の位，十の位，一の位として３けたの整数を作る。このとき，次の問いに答えなさい。

(1)　できる３けたの整数は，全部で何通りあるかを求めなさい。
(2)　できる３けたの整数のうち，奇数であるものは全部で何通りあるかを求めなさい。
(3)　できる３けたの整数のうち，３で割り切れるものは全部で何通りあるかを求めなさい。
(4)　(3)のうち，偶数となるものは全部で何通りあるかを求めなさい。

問三　——2は何か、五字以内で具体的に答えなさい。

問四　——3の解釈として最も適当なものを次の1~5から選び、番号で答えなさい。

1. 眠りこけていたが、やたらに気になって
2. 眠いながらも、ふとあぶないと思って
3. うとうとしていたが、はっと目を覚まして
4. 夜が更けたが、寝るにはまだ早いと思って
5. 寝ようと思ったが、どうにも気がすすまなくて

問五　——4を現代語で分かりやすく言い換えなさい。

問六　——5の説明として最も適当なものを次の1~5から選び、番号で答えなさい。

1. 「翁」がたらいの中の水に溶けてしまったのは、その分の水がこぼれたことから間違いなかった。
2. 「翁」を捕らえた者がたらいに吸い込まれてしまって、再び「翁」の姿を見ることはなかった。
3. 「翁」がたらいの水に入ると、「翁」もそれを縛っていた縄もたらいの中からすっかり消えてしまった。
4. 「翁」はたらいが運ばれてくるとするりと縄を抜け、頭からたらいの中に入るとそのまま姿を消した。
5. 「翁」はたらいの中の水に縄を溶かすことができず、恥ずかしさのあまりその場から姿を消してしまった。

問七　——6のようになったのはなぜか、本文の内容をふまえて、考えられるところを答えなさい。

4. ②が嘘であるエビデンスを見つけようとするでしょう

5. 原発の安全性を証明しなければなりません

問七 ――D「こうした問題」とはどういうものか。「イデオロギー」と「客観的・中立的」ということばを使って七十字以上九十字以内で説明しなさい。ただし、「イデオロギー」・「客観的・中立的」を使う順番は問わない。

問八 本文の内容に合致するものとして最も適当なものを次の1〜5から選び、番号で答えなさい。

1. 理想的なグローバル人材とは、短時間で自分の主張を印象的にプレゼンし、支援や投資を呼び込むことができる能力をもった人のことである。

2. ひとりひとりの価値観の違いをこえて合意を形成するには、客観的なエビデンスやファクトにもとづいて判断することが求められる。

3. 「メディア・リテラシー」、「プレゼン」、「グローバル人材」、「若手論客」はどれも流行でしかなく、日本社会に影響を与えることはなかった。

4. コロナ禍への対策は最善のものとは言えなかったが、対策に関わった専門家にだけその責任があるわけではない。

5. コロナ禍への対応が失敗に終わったことを受けて、人々は専門家が示すエビデンスやファクトに疑いの目を向けるようになった。

二

次の文章は『今昔物語集』の一節である。とある夏のころ、人が寝静まった頃に怪しげな「翁《おきな》」が現れ、寝ている人の顔をなでまわしては、傍の池に消えるという事件が起きた。次の文はこれに続くものである。これを読み、後の問いに答えなさい。(設問の都合で、本文の表記を一部改めた箇所がある)

「いよいよ池に住む者にやあらむ」と怖ろしく思ひけるに、その後、夜な夜な来たりつつさぐりければ、これを聞く人皆Aおぢあひたるほどに、1兵《つはもの》だちたる者ありて、「いで、おのれ、その顔さぐらむ者、必ず捕《とら》へむ」と言ひて、(注1)その縁にただ独り(注2)苧縄《をなは》を具《ぐ》して臥して、夜もすがら待ちけるに、宵《よひ》のほど見えざりけり。「夜半《やはん》は過ぎやしぬらむ」と思ふほどに、待ちかねて少しまどろみたりけるに、面《おもて》に2物の冷ややかに当たりければ、心をかけて待つことなれば、3寝心《ねごころ》にも急《き》と思《おぼ》えて、おどろくままに起き上がりて捕らへつ。苧縄をもつてただ縛《しば》りに縛りて、Bかうらんに結《ゆ》ひつけつ。

さて人に告ぐれば、人集まりて火を灯《とも》して見ければ、(注3)長三尺《たけさむじゃく》ばかりなる小さき翁の、(注4)浅葱《あさぎ》の上下《かみしも》着たるが死ぬべかりげなる、縛りつけられて目をうちたたきてあり。人、ものを問へども、答へもせず。しばしばかりありて、少しCゑみて、ここかしこ見めぐらして、細くわびしげなる声にていはく、「4盥《たらひ》に水を入れて得《え》むや」と。しかれば、大きなる盥に水を入れて前に置きたれば、翁、首を伸《の》べて盥に向かひて、水影を見て、「我は水の精《たま》ぞ」と言ひて、水につふりと落ち入りぬれば、5翁は見えずなりぬ。しかれば、盥に水多くなりて、はたより泛《こぼ》る。縛りたる縄は結ばれながら水にあり。翁は水になりて溶けにければ失せぬ。人みなこれを見て、驚きあやしびけり。その盥の水をば泛さずして(注5)舁《か》きて、池に入れてけり。それより後、6翁来《き》たりて人をさぐることなかりけり。

(注1) その縁に…「翁」が現れる家の縁側。
(注2) 苧縄…麻などの繊維で作った縄。
(注3) 長三尺ばかり…身長約九〇センチメートル。
(注4) 浅葱の上下…黄色がかった薄い青色の衣。
(注5) 舁きて…たらいを抱えて。

問一 〰A〜Cをそれぞれ現代仮名遣いに直しなさい。

問二 ――1はここではどのような意味か、前後の文脈から考えて答えなさい。

を通じて互いに意識化する。議論とは本来、そこから妥当な合意点を探っていこうとする試みなんです。「俺はイデオロギーじゃなくファクトで主張している。だから俺の提案は全部取り入れろ」などというのは、あるべき議論から最も遠い、野蛮な態度なんですね。

（與那覇 潤『過剰可視化社会 「見えすぎる」時代をどう生きるか』）

（注1） エビデンス…証拠・根拠のこと。

（注2） 『平成史』…筆者の著書のタイトル。

（注3） プレゼン番組の流行…筆者は、NHKの番組『スーパープレゼンテーション』や、アメリカのネット配信番組『TED』を例として挙げている。

問一 本文中の〰〰ア～オのカタカナをそれぞれ漢字に直しなさい。

問二 本文中の（X）・（Y）に当てはまることばとして最も適当なものをそれぞれ下の1～4から選び、番号で答えなさい。

（X）…1. 二律背反　2. 異口同音　3. 一挙両得　4. 表裏一体

（Y）…1. 阿鼻叫喚　2. 一喜一憂　3. 喜怒哀楽　4. 疑心暗鬼

問三 ――A「2000年代以降に劣化していったのが、メディア・リテラシーをめぐる問題です」とあるが、ここでいう「劣化」とはどういうことか。次の1～5から選び、番号で答えなさい。

1. インターネットの普及によってテレビや新聞のようなマスメディアの影響力が弱くなり、人々は各自が信じたい情報を信じるようになったということ。

2. 政治における情報公開が進み、マスメディアに流通する情報の信ぴょう性が高まった結果として、メディア・リテラシーは必要とされなくなったということ。

3. 日本社会を揺るがした大事件の記憶が風化するのに伴って、「メディア・リテラシー教育」の必要性が忘れ去られてしまったということ。

4. メディア・リテラシー教育が普及した結果、どんな情報も疑いの目で見られるようになり、エビデンスが過剰に求められるようになったということ。

5. データや統計は都合よく加工されている場合があるので、情報を受け取る際にはその適切さをよく吟味するべきだという認識が、徐々に薄れ始めているということ。

問四 ――B「論壇や報道の『プレゼン化』が進んでいる」とはどういうことか。五十字以上六十字以内で説明しなさい。

問五 ――C「若手論客ブーム」とあるが、これが本文の構成上果たしている主な役割を説明したものとして最も適当なものを次の1～5から選び、番号で答えなさい。

1. 現在の「プレゼン」ブームが「グローバル人材」ブームを生み出すきっかけになっているということを、具体的に説明する役割。

2. エビデンスを強調してプレゼンするという喋り方がニュース番組等で一般化することになったひとつの要因を説明する役割。

3. 東日本大震災以降、年長の論客たちが語る既存の前提がもはや受け入れがたいものになったということを、読者に暗に伝える役割。

4. 視聴者は「若造」よりも年長の論客の言うことを信用するという事実を示すことで、知名度や権威を備えていることの重要性を説明する役割。

5. 知名度も権威もない若い論客に意見を求めるようになるほど、東日本大震災後の日本が混乱のただ中にあったことを思い出させる役割。

問六 本文中の［　］に当てはめるのにふさわしい表現として最も適当なものを次の1～5から選び、番号で答えなさい。

1. ①②の序列は反転します

2. 矛盾した主張をしていることになります

3. ①にのみ注目することになるでしょう

張をPRして喝采《かっさい》を受け、支援や投資を呼び込める人が「国際的に活躍する人材」だとする流れに向かってしまった。（注3）プレゼン番組の流行には、そういった偏りを助長した面があると思います。

　一方で、私自身も無縁ではないのですが、2011年の東日本大震災を経て「C若手論客ブーム」というものがありました。福島原発事故のゥショウゲキから、もはや戦後の日本社会のあり方を前提として生きてきた、年長の論客には限界があるのではないかとする意識が生まれた。これからはもっと若い世代の識者にテレビに出てもらって、既存の前提自体を根本から問いなおす議論をしようという雰囲気が醸成《じょうせい》されたのです。

　ところが若い論客は、いきなり視聴者に向けて喋《しゃべ》るように言われても、知名度や権威から来る信頼を持ち合わせていません。「私の思想としては……」「僕の体験から言うと……」といった語り口では、「若造がなに言ってんだ」としか思ってもらえない。

　結果として一見「客観的」に見える、数値や統計に基づくフリップを手に「データ」や「エビデンス」を強調してプレゼンする喋り方が主流になっていきました。いま起きている弊害に、その副作用という側面もあることは否めません。

「ファクト」はイデオロギーと切り離せない

　2010年代前半にそうした「プレゼン化」が進展していたところに、16年のブレグジット（英国のEU離脱決定）とドナルド・トランプ氏の米国大統領選当選のショックが来て、「ファクトチェック」が流行語になります。これが決定的に、視覚以外の「目には見えない部分」についての思考を、日本のメディアから失わせたと私は考えています。

　いま、ファクト重視やエビデンス・ベースを強調する識者は、しばしば「自分は特定のイデオロギーに属さず、客観的・中立的に提言しています」といったアピールをしがちですね。しかしそもそも、そんなことはありえない。あらゆるファクトやエビデンスは、常にそれを取り上げる人のイデオロギーと（　X　）なのです。

　たとえばもしある人が、熱心な反原発派だったとしましょう。その場合、①既存の原発内で生じた業務ミスという「事実」については、些細《ささい》なものでも漏《も》らさず収拾する半面、②安全性を高める原子炉工学上の技術革新については、画期的なニュースであってもつい無視しがちになるでしょう。むろん、その人が原発推進派の場合は、［　　　　］。

　このとき、①②に属する個々のニュース自体は別に嘘ではない、すなわち「ファクト」かもしれない。しかし、「どういったファクトに着目し、議論に値《あたい》するものとして取り上げるのか」という点においては、良し悪しを別にして、必ず人それぞれのイデオロギーが作用しているわけです。

　2020年以降のコロナ禍ではDこうした問題についての無知が、対策を大きく歪《ゆが》めてしまいました。医師や感染症学の研究者といった、いわゆる「専門家」には、どうしても「感染者数自体を少なくエオサえたい」というイデオロギーがある。むろん彼らは立場的に「罹《かか》ったって別にいいじゃないですか、重症で苦しんだりしないなら」とは言えない人たちなので、それ自体は責めるべきではありません。外食や旅行は減らした方がいいでしょうかと彼らに諮問《しもん》すれば、「そうですね」と答えられるのは最初から前提です。

　彼らの専門知は尊重されるべきですが、しかしここで大事なのは議論の中で「しかし先生、それは『感染者数を最少化する』という見地からのご意見ですよね」と、イデオロギーを共有しない立場からのツッコミが入ることなのです。そうすることで初めて、「『重症者用の病床数にォヨユウがある状態をキープする』ことさえ可能なら、感染者数の増減には（　Y　）しなくてよいのでは？」といった問い返しが可能になります。

　そうした誰もが持っているけれども「表面上は見えない」、各々が無意識に前提にしている価値観を、立場が異なる人どうしの接触

二〇二三年度 順天高等学校

【国語】（五〇分）〈満点：一〇〇点〉

〔注意〕 問題文に「説明しなさい」と指示のある問題は、すべて部分採点を行います。積極的に解答を書き込みなさい。

一　次の文章を読み、後の問いに答えなさい。なお、字数制限のある問いの解答については、すべて句読点・記号等も一字とする。
（設問の都合上、本文には一部省略した箇所がある。）

視覚偏重で「メディア・リテラシー」が劣化した

政治における情報公開と同様に、1990年代には「見える化」の理想を掲げながらA2000年代以降に劣化していったのが、メディア・リテラシーをめぐる問題です。

1995年3月の地下鉄サリン事件を契機に、オウム真理教が行ってきた数々の犯罪が明らかになり、その過程でテレビや新聞などのマスメディアが従来、事実と異なる報道を重ねてきたことが判明しました。不適切な報道の中には深刻な冤罪《えんざい》や、オウムによる犯罪自体を助長したものさえあった。結果として「メディア・リテラシー教育」の必要性が、広く認識される大きな転機となりました。

私は高校に進学する時期で、その影響をダイレクトに受けた世代です。そしてこのとき想定されていたメディア・リテラシーとは、大手メディアで流通しているデータや図表も「適切なものかどうか、一度は疑おう」と教えるものだったんですね。言い換えれば統計だって、処理の仕方次第では「嘘をつく」ことがありえるという認識に立っていました。

グラフの横軸（時間軸）の設定を工夫すれば、自分の主張に適合する時期だけを都合よく切り取って、「ほら、〇〇の影響は明白でしょう？」と言えてしまうかもしれない。あるいは絶対量としては微細な変化にすぎないものを、縦《たて》軸（数量軸）の目盛りを極度に引き延ばすことで、「こんなにも効果が上がった！」と見せかけられるかもしれない。

ところがそうした意識が、その後の時代の中で消えていったんですね。むしろいまテレビとネットとを問わず主流なのは、ニュースショーや討論番組に自作のフリップを持ち込み、アケイサイしたグラフを紙芝居のようにパパッと示しては「……というわけで私の主張には、（注1）エビデンスがあるんです」のようなスタイルでしょう。

本人以外は妥当な図表かどうか、検討する時間もない。しかしそれが意識の高い、リテラシーの高い人向けのメディアのあり方だと誤解されています。

2010年代を席巻《せっけん》した「プレゼン」ブーム

つまりB論壇や報道の「プレゼン化」が進んでいるのですが、このプレゼンという用語自体、定着したのは近年のことです。（注2）『平成史』では別の角度から描きましたが、私は2010年代に生じた変化が、1990年代から積み重ねてきたはずの平成のポジティブな遺産を流し去ってしまったと考えています。

プレゼンブームの起点の一つは、2010年にイホウヤクが刊行された『スティーブ・ジョブズ驚異のプレゼン』（カーマイン・ガロ著、日経BP）でしょう。08年に日本で最初のiPhoneが発売され（米国では07年）、ジョブズを未曽有《みぞう》の天才・カリスマ経営者として持ち上げる風潮が頂点に達した時期のことでした。（中略）

拙著《せっちょ》『知性は死なない』（文春文庫）でも触れましたが、2010年代の前半は「グローバル人材」ブームなんです。しかしそれが、「世界のどこの文化を背景とした人とも対話できる、本当の知性とはなにか？」という方向には深まらず、短時間で印象的に自分の主

英語解答

1 Part A (1)…イ (2)…イ (3)…イ
(4)…ウ (5)…ア
Part B (1)…ウ (2)…ア (3)…ウ
(4)…ウ (5)…ウ
Part C (1)…イ (2)…エ (3)…エ

2 1 (1)…イ (2)…イ (3)…エ (4)…ウ
(5)…イ
2 (1) takes (2) December
(3) language (4) saying
(5) enough

3 (1) should be the largest meal of
(2) (例)食べずにいる長い時間
(3) イ (4) イ (5) イ (6) イ
(7) ウ，エ，カ

4 (1) (例)アクーリャがドレスを汚したから。
(2) the dress that your grandmother bought you
(3) イ (4) ウ (5) エ
(6) ウ，オ

1〔放送問題〕解説省略

2〔文法総合〕

1＜適語(句)選択＞

(1)a few は‘数えられる名詞’を修飾し，「いくつかの」，「２，３の」という意味。「あなたに読んでほしい本が何冊かある」

(2)yesterday があるので，過去の文。一般動詞 win があるので Did が適切。「あなたのお兄さん〔弟さん〕は昨日，試合に勝ちましたか」

(3)How long does it take to ～？で「～するのにどのくらいかかりますか」という意味。「東京から北海道まで行くのにどのくらいかかりますか」

(4)cancel は「～(試合など)を中止する」という意味なので，本問では「サッカーの試合が中止された」と受け身の文になる。「雨が降り始めたので，サッカーの試合は中止された」

(5)前置詞の後に続く動詞は動名詞(～ing)になる。「私はギターを弾くことに興味がある」

2＜適語補充＞

(1)take off ～ で「～を脱ぐ」。「彼はいつも家に入る前にコートを脱ぐ」

(2)twelfth「12番目の」「１月は１年の最初の月で，12月は１年の12番目の月だ」

(3)「ほとんどの人が英語を話します」という返答から，話す言語を尋ねているとわかる。「アメリカの人々は何語を話すのですか？」―「ほとんどの人が英語を話します」

(4)without ～ing で「～しないで，～せずに」という意味。「彼は怒っているかもしれない。さよならも言わずに家に帰ってしまった」

(5)‘形容詞〔副詞〕＋enough to ～’「～できるほど十分…」の形。「私の娘は今日18歳になった。彼女は運転免許を取れる年齢だ」

3〔長文読解総合―説明文〕

≪全訳≫**1**「朝食は王様のように，昼食は王子のように，夕食は貧民のように取りなさい」ということわざがある。これは朝食が１日の中で一番大きな食事であるべきだという意味だ。多くの国では，１日の主要な食事は夕食である。では，なぜこのことわざは，代わりに朝食をたくさん食べるように勧めているのだろうか。**2**その答えは，breakfast「朝食」という言葉そのものの中にある。breakfastとはfast「断食」，つまり食べずにいる長い時間をbreaking「中断すること」を意味する。夕食と朝食の間隔は12時間にも及ぶので，断食明けの食事は健康的なものであるべきだ。また，朝食で取る食べ物は，日中活動的である間に使うエネルギーを与えてくれるだろう。特に，全粒穀物や果物を使った朝食をたくさん取ると，集中力が高まり，エネルギーレベルも上がると言われている。❸健康の専門家は，いい朝食を取ること，主な食事を１日の比較的早い時間に取ることの重要性を説いているが，日々の食習慣を変える人はそれほど多くない。例えばアメリカでは，国民の約70％がまだ夜に主な食事を取っている。ステーキやポテトなど，多くのアメリカの代表的な食事には，脂肪分や炭水化物が多く含まれている。それらを消化するには時間がかかり，人々は太りやすくなる。❹メキシコでは，多くの家庭で最も重要な食事は午後２時に食べるのが普通だ。前菜，スープ，パスタ，魚料理，肉料理とサラダ，デザート，そして最後に紅茶かコーヒーという７つの要素からなる「コミーダ」が一般的である。スイスでも，主な食事は日中に取り，たいてい新鮮な野菜や果物をたくさん食べる。スイス人は普通，肉を週に２，３回しか食べない。❺栄養の専門家の多くは，１日に５，６回，少量の低脂肪食を取ることを勧めている。しかし，食事の時間帯よりも，十分な栄養と食べる物の方が重要であることは，多くの人が認めるところである。野菜，全粒穀物，魚，新鮮な果物など，栄養のあるバランスのとれた食事や低カロリーの食品を食べることが，健康的な生活を楽しむための一番の方法だ。健康的に食べ，元気でいよう。

(1)＜**整序結合**＞breakfast を主語として助動詞 should を続け，この後に動詞の原形 be を置く。補語として‘the＋最上級＋名詞’の形で the largest meal とし，最後に of を置いて後ろの your day につなげる。

(2)＜**語句解釈**＞後に続く語句が直前の名詞を説明する場合がある。本問でも――以後の a long period without eating が fast の意味を説明している。

(3)＜**適語選択**＞朝食で取る食べ物が与えてくれるのは，日中「活動的である」間に使うエネルギーだと考えられる。

(4)＜**語句解釈**＞約３億人×70％＝約２億1000万人　million「百万」

(5)＜**適語句選択**＞前に also「また，～も」があることから，スイスでもこの前で述べたメキシコと同様の時間帯に最も重要な食事を取るのだとわかる。

(6)＜**内容一致**＞「人々は１日のうち，(　　)食事をするべきだ」―イ．「より頻繁に」　第１文参照。食事は１日に５，６回取ることが提唱されている。

(7)＜**内容真偽**＞ア．「ほとんどの国で，人々は安いからという理由で朝食時に最も多く食べる」…×　そのような記述はない。　イ．「ほとんどの人は健康の専門家のアドバイスに従い，食習慣を変えている」…×　第３段落第１文参照。「日々の食習慣を変える人はそれほど多くない」とある。　ウ．「脂肪分と炭水化物をたくさん食べると，体がそれを消化するのに時間がかかる」…○　第３段落最後の２文に一致する。　エ．「スイスでは肉を食べる人はいるが，１週間の食事のうち半分以下だ」…○　第４段落最終文に一致する。　オ．「多くの専門家は，適切な時間に食事をすることが健康な生活を送るための最大の鍵であると認めている」…×　第５段落第２文参照。「食事の時間帯よりも，十分な栄養と食べる物の方が重要」とある。　カ．「多くの専門家は，１回の食事量を少なくすることを勧めている」…○　第５段落第１文に一致する。

4　**〔長文読解総合―物語〕**

≪全訳≫❶シンガポールは雨季だった。数時間前に大雨が降ってやんだばかりなので，ある村の通りにはたくさんの水たまりができていた。２人の女の子がその通りの水たまりで遊んでいた。お祭りの時期なので，２人は新しいドレスを着ていた。マラシャはアクーリャより年下だった。❷マラシャは水たまりの中で足踏みした。少しぬかるんでいた。その泥水が飛び散ってアクーリャの新しいドレスにかかった。アクーリャが怒って，２人はけんかを始めた。アクーリャが泥をぬぐっていると，母親が歩いてきた。母親は娘のドレスを見て叱った。❸「どうしてまあ，新しいドレスをこんなに汚せるの？　こ①

れはおばあさんがあなたにお祭りのために買ってくれたドレスよね？」と母親は言った。❹「マラシャが水たまりで遊んでいて，泥水がかかったのよ，お母さん」とアクーリャは言った。❺アクーリャの母親はマラシャを捕まえた。彼女はマラシャの背中を２，３回たたいた。マラシャは大声で泣き出した。マラシャの家は通りの近くにあり，母親が娘の泣き声を聞いた。彼女は急いで出てきた。❻「②どうして泣いていたの？」と母親が尋ねた。❼「アクーリャのお母さんに背中をたたかれたの」とマラシャが言った。❽マラシャの母親は怒ってアクーリャの母親の方を向いた。マラシャの母親はアクーリャの母親に無礼な言葉を浴びせた。やがて２人は大声で言い争い始めた。２人の怒鳴り合いは続いた。❾やがて他の女性たちも加わった。ある者はアクーリャの母親を支持し，ある者はマラシャの母親を支持した。２つの争いの集団は，どんどん大きくなっていった。男たちも争いに参加した。けんかは延々と続いた。❿そのとき，アクーリャのおばあさんが家から出てきた。おばあさんは，男たちにも女たちにも，けんかをしないようにと言った。「お祭りのときなんだから。けんかをしてはいけないよ」と彼女は皆に言った。⓫誰もその言葉に耳を貸さなかった。誰も彼女の言葉を気にとめなかった。一方，マラシャとアクーリャは，けんかのことなど忘れて，また仲良くなっていた。２人はけんかの輪から離れ，通りの水たまりで紙のボートを使って遊び始めた。そのときおばあさんはけんかをしている集団に向かって語りかけた。「子どもたちを見てごらん。もう，けんかのことなど忘れているよ。また遊んでいるんだ。再び仲良くなっている。でも，あなたたち大人はまだけんかを続けている。自分たちのことが恥ずかしくないのかい？」⓬大人たちは女の子たちを見た。彼らは恥ずかしくなった。そして静かに自分の家に帰った。⓭子どもはとても簡単に許し，忘れる。大人たちは女の子たちからこの教訓を学んだのである。

(1)＜**文脈把握**＞第２，３段落参照。母親はアクーリャのドレスが泥水で汚れていたので，娘を叱ったのである。

(2)＜**整序結合**＞前後の内容と語群から，並べかえる部分は「おばあちゃんがあなたに買ってくれたドレス」といった意味になると推測できる。the dress を先行詞とする目的格の関係代名詞として that を使い，その後を your grandmother bought you とまとめる。

(3)＜**適文選択**＞マラシャの「アクーリャのお母さんに背中をたたかれた」という返答が，泣いていた理由になっている。

(4)＜**適語(句)選択**＞けんかを止めに入ったおばあさんの言葉に耳を貸さない大人たちと，けんかのことなど忘れてまた仲良くなっていたマラシャとアクーリャが，空所の前後で対比されている。on the other hand「一方で」

(5)＜**英文解釈**＞下線部の主語 They は前にある The men and the women を指す。大人たちはけんかのことなど忘れてまた一緒に遊んでいるマラシャとアクーリャを見て，まだけんかを続けている自分たちのことを恥じたのである。

(6)＜**内容真偽**＞ア．「マラシャはアクーリャと同い年だ」…×　第１段落最終文に「マラシャはアクーリャより年下だった」とある。　イ．「アクーリャとマラシャは，雨の季節になるとよく一緒に遊んでいた」…×　そのような記述はない。　ウ．「アクーリャの母親がマラシャの背中をたたいたので，マラシャの母親は怒った」…○　第５～８段落に一致する。　エ．「男たちは，女たちが自分たちを助けるように頼んだので，けんかに参加した」…×　第９段落参照。男たちは自発的にけんかに参加した。　オ．「アクーリャのおばあさんは，せっかくのお祭りのときだから，けんかをしてほしくなかった」…○　第10段落に一致する。

数学解答

1 (1) 5　(2) 5

(3) $(x+y+4)(x+y-4)$

(4) $x=-1,\ y=-1$

(5) $x=10,\ -4$　(6) $\dfrac{3}{2}$倍

(7) 21：5　(8) $\dfrac{\sqrt{6}}{3}$　(9) 20

(10) 8月19日

2 (1) $y=\dfrac{1}{3}x+2$　(2) 5

(3) $y=x+\dfrac{10}{3}$　(4) $\left(1,\ \dfrac{13}{3}\right)$

3 (1) $x:1$　(2) $\dfrac{1}{x}(x-1)$

(3) 36°　(4) $\dfrac{1+\sqrt{5}}{2}$

4 (1) 60通り　(2) 36通り

(3) 24通り　(4) 8通り

1〔独立小問集合題〕

(1)＜数の計算＞与式$=-\dfrac{8}{5}\times\left(-\dfrac{5}{4}\right)\times\dfrac{5}{2}=\dfrac{8\times5\times5}{5\times4\times2}=5$

(2)＜数の計算＞$\dfrac{6}{\sqrt{3}}=\dfrac{6\times\sqrt{3}}{\sqrt{3}\times\sqrt{3}}=\dfrac{6\sqrt{3}}{3}=2\sqrt{3}$ より，与式$=(2\sqrt{3}-\sqrt{7})(2\sqrt{3}+\sqrt{7})=(2\sqrt{3})^2-(\sqrt{7})^2$ $=12-7=5$

(3)＜式の計算―因数分解＞与式$=(x^2+2xy+y^2)-16=(x+y)^2-4^2$として，$x+y=M$とおくと，与式$=M^2-4^2=(M+4)(M-4)$となる。$M$をもとに戻して，与式$=(x+y+4)(x+y-4)$となる。

(4)＜連立方程式＞$\dfrac{1}{x}=X$，$\dfrac{1}{y}=Y$とすると，$\dfrac{1}{x}-\dfrac{5}{y}=4$は，$X-5Y=4$……①となり，$\dfrac{3}{x}-\dfrac{4}{y}=1$は，$3X-4Y=1$……②となる。①，②の連立方程式を解くと，①×3より，$3X-15Y=12$……①′となるので，②−①′より，$-4Y-(-15Y)=1-12$，$11Y=-11$，$Y=-1$となり，これを①に代入して，$X-5\times(-1)=4$，$X+5=4$，$X=-1$となる。よって，$\dfrac{1}{x}=-1$より，$x=-1$であり，$\dfrac{1}{y}=-1$より，$y=-1$である。

(5)＜二次方程式＞$x-3=\pm7$，$x=3\pm7$となるので，$x=3+7=10$，$x=3-7=-4$となり，$x=10$，-4である。

(6)＜確率―さいころ＞2個のさいころA，Bを同時に1回投げるとき，目の出方は全部で$6\times6=36$(通り)ある。出る目の和が7になるのは，(A，B)＝(1，6)，(2，5)，(3，4)，(4，3)，(5，2)，(6，1)の6通りあるので，確率は$\dfrac{6}{36}=\dfrac{1}{6}$である。また，出る目の和が9になるのは，(A，B)＝(3，6)，(4，5)，(5，4)，(6，3)の4通りあるので，確率は$\dfrac{4}{36}=\dfrac{1}{9}$である。よって，$\dfrac{1}{6}\div\dfrac{1}{9}=\dfrac{3}{2}$より，出る目の和が7になる確率は出る目の和が9になる確率の$\dfrac{3}{2}$倍である。

(7)＜平面図形―面積比＞右図1のように，2点B，Eを結ぶ。△ABEと△ABCの底辺をそれぞれAE，ACと見ると，高さが等しいので，面積の比は底辺の比と等しくなり，△ABE：△ABC＝AE：AC＝5：7となる。これより，△ABE$=\dfrac{5}{7}$△ABCと表せる。同様にして，△ADEと△ABEの底

図1

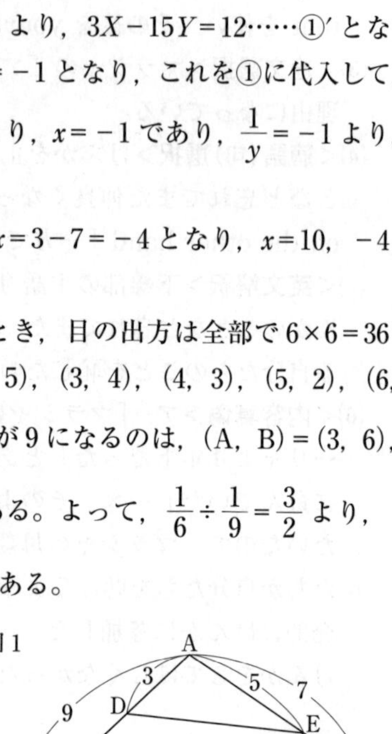

辺をそれぞれ AD，AB と見ると，△ADE：△ABE＝AD：AB＝3：9＝1：3 であり，△ADE＝$\frac{1}{3}$△ABE と表せる。よって，△ADE＝$\frac{1}{3}\times\frac{5}{7}$△ABC＝$\frac{5}{21}$△ABC となるから，△ABC：△ADE＝△ABC：$\frac{5}{21}$△ABC＝21：5 となる。

(8)＜空間図形―長さ＞右図 2 のように，2 点 A，F を結ぶ。△ABF は直角二等辺三角形だから，AF＝$\sqrt{2}$AB＝$\sqrt{2}\times1=\sqrt{2}$ である。また，FG⊥〔面 ABFE〕より，△AFG は∠AFG＝90° の直角三角形だから，三平方の定理より，AG＝$\sqrt{AF^2+FG^2}=\sqrt{(\sqrt{2})^2+1^2}=\sqrt{3}$ となる。∠AIF＝∠AFG＝90° より，△AFG の面積について，$\frac{1}{2}\times$AG×IF＝$\frac{1}{2}\times$FG×AF だから，$\frac{1}{2}\times\sqrt{3}\times$IF＝$\frac{1}{2}\times1\times\sqrt{2}$ が成り立ち，IF＝$\frac{\sqrt{6}}{3}$ である。

図 2

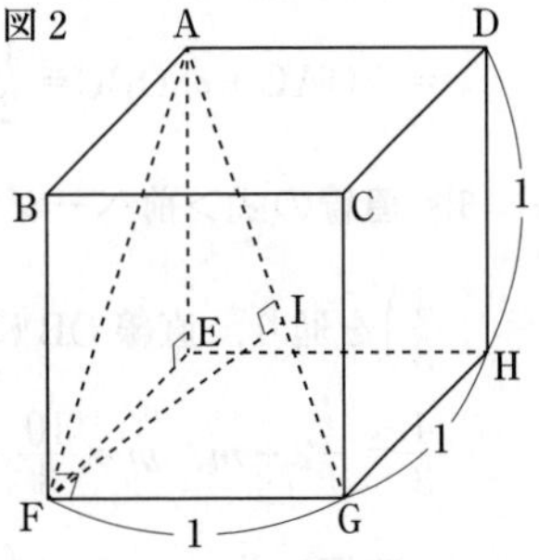

≪別解≫図 2 で，∠AIF＝∠AFG＝90°，∠IAF＝∠FAG より，△AIF∽△AFG だから，IF：FG＝AF：AG である。よって，IF：1＝$\sqrt{2}$：$\sqrt{3}$ が成り立ち，IF×$\sqrt{3}$＝1×$\sqrt{2}$，IF＝$\frac{\sqrt{6}}{3}$ となる。

(9)＜平面図形―角度＞右図 3 で，線分 BC と線分 AD の交点を Q とする。△PBC で内角と外角の関係より，∠DCQ＝∠ABC－∠BPC＝45°－25°＝20° となる。同様に，△CDQ で，∠AQC－∠CDQ＝∠DCQ だから，$y°-x°=20°$ となり，$y-x=20$ である。

図 3

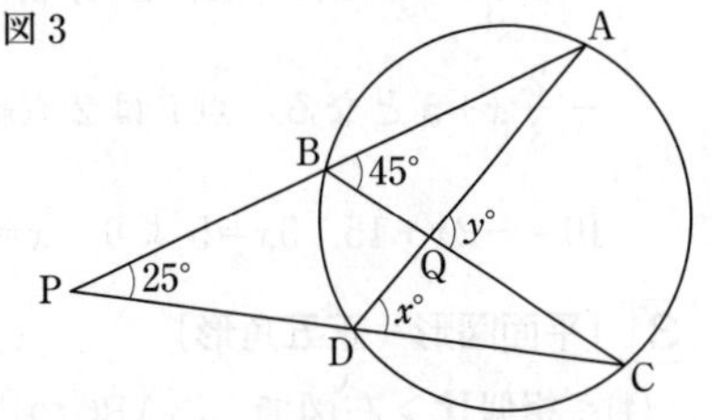

(10)＜数量の計算＞最初の12日間の 1 日にする数学の宿題の量を a とすると，この12日間でする宿題の量は $a\times12=12a$ である。最初の12日間で半分の量を終わらせたので，残りの宿題の量も $12a$ である。残りの宿題をするペースは20％下がったので，1 日にする宿題の量は $a\times\left(1-\frac{20}{100}\right)=\frac{4}{5}a$ となる。よって，残りの宿題をするのにかかる日数は，$12a\div\frac{4}{5}a=15$(日)だから，宿題が終わるのは，7 月24日からかぞえて 12＋15＝27(日目)である。7 月24日から 7 月31日までは 31－23＝8(日)あるので，27－8＝19 より，宿題が終わるのは 8 月19日である。

2 〔関数―関数 $y=ax^2$ と一次関数のグラフ〕

≪基本方針の決定≫(2)　y 軸で 2 つの三角形に分ける。　(3)　平行な直線は傾きが等しい。

(4)　OA∥BP である。

(1)＜直線の式＞右図で，2 点 A，B は放物線 $y=\frac{1}{3}x^2$ 上にあり，x 座標はそれぞれ－2，3 なので，点 A の y 座標は $y=\frac{1}{3}\times(-2)^2=\frac{4}{3}$，点 B の y 座標は $y=\frac{1}{3}\times3^2=3$ となり，A$\left(-2,\ \frac{4}{3}\right)$，B(3，3) である。これより，直線 AB の傾きは $\left(3-\frac{4}{3}\right)\div\{3-(-2)\}=\frac{1}{3}$ だから，その式は $y=\frac{1}{3}x+b$ とおける。点 B を通

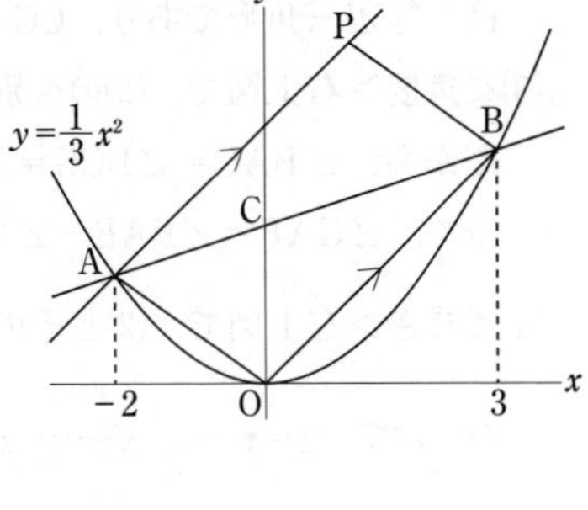

るから，$3=\frac{1}{3}\times3+b$ より，$b=2$ となり，直線ABの式は，$y=\frac{1}{3}x+2$ である。

(2)＜**面積**＞前ページの図で，直線ABと y 軸との交点をCとする。(1)より，直線ABの切片は2なので，C(0, 2)であり，OC=2となる。また，△OACと△OBCの底辺をOCとすると，2点A，Bの x 座標がそれぞれ -2，3より，△OACの高さは2，△OBCの高さは3となる。よって，△OAB=△OAC+△OBC=$\frac{1}{2}\times2\times2+\frac{1}{2}\times2\times3=2+3=5$ となる。

(3)＜**直線の式**＞前ページの図で，B(3, 3)より，直線OBの傾きは $\frac{3-0}{3-0}=1$ となる。よって，$\mathrm{A}\left(-2,\ \frac{4}{3}\right)$ を通り，直線OBに平行な直線の傾きが1だからその式は $y=x+m$ とおける。点Aを通るから，$\frac{4}{3}=-2+m$，$m=\frac{10}{3}$ となり，求める直線の式は，$y=x+\frac{10}{3}$ である。

(4)＜**座標**＞前ページの図で，四角形OAPBが平行四辺形より，OA∥BPである。$\mathrm{A}\left(-2,\ \frac{4}{3}\right)$ より，直線OAの傾きは $\left(0-\frac{4}{3}\right)\div\{0-(-2)\}=-\frac{2}{3}$ なので，直線BPの傾きも $-\frac{2}{3}$ である。その式を $y=-\frac{2}{3}x+n$ とおくと，B(3, 3)を通るから，$3=-\frac{2}{3}\times3+n$，$n=5$ となり，直線BPの式は，$y=-\frac{2}{3}x+5$ となる。点Pは2直線 $y=x+\frac{10}{3}$，$y=-\frac{2}{3}x+5$ の交点だから，$x+\frac{10}{3}=-\frac{2}{3}x+5$，$3x+10=-2x+15$，$5x=5$ より，$x=1$ となり，$y=1+\frac{10}{3}$，$y=\frac{13}{3}$ となる。よって，$\mathrm{P}\left(1,\ \frac{13}{3}\right)$ である。

3〔**平面図形―正五角形**〕

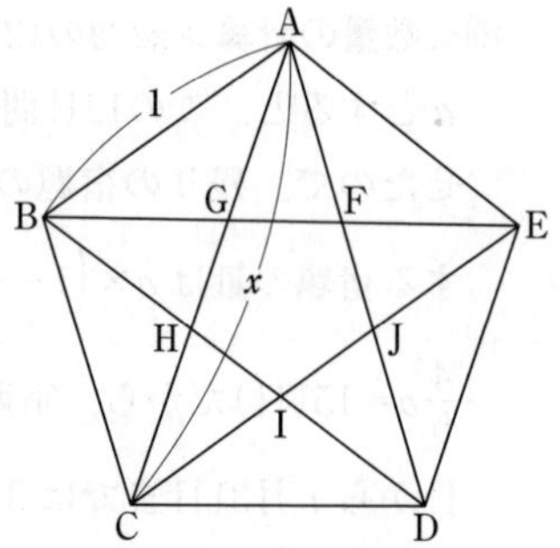

(1)＜**相似比**＞右図で，△ABC∽△AGBなので，相似比は対応する辺の比となる。ACとABが対応するから，相似比はAC：AB=x：1となる。

(2)＜**長さ**＞右図で，(1)より，△ABCと△AGBの相似比が x：1だから，AB：AG=x：1となる。AB=1だから，1：AG=x：1が成り立ち，AG×x=1×1，AG=$\frac{1}{x}$ となる。

≪別解≫右図で，正五角形ABCDEの内角の和は $180^\circ\times(5-2)=540^\circ$ だから，∠BAE=∠ABC=$540^\circ\div5=108^\circ$ である。△ABEはAB=AEの二等辺三角形だから，∠ABE=$(180^\circ-$∠BAE$)\div2=(180^\circ-108^\circ)\div2=36^\circ$ となり，∠CBG=∠ABC−∠ABE=$108^\circ-36^\circ=72^\circ$ となる。また，△BCA≡△ABEより，∠BCG=∠ABE=36° だから，△BCGで，∠CGB=$180^\circ-$∠CBG−∠BCG=$180^\circ-72^\circ-36^\circ=72^\circ$ となる。よって，∠CBG=∠CGBとなるので，△BCGは二等辺三角形であり，CG=BC=1となる。これより，AG=AC−CG=$x-1$ と表せる。

(3)＜**角度**＞右上図で，(2)の≪別解≫より，∠BAE=108° である。△BCAはAB=BCの二等辺三角形だから，∠BAC=∠BCG=36° となり，△EAD≡△ABEより，∠EAD=∠ABE=36° である。よって，∠GAF=∠BAE−∠BAC−∠EAD=$108^\circ-36^\circ-36^\circ=36^\circ$ となる。

(4)＜**長さ**＞右上図で，(2)とその≪別解≫より，AGの長さについて，$\frac{1}{x}=x-1$ が成り立つ。両辺に x をかけて，$1=x^2-x$，$x^2-x-1=0$ となり，解の公式を用いると，$x=\frac{-(-1)\pm\sqrt{(-1)^2-4\times1\times(-1)}}{2\times1}$

$=\dfrac{1\pm\sqrt{5}}{2}$となる。よって，$x>1$より，$x=\dfrac{1+\sqrt{5}}{2}$となる。

４〔データの活用―場合の数―カード〕

⑴＜**場合の数**＞５枚のカードの中から１枚ずつ続けて３枚のカードを引くとき，引き方は，１枚目は５通りあり，２枚目は，残りの４枚の中から１枚を引くので４通り，３枚目は，残り３枚の中から１枚を引くので３通りある。よって，カードの引き方は$5\times4\times3=60$(通り)だから，引いた順に百の位，十の位，一の位とする３けたの整数も60通りある。

⑵＜**場合の数**＞３けたの整数が奇数になるとき，一の位の数は，１，３，５である。一の位の数が１の３けたの整数は，231，241，251，321，341，351，421，431，451，521，531，541の12通りある。一の位の数が３，５の３けたの整数も同様にそれぞれ12通りあるので，奇数は，$12\times3=36$(通り)ある。

⑶＜**場合の数**＞３でわりきれる数は，各位の数の和が３の倍数になる。３けたの整数の各位の数の和は，最小が$1+2+3=6$，最大が$3+4+5=12$だから，３でわりきれる３けたの整数の各位の数の和は，６，９，12である。これより，各位の３つの数の組は，(1，2，3)，(1，3，5)，(2，3，4)，(3，4，5)である。(1，2，3)のとき，123，132，213，231，312，321の６通りあり，(1，3，5)，(2，3，4)，(3，4，5)のときも同様にそれぞれ６通りあるから，３でわりきれるものは，$6\times4=24$(通り)ある。

⑷＜**場合の数―カード**＞⑶の24通りの３でわりきれる整数のうち，偶数になるものは，(1，2，3)のとき132，312の２通り，(2，3，4)のとき234，324，342，432の４通り，(3，4，5)のとき354，534の２通りあり，(1，3，5)のときはない。よって，３でわりきれる整数のうち，偶数は$2+4+2=8$(通り)ある。

＝読者へのメッセージ＝

３⑷では，正五角形の対角線の長さを求めました。正五角形の１辺の長さと対角線の長さの比は，$1:\dfrac{1+\sqrt{5}}{2}$で，およそ$1:1.6$になります。この比は「黄金比」といわれ，最も美しい比率とされています。

国語解答

一 問一 ア 掲載 イ 邦訳 ウ 衝撃 エ 抑 オ 余裕

問二 X…4 Y…2 問三 5

問四 ニュースショーや討論番組において，自分にとって都合のいいグラフや図表を示しながら意見を述べる識者が増えているということ。(60字)

問五 2 問六 1

問七 どのファクトに着目するかは人それぞれが持っているイデオロギーに左右されるため，ファクトやエビデンスに基づいた提言であったとしても客観的・中立的であるとはかぎらないというもの。(87字)

問八 4

二 問一 A おじあいたる B こうらん C えみて

問二 勇敢な［人］ 問三 翁の手

問四 3

問五 たらいに水を入れてもらえないから。

問六 1

問七 翁は兵だちたる者にいったん捕らえられたが，その後解放されたから。

一 〔論説文の読解―社会学的分野―情報〕出典；與那覇潤『過剰可視化社会 「見えすぎる」時代をどう生きるか』。

≪本文の概要≫データや統計は，取り上げる人の都合に合わせて加工できるので，メディアの情報を入手する際は，それが適切であるかどうかを検討する必要がある。そういったメディア・リテラシーの意識は，日本では1990年代に，マスメディアによる不適切な報道が明らかになった事件をきっかけに高まったが，2010年からのプレゼンブームで論壇や報道のプレゼン化が進展するとともに，しだいに薄れていった。2010年代前半のグローバル人材ブームでは，本来の文化を超えて対話し行動する人ではなく，印象的にプレゼンして支援や投資を呼び込む人が「国際的に活躍する人材」だという偏向が助長された。また，福島原発事故を契機に起こった若手論客ブームでは，若い識者が信頼性を補うために行ったデータやエビデンスを強調するプレゼンが主流になった。現在ニュースショーや討論番組において，グラフや図表を示してプレゼンする識者が多いのは，その影響でもある。そして，2010年代半ばのファクトチェックの流行によって，表面には表れないファクトやエビデンスとイデオロギーの関係，つまり，どのファクトに着目するかには個人のイデオロギーが作用しているということに，日本のメディアは考えが及ばなくなった。そのため，2020年以降のコロナ禍では，専門家の提言に対して彼らとイデオロギーを共有しない立場からの反論がなく，最善の対策がとられなかった。議論では，無意識に前提にしている表面には表れない価値観を，立場が異なる人どうしが互いに意識化して，妥当な合意点を探っていくことが望まれる。

問一＜漢字＞ア．新聞・雑誌などに文章・絵・写真などを載せること。 イ．外国語で書かれた文章を日本語に訳したもの。 ウ．思いがけない出来事などによって心が激しく揺さぶり動かされること。 エ．音読みは「抑制」などの「ヨク」。 オ．限度いっぱいまでには余りがあること。

問二＜四字熟語＞X．「表裏一体」は，相反して見える二つのものの関係が，根本のところでは密接に結びついていること。ファクトやエビデンスと，それを取り上げる人のイデオロギーという相反して見える二つのものの関係は，根本のところでは常に密接に結びついているのである(4…○)。「二律背反」は，相互に対立・矛盾する二つの命題が，同じ妥当性を持っていること。「異口同音」は，多くの人が口をそろえて同じことを言うこと。「一挙両得」は，一つの行動によって同時に二つの利益を得ること。　Y.「一喜一憂」は，状況が変わるたびに喜んだり心配したりする，という意味。「イデオロギーを共有しない立場からのツッコミが入ること」で，「感染者数の増減」のたびに心配したり喜んだりしなくてよいのでは「といった問い返しが可能」になるのである(2…○)。「阿鼻叫喚」は，人々が苦しみ泣き叫ぶような悲惨な状態であること。「喜怒哀楽」は，喜びと怒りと悲しみと楽しみといった，人間のさまざまな感情のこと。「疑心暗鬼」は，「疑心暗鬼を生ず」の略で，疑いの心が妄想をかきたて，さまざまな不安を呼び起こす，という意味。

問三＜文章内容＞1990年代に広く認識された，データや統計は発表する側の主張に適合するよう加工されている場合があるので，情報を入手する際には，それが適切なものかどうかを検討するべきだ，というメディア・リテラシーの意識が，「その後の時代の中で消えていった」のである。

問四＜文章内容＞ニュースショーや討論番組において，識者が自分の都合に合うグラフや図表を示しながら意見を述べるという議論の仕方が，主流になっている。

問五＜文章内容＞若手論客ブームによってテレビに出るようになった若い論客が，自分の説得力を増すために「『データ』や『エビデンス』を強調してプレゼンする喋り方」をしたことが，現在のニュース番組などの議論のスタイルが生まれた一つの要因となった。

問六＜文章内容＞ある人が原発推進派の場合は，「②安全性を高める原子炉工学上の技術革新について」は，ささいなニュースでも漏らさず収拾する半面，「①既存の原発内で生じた業務ミスという『事実』について」は，大きなものでも無視しがちになり，反原発派の場合とは，①②の優先順位は反転すると考えられる。

問七＜指示語＞「『どういったファクトに着目し，議論に値するものとして取り上げるのか』という点」においては，「必ず人それぞれのイデオロギーが作用している」のである。そのため，ファクトを重視しエビデンスに基づいて述べる識者の提言であっても，客観的・中立的なものであるとは限らない。

問八＜要旨＞短時間で印象的に自分の主張をプレゼンし，「支援や投資を呼び込める人が『国際的に活躍する人材』だとする」偏った流れに向かった時期があったが，理想的なグローバル人材とは，「世界のどこの文化を背景とした人とも対話できる，本当の知性」を備えた人のことである(1…×)。1990年代にはメディア・リテラシーの認識が日本社会の特に若い世代の意識に影響を与えたが，2010年代のプレゼンブームやグローバル人材ブーム，若手論客ブームなどは，論壇や報道でのプレゼン化を進展させ，日本社会におけるメディア・リテラシーの意識を薄れさせる要因となった(3…×)。コロナ禍への対策は，失敗ではなかったものの最善ではなかったが，対策に関わった専門家には立場的に「感染者数自体を少なく抑えたい」というイデオロギーがあるので，対策について彼らを責めるべきではなく，必要だったのは，彼らの専門知を尊重しつつ，彼らとはイデオロギーを共有しない立場から，感染者数を最少化しようという提言に対して反論することであった(4…○，5…×)。妥当な合意点を形成するためには，「各々が無意識に前提にしている価値観を，立場が異なる人どうしの接触を通じて互いに意識化」するよう議論することが必要である(2…×)。

二〔古文の読解―説話〕出典；『今昔物語集』巻第二十七ノ第五。

≪現代語訳≫「ますます池に住む者(と思われるが，そう)であろうか」と恐ろしく思っていたところ，その後，(翁が)夜な夜な来ては(顔を)なでるので，このことを聞いた人は皆怖がっていたところ，勇敢な者がいて，「どれ，自分が，その顔をなでる者を，必ず捕らえよう」と言って，その(翁が現れる家の)縁側にたった一人で麻などの繊維でつくった縄を携えて横になって，一晩中待っていたところ，夜中の頃まで(翁は)現れなかった。「夜中は過ぎただろうか」と思う頃に，待ちかねて少しまどろんでいたところ，顔に物がひやりと触れたので，待ち構えていたことなので，うとうとしていたがはっと目を覚まして，目を覚ますやいなや起き上がって捕らえた。(その者を)縄でがんじがらめに縛って，欄干に結びつけた。／そして人に知らせると，人が集まって火をともして見たところ，身長が三尺くらいの小さな翁で，薄い青色の上下の着物を着た者が今にも死にそうな様子で，縛りつけられて目をしばたたいている。人が，質問しても，(翁は)答えもしない。しばらくすると，(翁は)少し笑って，あちこち見回し，か細い情けなさそうな声で，「たらいに水を入れてもらえないか」と言う。そこで，大きなたらいに水を入れて(翁の)前に置くと，翁は，首を伸ばしてたらいに向かい，水に映る影を見て，「私は水の精であるぞ」と言い，水にずぶりと落ちて入ると，翁は見えなくなった。すると，たらいの水が増えて，縁からこぼれた。縛った縄は結ばれたまま水の中にある。翁は水になって溶けてしまったので消えた。人は皆これを見て，驚き怪しんだ。(そして人々は)そのたらいの水をこぼさずに抱えて，池に入れた。それから後は，翁が来て人をなでることはなくなったということだ。

問一＜歴史的仮名遣い＞A．歴史的仮名遣いの「ぢ」「づ」は，現代仮名遣いでは多くの場合「じ」「ず」になる。また，語頭以外の「はひふへほ」は，現代仮名遣いでは原則として「わいうえお」となる。　B．歴史的仮名遣いの「au」は，現代仮名遣いでは「ou」となる。　C．歴史的仮名遣いの「ゐ」「ゑ」は，現代仮名遣いでは「い」「え」となる。

問二＜古文の内容理解＞翁が夜な夜な現れて顔をなでるという話を聞いて，人々は皆怖がったが，自分がその顔をなでる者を必ず捕らえよう，と申し出た者は，夜に一人で翁を待ち受けて捕らえた。「兵だちたる者」は，そのような勇敢な者である。

問三＜古文の内容理解＞勇敢な者が翁を待ち受けているとき，面，つまり顔に物がひやりと触れた。翁が夜な夜な現れては寝ている人の顔をなでるといううわさがあったので，顔に触れたのは翁の手であると考えられる。

問四＜古文の内容理解＞「寝心にも急と思えて」は，寝ているときのはっきり覚めていない心でいるうちにもすぐに気がついた，ということ。勇敢な者は，うとうとしていたがはっと目を覚まして起き上がったのである。

問五＜現代語訳＞「得むや」は，手に入れる，という意味の動詞「得」＋推量の意味の助動詞「む」＋疑問の意味の係助詞「や」で，手に入れるだろうか，という意味。したがって，「盥に水を入れて得むや」は，たらいに水を入れたものをもらえるだろうか，という意味になる。

問六＜古文の内容理解＞翁がたらいの水に落ちて入ると，翁は見えなくなり，たらいの水が増えて，縁からこぼれた。これは，翁の分だけ水が増えたということであり，このことから，翁は水になって溶けてしまったので消えた，ということがわかる。

問七＜古文の内容理解＞翁は勇敢な者に捕らえられたが，望みどおりにたらいに入れた水を用意してもらい，その中に入って溶け，その水は池に返された。翁は，いったん捕らえられたにもかかわらず解放されて池に返してもらえたので，人間に感謝し，あるいは，人間にまた捕らえられることを恐れて，それ以後は，現れて人を怖がらせることをしなくなったと考えられる。

2022年度 順天高等学校(第1回推薦Ⅰ・Ⅱ)

【英　語】(40分，うちリスニングテスト約10分)〈満点：100点〉

第1問　(リスニングテスト)

第1問リスニングテストは，Part A から Part C までの3部構成となっています。各部の指示に従って，注意して放送を聞き，後に続く問題に答えなさい。

Part A　これから短い英文が2度ずつ読まれます。その英文に対する応答として最も適切なものを，ア～エの中から1つ選びなさい。

(1)　ア　Yes, I will have some apple juice, please.
　　イ　No, I'll stay in my seat.
　　ウ　Yes, I'd like a hamburger, please.
　　エ　I'll give you my water if you want.

(2)　ア　I went swimming in Kamakura this summer.
　　イ　I like to swim in the pool.
　　ウ　Last week, I went swimming at Enoshima Beach.
　　エ　Usually three times a week.

(3)　ア　It was in June of last year.
　　イ　The first thing you do is to take off your shoes.
　　ウ　I'm going to the school from next September.
　　エ　I met her at this school.

(4)　ア　It was two years ago.　　イ　Once or twice a year.
　　ウ　It's my first time.　　エ　For three weeks.

(5)　ア　Next year will be a very good year.
　　イ　I hope that I will be traveling around Europe.
　　ウ　Camping is my favorite hobby.
　　エ　Last year I went to Paris.

Part B　これからAとBの対話が2度ずつ読まれます。対話の後で，内容に関する質問が読まれます。質問の答えとして最も適切なものを，ア～エの中から1つ選びなさい。

(1)　ア　In June.　　イ　In September.
　　ウ　In January.　　エ　In April.

(2)　ア　He went skiing.　　イ　He watched TV.
　　ウ　He visited his friend's house.　　エ　He went fishing.

(3)　ア　Because he had to work.
　　イ　Because he doesn't like to ski.
　　ウ　Because he was sick.
　　エ　Because he doesn't like taking pictures.

(4)　ア　She didn't come to school recently.
　　イ　He didn't want to meet her.
　　ウ　She has been away on a trip.
　　エ　He has been ill.

(5) ア Go to a restaurant.　　イ Go to see a movie.
　ウ Prepare for a presentation.　　エ Take a dance lesson.

Part C　これから長めの英文が２度読まれます。(1)は本文の内容と合うように下線部に入れるものとして最も適切なものを，(2)，(3)は質問の答えとして最も適切なものを，ア～エの中から１つ選びなさい。まず質問に目を通してから，注意して放送を聞きなさい。

(1) Italy has more ______ than any other country in Europe.
　ア churches　イ castles　ウ art　エ museums

(2) What makes Venice so unique?
　ア People use boats to move around.
　イ It has many famous museums.
　ウ It has delicious food.
　エ It has churches and palaces.

(3) According to the writer, what should you do?
　ア Buy Italian art.　　イ Visit Italy.
　ウ Eat pizza and pasta.　　エ Ask directions in Italian.

※＜**リスニングテスト放送原稿**＞は英語の問題の終わりに付けてあります。

第２問

次の英文の(　)内に入れるものとして最も適切なものをそれぞれ下のア～エの中から１つ選びなさい。

(1) John (　　) his junior high school classmate.
　ア married　イ married to　ウ married with　エ was married

(2) Tom usually (　　) home at around seven o'clock.
　ア will leave　イ is leaving　ウ have left　エ leaves

(3) I enjoyed (　　) basketball yesterday.
　ア playing　イ played　ウ to play　エ play

(4) The singer had a daughter (　　) became a doctor.
　ア which　イ whom　ウ who　エ what

(5) I have as many CDs as he (　　).
　ア is　イ does　ウ do　エ was

(6) I talked with Nick (　　) the phone.
　ア in　イ to　ウ on　エ of

第３問

次の**2020年に書かれた**記事を読んで，あとの問に答えなさい。（＊印の語句には脚注があります。）

The 17 *Sustainable Development Goals (SDGs) were accepted by all *United Nations Member Countries in 2015. Seventeen goals were set for us to live a healthy life as human beings on the earth - from the first goal ("No Poverty") to the last ("*Partnership for the Goals").

The second goal of the SDGs is "Zero Hunger". According to a United Nations' report, more than 700 million people live in very poor conditions on ①our planet. This is about 10 percent of the world population. The number of people who are not able to get enough food is increasing. In 2018 more than 820 million people were suffering from hunger. A large number of babies and young children are dying from it. They say that in some African countries, about half of the total population doesn't get enough food, so they cannot live long lives. Every day, to live or to be healthier, they are fighting (②).

*The COVID-19 pandemic makes this situation worse than before. *The World Food Programme (WFP) decided to try to help 138 million people by giving food this year. Many people have lost their jobs because of the COVID-19 pandemic, so, in the areas with the WFP, the number of people who do not have enough food is going to reach 270 million by the end of this year. Now more countries want help. The WFP says, "The number of people who need help from us will be about 1.4 times as big as this 270 million next year."

In order to reach the second goal of the SDGs, the WFP is collecting money from richer people all over the world. The United States is the most important member country of all. It has given more money to the United Nations than any other country. Of course there are still a lot of poor people in *developed countries even now and the number of ③such people is increasing. But all the people living on the earth should turn their eyes to these hunger problems. Some people are worried that the United States often thinks that the United Nations is not important. Now partnership is necessary to reach not only the second goal of the SDGs but also the other 16 goals.

（注） ＊Sustainable Development Goals (SDGs)：持続可能な開発目標
＊United Nations：国際連合　＊partnership：パートナーシップ，相互協力
＊The COVID-19 pandemic：新型コロナウィルス感染症の流行
＊The World Food Programme (WFP)：世界食糧計画（飢餓のない世界を目指して活動する国連の食料支援機関）
＊developed countries：先進国

(1) 下線部①は具体的に何を意味していますか。本文中から２語で抜き出しなさい。

(2) 空所②に入るものとして最も適切なものを，ア～エの中から１つ選び，記号で答えなさい。
ア food　イ hunger
ウ the COVID-19 pandemic　エ some African countries

(3) 次の英文の質問に対する答えとして最も適切なものをア～エの中から１つ選びなさい。
How many people were living in the whole world in 2020？
ア About 700 million people.
イ More than 7 billion people.
ウ About 820 million people.
エ More than 8 billion 200 million people.

(4) 下線部③の "such people" とはどのような人々ですか。日本語で答えなさい。

(5) 本文の内容に関する次の記述について，空所に適当な英語を入れ，完全な英文にしなさい。
In some African countries, about half the people cannot live long enough because ＿＿＿＿＿.

(6) 本文の内容に合うものをア～オの中から2つ選びなさい。
ア Among the 17 goals of the SDGs, the second goal is the most important.
イ About 380 million people will need the help from the WFP in 2021.
ウ The WFP helps 138 million hungry people every year.
エ Of all the countries in the world, the United States spends the most money on the United

Nations.

オ Most American people want a stronger partnership with the United Nations.

(7) 本文に関連した次のSatoruとMarionの会話文を読んで，(A)，(B)の質問に答えなさい。＊印の語句には脚注があります。

Satoru : You always tell me how important SDGs are. Of all the 17 goals, which are you interested in the most?

Marion : Well, "*Life Below Water," the 14th goal.

Satoru : Oh, really? Why? I know you don't like eating seafood.

Marion : That's true. (①) Even fish have a right to be healthy. 海の環境がさらに悪くなりつつあります。We must save the lives under water.

Satoru : What can we do to do that?

Marion : We should stop getting plastic bags when we buy something at stores.

Satoru : (②)

Marion : A lot of marine life dies because they eat the broken pieces of plastic bags.

Satoru : (③) OK, from today, I'll take my eco-bag with me.

（注） ＊Life Below Water：海の豊かさを守ろう(SDGsの14番目の目標)

(A) (①)～(③)に入る文として最も適当なものをア～ウの中からそれぞれ1つ選びなさい。

ア Please tell me more.

イ But every life is important, isn't it?

ウ I never knew we are killing them.

(B) 次の[ ]内の各語を並べ替えて，下線部の日本語の意味になるようにしなさい。

The [is / worse / environment / marine / getting].

＜リスニングテスト放送原稿＞

第1問リスニングテストは，Part AからPart Cまでの3部構成となっています。各部の指示に従って，注意して放送を聞き，後に続く問題に答えなさい。

Part A これから短い英文が2度ずつ読まれます。その英文に対する応答として最も適切なものを，ア～エの中から1つ選びなさい。

(1) Would you like something to drink, Sir?

(2) How often did you go swimming this summer?

(3) When did you come to this school for the first time?

(4) How many times have you been to this museum?

(5) Where will you be at this time next year?

Part B これからAとBの対話が2度ずつ読まれます。対話の後で，内容に関する質問が読まれます。質問の答えとして最も適切なものを，ア～エの中から1つ選びなさい。

(1)

A(woman) : Wow, your face is so sun-burnt. Did you go swimming this summer?

B(man) : No, I went to the mountains. I climbed Mt. Kita-dake in the Southern Alps. How was your summer vacation?

A(woman) : My friends and I went swimming at Shonan Beach.

B(man) : You're always having a good time. How about your homework?

Question : When does this conversation happen?

(2)
A(woman) : I heard you like outdoor sports.
B(man) : Yes, I do. I often go fishing or skiing with my friends on weekends.
A(woman) : Did you go anywhere last weekend?
B(man) : No, my friends came to my house, and we just watched TV.
Question : What did the man do last weekend?

(3)
A(woman) : Ken, how was your vacation?
B(man) : It was good. My family and I went to New Zealand for two weeks. Here's a picture of it.
A(woman) : Wow! You went skiing, too. Wait a minute. Where is your brother? Was he sick or something?
B(man) : Well, he had to go back home after a week because of work, so he wasn't there.
Question : Why did Ken's brother leave early?

(4)
A(woman) : Hey Mark, how have you been? We haven't seen you around here for a while.
B(man) : I'm doing OK, Jane. I hope no one worried about me.
A(woman) : Well, how long have you been away?
B(man) : About a week. Four days in the hospital and I took a rest at home for three days.
Question : Why couldn't Jane meet Mark recently?

(5)
A(woman) : Bob, would you like to go to a movie tonight?
B(man) : Sorry, but I have to prepare for a presentation tomorrow. Can we go next week?
A(woman) : Okay. Then I'll go to my dance lesson tonight.
B(man) : Shall we go to an Italian restaurant after we see the movie next week?
Question : What will Bob do tonight?

Part C これから長めの英文が２度読まれます。(1)は本文の内容と合うように下線部に入れるものとして最も適切なものを，(2)，(3)は質問の答えとして最も適切なものを，ア～エの中から１つ選びなさい。まず質問に目を通してから，注意して放送を聞きなさい。

In Europe, there are many different cultures and languages within this small continent. Every country in Europe is interesting in its own way. However, I think Italy is the most exciting country. There are several reasons that make Italy so popular.

First of all, Italy has more art than any other European country. You can see paintings by the greatest artists in European history. Also, there are many wonderful museums in Italy, such as the Vatican Museum. You can also find important pieces of art at churches, palaces, and castles. No other country in Europe and perhaps in the world has so much art.

Second, you can visit one of the most unique and beautiful cities in the world, Venice. There are 117 small islands in Venice, and it has 150 waterways or canals with 400 bridges. It has beautiful churches, such as St. Mark's Basilica, and palaces, such as Doge's Palace. In Venice, people travel by boat. One unique experience for tourists is to ride through the canals in a gondola, a long, narrow boat. In the moonlight, it can be quite romantic.

Finally, the people of Italy have warm hearts and welcome foreign tourists. They are very friendly and like to talk to visitors wherever you go in Italy. Italians are not so good at English, but they will do their best to talk to you. If you ask for directions, they will show you the way.

Besides all of these good points, Italy has great food and some of the finest wines in the world. For these reasons, and many others, you should go to Italy.

以上でリスニングテストを終わります。

【数　学】（30分）〈満点：100点〉

〔注意〕分数形で解答する場合は，それ以上約分できない形で答えなさい。根号を含む形で解答する場合は，根号の中に現れる自然数が最小となる形で答えなさい。

1　次の問いに答えなさい。

(1)　$x=\dfrac{1}{2}$，$y=2$ のとき，$-3xy^2\times(2xy)^2\div6x^2y$ の値を求めなさい。

(2)　$(\sqrt{10}-1)^2-(\sqrt{5}-\sqrt{2})^2$ を計算しなさい。

(3)　x^2-y^2-x+y を因数分解しなさい。

(4)　x の2次方程式 $(x+2)(x+4)-2x(x-1)=4x+a$ の解が1，b であるとき，a，b の値を求めなさい。

(5)　y が x に反比例し，x と y の関係が右の表のようになっているとき，a，b の値を求めなさい。

x	2	6	b
y	a	5	4

(6)　関数 $y=ax^2$ について，x の変域が $2\leqq x\leqq6$ であるとき，y の変域が $b\leqq y\leqq-1$ であった。a，b の値を求めなさい。

(7)　連立方程式 $\begin{cases}0.6x+0.08y=1\\ \dfrac{2x-y}{3}-\dfrac{x-y}{2}=-\dfrac{7}{6}\end{cases}$ を解きなさい。

(8)　1，2，3，4，5，6の数字が1つずつ書かれた6枚のカードがある。カードをよく混ぜてから1枚のカードを取り出して，そのカードを戻さずにもう1枚のカードを取り出す。

　1枚目に取り出したカードに書かれた数を十の位

　2枚目に取り出したカードに書かれた数を一の位

としてできた2桁の自然数が，4の倍数になる確率を求めなさい。

(9)　下の図で，平行な2直線 l，m が円Oに交わっている。$\angle x$，$\angle y$ の大きさをそれぞれ求めなさい。

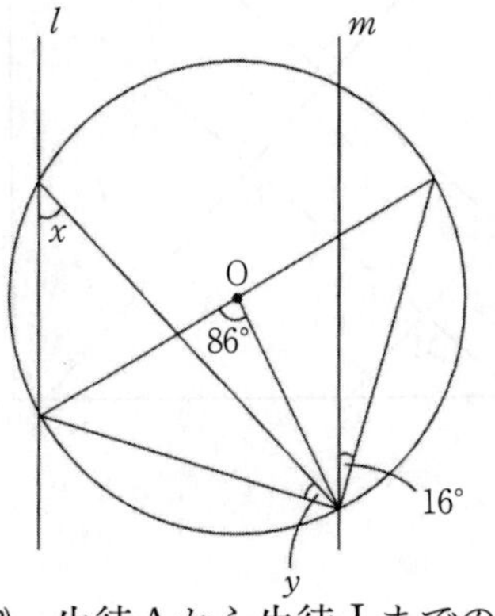

(10)　生徒Aから生徒Jまでの10人のグループの数学の小テスト結果は以下のようであり，10人の平均点はちょうど16点であった。a の値と，中央値をそれぞれ求めなさい。

生徒	A	B	C	D	E	F	G	H	I	J
得点	16	18	16	14	14	a	13	19	17	15

2 (1) 【図1】で，4点A，B，C，Dの座標はそれぞれA$(-1,\ 1)$，B$(-2,\ 2)$，C$(-3,\ 3)$，D$(-4,\ 4)$であり，曲線①，②，③，④はそれぞれ点A，B，C，Dを通るような$y=ax^2$のグラフである。曲線①，②，③と直線$y=4$の交点をE，F，Gとする。

(i) 点Eの座標を求めなさい。

(ii) 線分FGの長さを求めなさい。

【図1】

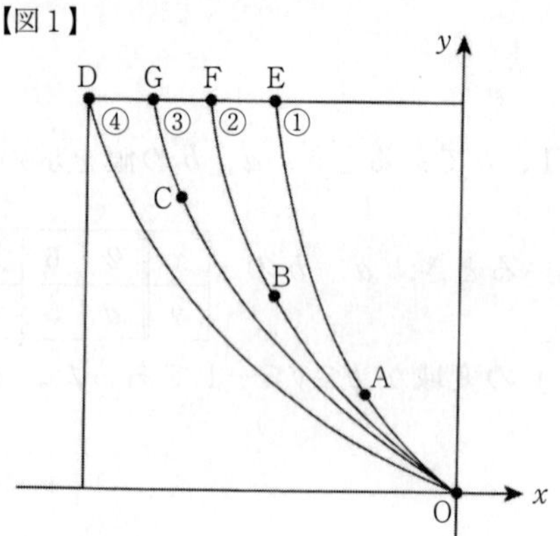

【図2】

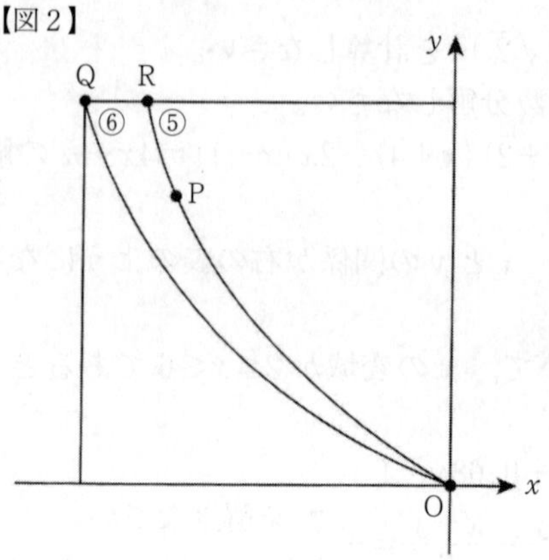

(2) 【図2】で，点P，Qの座標はそれぞれP$(-p,\ p)$，Q$(-q,\ q)$であり，曲線⑤，⑥はそれぞれ点P，Qを通るような$y=ax^2$のグラフである。曲線⑤と直線$y=q$の交点をRとする。

(i) 点Rのx座標をp，qを使って表しなさい。

(ii) 線分QRの長さをp，qを使って表しなさい。

3 正方形ABCDがあり，辺AB上に2点E，Fを，辺BC上に2点G，Hを，辺CD上に点Iを，辺DA上に点Jをそれぞれとる。EG∥AH，FJ∥BIであり，図のように4つの交点K，L，M，Nをとるとき，AK=10，AJ=15，KJ=11，KH=15，BH=17である。

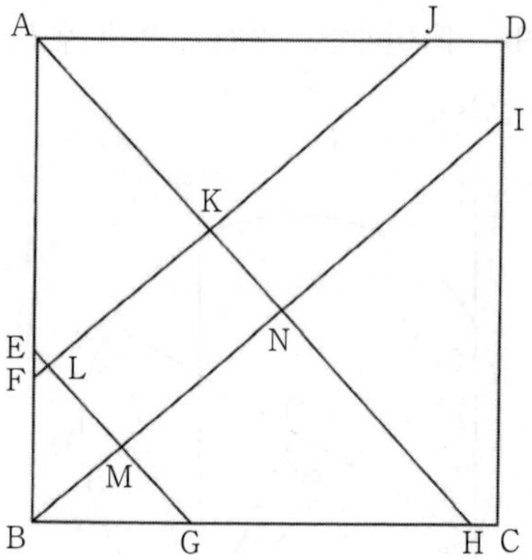

(1) 線分ABの長さを求めなさい。

(2) 線分DJの長さを求めなさい。

(3) △AKJと相似な三角形をすべて答えなさい。

(4) 線分LMの長さを求めなさい。

明しなさい。

問六　――4「社会的包摂」について、「包摂」とは「一定の範囲の中につつみ込むこと。」を意味するが、これは本文中ではどのような意味で使われていると考えられるか。本文全体をふまえて四十字以内で説明しなさい。

二

次の文章を読んで、後の問いに答えなさい。（設問の都合上、本文の表記を一部書き改めた箇所がある。）

[1] 昔、元正天皇の御時、（注1）美濃《みの》の国に、貧しく賤しき男ありけるが、老いたる父を持ちたり。この男、山の草木を取りて、その値《あたひ》を得て、父を養ひけり。この父、朝夕、（注2）あながちに酒を愛し、ほしがる。これによりて、男、（注3）なりびさこといふものを腰につけて、酒を（注4）沽《う》る家に行きて、つねにこれを乞《こ》ひて、1父を養ふ。

[2] ある時、山に入りて、薪《たきぎ》を取らむとするに、苔《こけ》深き石にすべりて、（注5）うつぶしにまろびたりけるに、酒の香《か》しければ、思はずに2あやしくて、そのあたりを見るに、石の中より水流れ出《い》づることあり。その色、酒に似たり。汲《く》みてなむるに、めでたき酒なり。うれしくおぼえて、そののち、日々にこれを汲みて、あくまで3父を養ふ。

[3] 時に帝、このことを聞こしめして、霊亀《れいき》三年4九月に、そのところへA（注6）ぎやうかうありて、御覧じけり。これすなはち、（注7）至孝《しかう》のBゆゑに、（注8）天神《てんじん》、地祇《ちぎ》あはれみて、その徳をあらはすと、感ぜさせ給ひて、のちに美濃守《みののかみ》になされにけり。

[4] その酒の出づる所をば［ I ］の滝とぞa申す。かつは、これによりて、同5十一月に年号を「養老」と改められける。

（『十訓抄』より）

（注1）　美濃の国…現在の岐阜県南部。
（注2）　あながちに…むやみやたらに。
（注3）　なりびさこ…ひょうたん。
（注4）　沽る…売る。
（注5）　うつぶしにまろびたりける…うつぶせに転んだ。
（注6）　ぎやうかう…帝の外出。
（注7）　至孝…この上ない孝行心。
（注8）　天神、地祇…天の神と地の神。

問一　〰〰A・Bをそれぞれ現代仮名遣いに直しなさい。

問二　‖a「申す」の活用形を、次から選んで番号で答えなさい。

1．未然形　　2．連用形　　3．終止形
4．連体形　　5．已然形　　6．命令形

問三　――1「父を養ふ」、3「父を養ふ」とを比較した際、どのような違いがあったのか、「酒」という語を必ず用い、それぞれ解答欄に指定された字数以内で説明しなさい。

問四　――2「あやしくて」の本文における意味として最も適当なものを、次から選んで番号で答えなさい。

1．仕方なく　　2．痛みも忘れて
3．不思議に思って　　4．酔ってしまって
5．わけがわからなくて

問五　――4「九月」、5「十一月」の陰暦の組み合わせとして最も適当なものを、次から選んで番号で答えなさい。

1．4　長月　　5　霜月
2．4　神無月　　5　長月
3．4　長月　　5　師走
4．4　神無月　　5　霜月
5．4　霜月　　5　葉月

問六　本文中の空欄［ I ］にあてはまる滝の名称を、第[1]段落の逸話を参考にして、本文中より漢字二字で抜き出しなさい。

葉です。もともとは施設やサービスへのアクセスのしやすさ、その度合いを指す言葉でしたが、近年は、情報に対するアクセスのしやすさ度合いを指す言葉として使われることが多いように感じます。

[Ⅲ]、この「アクセシビリティ」とセットでよく用いられるのが「情報格差」という言葉。そこにあるのは、ハンディキャップのある人とそうでない人の情報量の差、すなわち情報格差をなくすことが4社会的包摂には必要だ、という考えです。こうした考えのもと、アクセシビリティを高めるためのさまざまな福祉的活動がなされています。

もちろん、こうした「情報のための福祉」は障害者にとって不可欠で、これまでたくさんの試みがなされてきました。しかし、まだまだ不足している部分が残っていることは否めず、これについては社会をあげて補っていかなくてはなりません。

（伊藤亜紗『目の見えない人は世界をどう見ているのか』より）

（注）ユクスキュル…エストニア生まれの生物学者。「環世界」という概念を提示して、生物学のみならず哲学をはじめとしたさまざまな学問領域に影響を与えた

問一 〰〰ア～オのカタカナを漢字に直しなさい。

問二 本文中の[Ⅰ]～[Ⅲ]に当てはまる語の組み合わせとして最も適当なものを、次から選んで番号で答えなさい。

1. Ⅰ そして Ⅱ また Ⅲ だが
2. Ⅰ つまり Ⅱ しかし Ⅲ また
3. Ⅰ しかし Ⅱ だが Ⅲ そして
4. Ⅰ ところが Ⅱ つまり Ⅲ しかし
5. Ⅰ しかし Ⅱ そして Ⅲ さらに

問三 ――1「環世界」について、

ⅰ 「環世界」とはどのような世界のことか。本文中の語句を用いて四十字以内で説明しなさい。

ⅱ 筆者が「環世界」を紹介している意図を説明したものとして最も適当なものを、次から選んで番号で答えなさい。

1. 「環世界」における「情報」の重要性から視覚障害者にとっての情報の重要性と同じであるということを主張しようとしている。
2. 「環世界」を構成する「意味」についてふれることで、見えない人と見える人の関わり方を考える糸口としようとしている。
3. 「環世界」という生物に共通する世界の認識の姿にふれることで、見える人と見えない人に共通する「意味」について考えようとしている。
4. 「環世界」という考え方を取り入れることでキャベツ畑におけるモンシロチョウの不思議な生態を読み解こうとしている。
5. 「環世界」という世界の認識の仕方を学ぶことによって、視覚障害者にむけたサービスの向上を読者に訴えようとしている。

問四 ――2「急に、花が『見え始める』のです」とあるが、これはなぜか。これについて説明したものとして最も適当なものを、次から選んで番号で答えなさい。

1. モンシロチョウにとってキャベツ畑は本来食事をするための場所であるから。
2. モンシロチョウは時間帯によって食事の時間と交尾の時間が入れ替わるから。
3. モンシロチョウの環世界は時間によって入れ替わるような不確かなものだから。
4. モンシロチョウにとってのキャベツ畑の意味が「餌を求める場所」に変わったから。
5. モンシロチョウの環世界はキャベツ畑と飛び回る空間とで構成されているから。

問五 ――3「『情報』ベースの関わり」とあるが、これはどのような関わり方のことか。本文中の語句を用いて三十五字以内で説

二〇二二年度 順天高等学校（第一回推薦Ⅰ・Ⅱ）

【国　語】（三〇分）〈満点：一〇〇点〉

〔注意〕問題文に「説明しなさい」と指示のある問題は、すべて部分採点を行います。完全な解答が得られない場合も、積極的に解答を書き込むようにしてください。

一　次の文章を読んで、後の問いに答えなさい。なお、字数制限のある問いの解答については、すべて句読点・記号等も一字とする。（設問の都合上、本文の表記を一部書き改めた箇所がある。）

（注）ユクスキュルのアチョサクを翻訳している生物学者、日高敏隆の『動物と人間の世界認識』（ちくま学芸文庫）を手がかりに、ユクスキュルの「1環世界」とは何かひもといていきましょう。

初夏、キャベツ畑にモンシロチョウが飛んでいます。［Ⅰ］時間帯によって、モンシロチョウにとってのキャベツ畑の見え方は違います。午前中は交尾の時間帯です。オスは、交尾の相手を求めてキャベツ畑を飛び回っています。メスにとってもオスの存在こそが重要です。実際にはあたりに葉や花が存在しているのですが、全く目もくれません。

ところが午後になると、イクウフクになるのでしょう、モンシロチョウたちは今度は花の蜜を求めるようになります。2急に、花が「見え始める」のです。しかも、重要なのは咲いている花。つぼみではなく開いた花だけが、意味のあるものとして、モンシロチョウたちの世界を構成するようになります。

ユクスキュルにとって、それぞれの生きものは、意味を構成する「主体」です。個々の「主体」は、周りの事物に意味を与えてそれによって自分にとっての世界を構成している。この「自分にとっての世界」が「環世界」と呼ばれるものです。生きものは、無味ウカンソウな客観的な世界に生きているのではありません。自分にとって、またそのときどきの状況にとって必要なものから作り上げた、一種のイリュージョンの中に生きているのです。

主体が周囲の事物にどのような意味を与え、それがどのような環世界を作り出しているのか。本書は、そうした「意味」を切り口として、見えない人と関わっていこうとするものです。

それは探求の方法であると同時に、見えない人と見える人の関わり方のエテイアンでもあります。というのは、見える人が見えない人に対してとる態度は、一般的にはどうしても「情報」ベースになりがちだからです。そこに「意味」ベースの関わりも追加していきたい、という意図が本書にはあります。

3「情報」ベースの関わりとは何か。乱暴に図式化してしまえば、それは福祉的な関係です。見える人が見えない人に必要な情報を与え、サポートしてあげる。見える人が見えない人を助けるという関係がこの福祉的な発想の根本にはあります。

実際、福祉は情報への配慮であふれています。たとえば点字ブロック。言うまでもなく点字ブロックは、「駅はこちらです」等の「情報」を視覚障害者に与えるために設置されています。横断歩道に設置されているオオンキョウ信号も、「止まれ」や「進め」の「情報」を与えることが目的です。

こうしたインフラ面での福祉事業だけでなく、人的なサービスも情報に主眼が置かれています。たとえば図書館の対面朗読サービス。ここでは視覚障害者が本に書かれた情報にアクセスできるよう、図書館スタッフやボランティアが内容を読み上げてくれます。点字ブロックやオンキョウ信号は、障害者が行動するのに必要な情報を与える福祉、対面朗読サービスは障害者の情報入手そのものを手助けする福祉です。［Ⅱ］近年は、このうち特に後者が重視されている印象を受けます。

そうした中でよく聞かれるのが、「アクセシビリティ」という言

2022年度／順天高等学校（第１回推薦Ⅰ・Ⅱ）

英語解答

1 Part A　(1)…ア　(2)…エ　(3)…ア
　(4)…ウ　(5)…イ
Part B　(1)…イ　(2)…イ　(3)…ア
　(4)…エ　(5)…ウ
Part C　(1)…ウ　(2)…ア　(3)…イ

2 (1)　ア　(2)　エ　(3)　ア　(4)　ウ
(5)　イ　(6)　ウ

3 (1)　the earth　(2)　イ　(3)　イ
(4)　先進国に住む貧しい人々
(5)　they don't get enough food.
(6)　イ，エ
(7)　(A)　①…イ　②…ア　③…ウ
(B)　marine environment is getting worse.

1〔放送問題〕解説省略

2〔適語(句)選択〕

(1)「～と結婚する」は marry ～ または be〔get〕married to ～ で表せる。　「ジョンは中学のときの同級生と結婚した」

(2)usually「たいてい」があるので，‘現在における習慣的行為’を表す現在形が適切。　「トムはたいてい７時頃に家を出る」

(3)enjoy ～ing で「～して楽しむ，～するのを楽しむ」。　「私は昨日，バスケットボールをして楽しんだ」

(4)直後が動詞で，daughter という‘人’を先行詞とする関係代名詞として，who が適切。　「その歌手には医者になった娘がいた」

(5)I have と he has が対比されているので，has の代わりをするはたらきを持つ does が適切。「私は彼が持っているのと同じくらいの数のCDを持っている」

(6)「電話で」は on the phone で表せる。　「私は電話でニックと話した」

3〔長文読解総合―説明文〕

≪全訳≫❶2015年，17項目の「持続可能な開発目標(SDGs)」が国際連合の全ての加盟国によって受け入れられた。私たちが地球上の人間として健全な生活を送るために，最初の目標(「貧困をなくそう」)から最後の目標(「パートナーシップで目標を達成しよう」)まで，17の目標が設定された。❷SDGsの２つ目の目標は「飢餓をゼロに」である。国際連合の報告書によると，私たちの惑星では７億人以上の人々が，非常に貧しい環境で暮らしている。これは世界人口の約10％に当たる。十分な食糧を得ることができない人の数が増えているのだ。2018年には，８億2000万人以上の人々が飢餓に苦しんでいた。多くの赤ん坊や幼い子どもたちが，それが原因で命を落としている。アフリカの一部の国では，全人口の約半数が十分な食糧を得ることができず，長生きできないそうだ。生きるため，より健康になるため，彼らは毎日，飢餓と戦っている。❸新型コロナウイルス感染症の流行によって，この状況は以前より悪化している。世界食糧計画(WFP)は，今年，１億3800万人に食糧を提供して支援しようと決めた。新型コロナウイルス感染症の流行で職を失った人も多いので，WFPの支援を受ける地域では，今年中に十分な食糧がない人の数が２億7000万人に達しそうだ。今，助けを求める国は増えている。WFPは「私たちの支援を必要とする人の数は，来年にはこの２億7000万人の約1.4倍になるだろう」と言っている。❹SDGsの２つ目の目標を達成するために，WFPは世界中の富裕層からお金を集めている。その中でもアメリカは最も重要な加盟国である。他のどの国よりも多くのお金を国際連合に寄付している。もちろん，先進国でさえ，いまだに貧しい人々がたくさんいるし，そのような人々の数は増え続けている。しかし，地球上に住む全ての人が，この飢餓の問題に目を向けるべきだ。アメリカが国際連合を重要視していないことが多いと心配する人もいる。SDGsの２つ目の目標だけでなく，他の16の目標も達成するために，今，パートナーシップが必要である。

⑴＜**語句解釈**＞planet は「惑星」という意味なので，our planet「私たちの惑星」が意味するものは the earth「地球」である。

⑵＜**適語(句)選択**＞この段落は，冒頭の文「SDGsの２つ目の目標は『飢餓をゼロに』である」からもわかるように，hunger「飢餓」について述べている。この段落の最終文でも，「生きるため，より健康になるため，彼らは毎日，飢餓と戦っている」と，その状況が説明されている。なお，hunger は hungry「空腹の」の名詞形。

⑶＜**英問英答**＞「2020年，全世界には何人の人が住んでいたか」―イ．「70億人以上」　第２段落第２，３文に「私たちの惑星には 700 million 以上の人々が，非常に貧しい環境で暮らしている。これは世界人口の約10％に当たる」とある。million が「100万」なので，700 million は「７億」になる。これが世界人口の約10％に当たるということは，世界人口はこの10倍の「70億」である。「10億」は billion なので，「70億」は７ billion と表される。

⑷＜**語句解釈**＞下線部③を含む文の前半に「もちろん，先進国でさえ，いまだに貧しい人々がたくさんいる」とある。したがって，「そのような人々の数は増え続けている」の「そのような人々」が指すものとは「先進国に住む貧しい人々」である。

⑸＜**内容一致**＞「アフリカの一部の国では，(　　)ため，約半数の人が長生きできない」―十分な食糧が得られない　第２段落最後から２番目の文参照。この文を利用し，主語を they にして表せばよい。

⑹＜**内容真偽**＞ア．「SDGsの17の目標の中で，最も重要なのは２つ目の目標だ」…×　第２段落で，２つ目の目標である「飢餓をゼロに」を取り上げているが，これが最も重要な目標であるという記述はない。　イ．「2021年には約３億8000万人がWFPの支援を必要とするだろう」…○　第３段落最終文に，WFPの支援を必要とする人の数は，来年には２億7000万人の約1.4倍になるだろうとある。２億7000万人の約1.4倍は約３億8000万人で，この記事は2020年に書かれたものなので，正しいとわかる。　ウ．「WFPは毎年１億3800万人の飢えた人々を支援している」…×　第３段落第２，３文参照。１億3800万人の飢えた人々を支援しているのは今年(2020年)のことであり，今後はこの数が増えそうなので，「毎年」は間違いである。　エ．「世界の国の中で，アメリカが国際連合に最もお金をかけている」…○　第４段落第３文参照。more ～ than any other … は「他のどの…よりも多くの～」という意味で，これは最上級の文と同じ内容を表す。　オ．「ほとんどのアメリカ人は，国際連合とのより強いパートナーシップを望んでいる」…×　このような記述はない。

⑺≪**全訳**≫❶**サトル(S)**：君はいつもSDGsがいかに重要かを僕に教えてくれるね。17の目標の中で，どれに一番興味があるの？❷**マリオン(M)**：そうね，14番目の目標である「海の豊かさを守ろう」か

な。❸S：え，そうなの？　なぜ？　君は確か魚介類を食べるのが苦手だったよね。❹M：そうよ。①でも，どんな命も大切でしょ？　魚だって健康になる権利があるんだから。海の環境がさらに悪くなりつつあるわ。水面下の命も守らないとね。❺S：そのためにはどうしたらいいんだろう？❻M：お店で買い物をするときに，レジ袋をもらうのをやめましょう。❼S：②もっと聞かせて。❽M：レジ袋の破片を食べて，たくさんの海の生き物が死んでいるの。❾S：③僕らが殺しているなんて知らなかったよ。わかった，今日からエコバッグを持っていくよ。

(A)＜適文選択＞①直後でマリオンは，魚にも健康になる権利があると言っている。これと同じ主張を示すものとして，イが適する。　②直後でマリオンは，「レジ袋の破片を食べて，たくさんの海の生き物が死んでいる」と述べているが，これはその前のマリオンの発言である「お店で買い物をするときに，レジ袋をもらうのをやめましょう」の理由を表している。したがって，サトルがマリオンにより詳しい説明を求めるアが適する。　③直前でマリオンに「レジ袋の破片を食べて，たくさんの海の生き物が死んでいる」と言われ，自分たちが海の生き物を殺しているなんて知らなかった，と言っているのである。

(B)＜整序結合＞「海の環境」は The marine environment とする。「(より)悪くなっている」は，「～になる」を表す‘get＋形容詞’の形を使って get worse とし，これを現在進行形で is getting worse とする。

数学解答

1 (1) -8　(2) 4

(3) $(x-y)(x+y-1)$

(4) $a=11$，$b=3$

(5) $a=15$，$b=\dfrac{15}{2}$

(6) $a=-\dfrac{1}{4}$，$b=-9$

(7) $x=3$，$y=-10$　(8) $\dfrac{4}{15}$

(9) $\angle x=43°$，$\angle y=31°$

(10) $a=18$，中央値…16点

2 (1) (i) $(-2,\ 4)$　(ii) $2\sqrt{3}-2\sqrt{2}$

(2) (i) $-\sqrt{pq}$　(ii) $q-\sqrt{pq}$

3 (1) $4\sqrt{21}$　(2) $4\sqrt{21}-15$

(3) △HNB，△GMB　(4) $\dfrac{11}{3}$

1〔独立小問集合題〕

(1)＜数の計算＞与式 $=-3xy^2\times4x^2y^2\div6x^2y=-\dfrac{3xy^2\times4x^2y^2}{6x^2y}=-2xy^3$ として，これに $x=\dfrac{1}{2}$，$y=2$ を代入すると，与式 $=-2\times\dfrac{1}{2}\times2^3=-2\times\dfrac{1}{2}\times8=-8$ となる。

(2)＜数の計算＞与式 $=10-2\sqrt{10}+1-(5-2\sqrt{10}+2)=10-2\sqrt{10}+1-5+2\sqrt{10}-2=4$

(3)＜式の計算―因数分解＞与式 $=(x+y)(x-y)-(x-y)$ として，$x+y=A$，$x-y=B$ とすると，与式 $=AB-B=B(A-1)$ となる。A，B をもとに戻して，与式 $=(x-y)(x+y-1)$ となる。

(4)＜二次方程式―解の利用＞二次方程式を整理すると，$x^2+6x+8-2x^2+2x=4x+a$，$-x^2+4x+8-a=0$，$x^2-4x-8+a=0$ となる。この解が $x=1$，b だから，$x=1$ を代入すると，$1^2-4\times1-8+a=0$ より，$a=11$ となる。これより，二次方程式は，$x^2-4x-8+11=0$，$x^2-4x+3=0$ となり，これを解くと，$(x-1)(x-3)=0$ より，$x=1$，3 となる。よって，$b=3$ である。

(5)＜関数―反比例＞y が x に反比例するので，比例定数を k とすると，$y=\dfrac{k}{x}$ と表せる。$x=6$ のとき $y=5$ だから，$5=\dfrac{k}{6}$ より，$k=30$ となり，反比例の式は，$y=\dfrac{30}{x}$ である。$x=2$ のとき $y=a$ なので，$a=\dfrac{30}{2}$ より，$a=15$ となる。$x=b$ のとき $y=4$ なので，$4=\dfrac{30}{b}$ より，$4b=30$，$b=\dfrac{15}{2}$ となる。

(6)＜関数―a，b の値＞関数 $y=ax^2$ において，y の変域が $b\leqq y\leqq-1$ で，負の値を含むことから，$a<0$ であり，グラフは，右図１のような下に開く放物線となる。x の変域が $2\leqq x\leqq6$ だから，$x=2$ のとき，y は最大で $y=-1$ である。よって，$-1=a\times2^2$ より，$a=-\dfrac{1}{4}$ となる。これより，関数は $y=-\dfrac{1}{4}x^2$ となる。また，$x=6$ のとき，y は最小で $y=b$ だから，$b=-\dfrac{1}{4}\times6^2$ より，$b=-9$ である。

図１

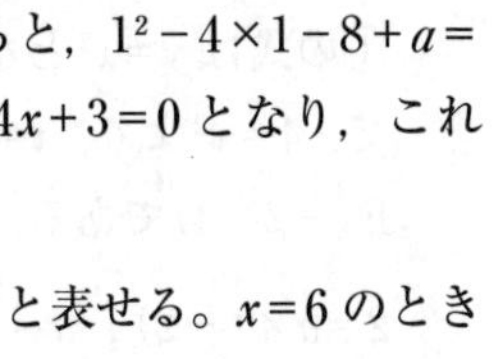

(7)＜連立方程式＞$0.6x+0.08y=1$……①，$\dfrac{2x-y}{3}-\dfrac{x-y}{2}=-\dfrac{7}{6}$……②とする。①×25 より，$15x+2y=25$……①′　②×6 より，$2(2x-y)-3(x-y)=-7$，$4x-2y-3x+3y=-7$，$x+y=-7$……②′　①′−②′×2 より，$15x-2x=25-(-14)$，$13x=39$　$\therefore x=3$　これを②′に代入して，$3+y=-7$　$\therefore y=-10$

(8)＜確率—カード＞1，2，3，4，5，6の6枚のカードから1枚ずつ2回カードを取り出すので，1枚目の取り出し方は6通りあり，そのカードを戻さないので，2枚目の取り出し方は5通りとなる。よって，カードの取り出し方は全部で$6\times5=30$(通り)あり，2けたの自然数も30通りできる。このうち，4の倍数となるのは，12，16，24，32，36，52，56，64の8通りだから，求める確率は$\frac{8}{30}=\frac{4}{15}$となる。

図2
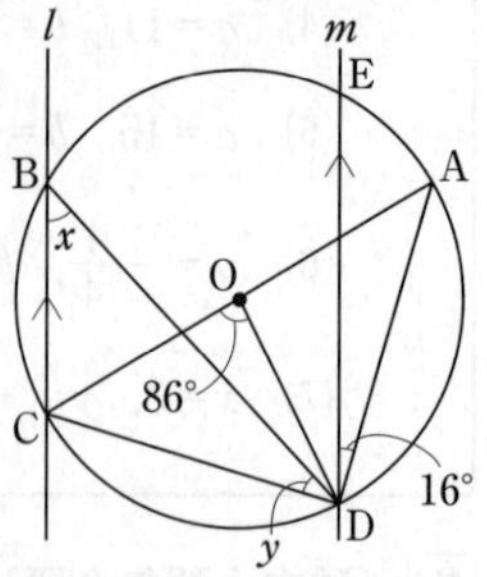

(9)＜平面図形—角度＞右図2のように，5点A～Eを定める。$\overset{\frown}{CD}$に対する円周角と中心角の関係より，$\angle x=\frac{1}{2}\angle COD=\frac{1}{2}\times86°=43°$となる。また，$l /\!/ m$より錯角が等しいので，$\angle EDB=\angle x=43°$である。線分ACは円Oの直径なので，$\angle ADC=90°$であり，$\angle y=\angle ADC-\angle ADE-\angle EDB=90°-16°-43°=31°$となる。

(10)＜データの活用—aの値，中央値＞10人の平均点がちょうど16点なので，得点の合計について，$16+18+16+14+14+a+13+19+17+15=16\times10$が成り立つ。これより，$142+a=160$，$a=18$(点)となる。また，10人の得点は，小さい順に，13，14，14，15，16，16，17，18，18，19となる。中央値は，5番目の16点と6番目の16点の平均だから，16点である。

2 〔関数—関数$y=ax^2$のグラフ〕

≪基本方針の決定≫(1)(i)　曲線①の式を求める。　(ii)　曲線②，③の式を求める。

図1
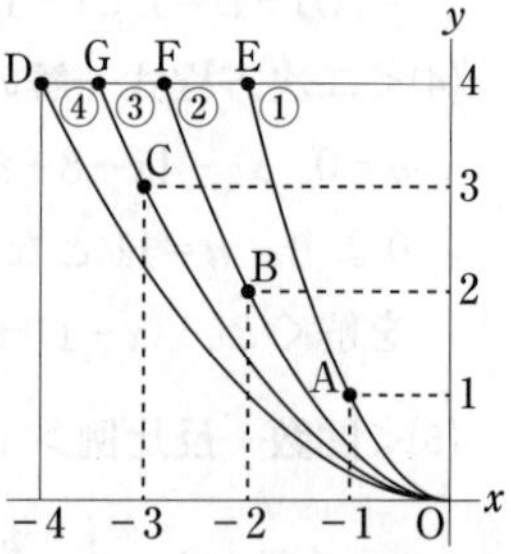

(1)＜座標，長さ＞(i)右図1で，曲線①はA(−1，1)を通るから，$y=ax^2$に$x=-1$，$y=1$を代入して，$1=a\times(-1)^2$，$a=1$となり，曲線①の式は$y=x^2$となる。点Eは曲線①上にあって，y座標が4なので，$4=x^2$より，$x=\pm2$となり，点Eのx座標は−2となる。よって，E(−2，4)である。　(ii)図1で，曲線②はB(−2，2)を通るから，$2=a\times(-2)^2$，$a=\frac{1}{2}$となり，曲線②の式は$y=\frac{1}{2}x^2$である。点Fのy座標は4だから，$4=\frac{1}{2}x^2$，$x^2=8$より，$x=\pm2\sqrt{2}$となり，F$(-2\sqrt{2}，4)$となる。曲線③はC(−3，3)を通るから，$3=a\times(-3)^2$，$a=\frac{1}{3}$となり，曲線③の式は$y=\frac{1}{3}x^2$である。点Gのy座標は4だから，$4=\frac{1}{3}x^2$，$x^2=12$より，$x=\pm2\sqrt{3}$となり，G$(-2\sqrt{3}，4)$となる。よって，FG$=-2\sqrt{2}-(-2\sqrt{3})=2\sqrt{3}-2\sqrt{2}$となる。

図2
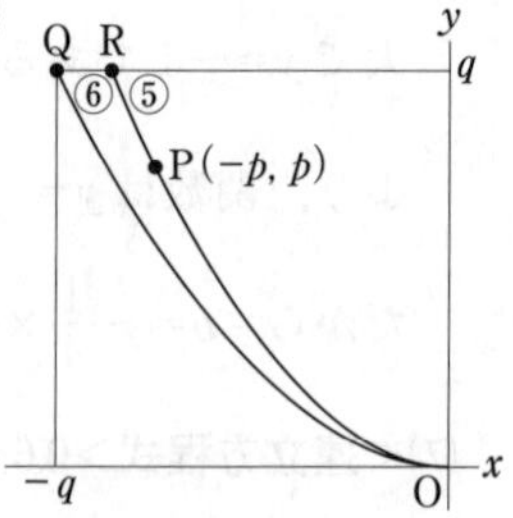

(2)＜座標，長さ＞(i)右図2で，曲線⑤はP$(-p，p)$を通るから，$p=a\times(-p)^2$，$a=\frac{1}{p}$となり，曲線⑤の式は$y=\frac{1}{p}x^2$である。点Rは曲線⑤上にあって，y座標がqなので，$q=\frac{1}{p}x^2$，$x^2=pq$より，$x=\pm\sqrt{pq}$となり，点Rのx座標は$-\sqrt{pq}$となる。　(ii)図2で，(i)より，R$(-\sqrt{pq}，q)$となる。Q$(-q，q)$だから，QR$=-\sqrt{pq}-(-q)=q-\sqrt{pq}$となる。

3 〔平面図形—正方形〕

(1)＜長さ—三平方の定理＞次ページの図で，AH＝AK＋KH＝10＋15＝25である。$\angle ABH=90°$だから，△ABHで三平方の定理より，$AB=\sqrt{AH^2-BH^2}=\sqrt{25^2-17^2}=\sqrt{336}=4\sqrt{21}$となる。

(2)＜長さ＞右図で，四角形ABCDは正方形なので，(1)より，$AD = AB = 4\sqrt{21}$ となる。よって，$DJ = AD - AJ = 4\sqrt{21} - 15$ となる。

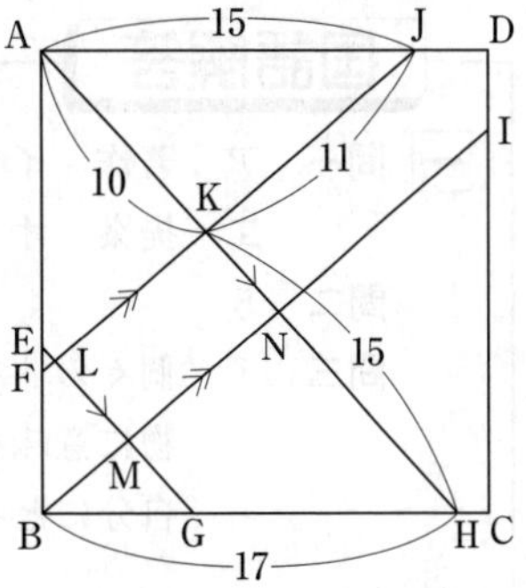

(3)＜相似な三角形＞右図で，AD∥BCより，∠KAJ＝∠NHBとなる。また，∠AKJ＝∠HKFであり，FJ∥BIより，∠HKF＝∠HNBだから，∠AKJ＝∠HNBである。よって，△AKJ∽△HNBである。さらに，EG∥AHより，∠MGB＝∠NHB，∠GMB＝∠HNBである。したがって，∠KAJ＝∠MGB，∠AKJ＝∠GMBとなるので，△AKJ∽△GMBである。以上より，△AKJと相似な三角形は，△HNBと△GMBである。

(4)＜長さ＞右上図で，(3)より，△AKJ∽△HNBだから，AK：HN＝AJ：HB＝15：17となる。よって，$HN = \frac{17}{15}AK = \frac{17}{15} \times 10 = \frac{34}{3}$ となり，$KN = KH - HN = 15 - \frac{34}{3} = \frac{11}{3}$ となる。EG∥AH，FJ∥BIより，四角形LMNKは平行四辺形だから，$LM = KN = \frac{11}{3}$ である。

2022年度／順天高等学校（第１回推薦Ⅰ・Ⅱ）

国語解答

一 問一 ア 著作 イ 空腹 ウ 乾燥 エ 提案 オ 音響

問二 5

問三 ⅰ 個々の「主体」が，周りの事物に意味を与えて構成した，自分にとっての世界のこと。（39字）

ⅱ…2

問四 4

問五 見える人が見えない人に必要な情報を与え，サポートするという関わり方。（34字）

問六 ハンディキャップのある人とそうでない人とが，格差がない状態で生活できること。（38字）

二 問一 A ぎょうこう B ゆえに

問二 4

問三 1 酒を売っている所に行って買ってきて親に与えている。（25字）

3 石の中から酒が湧いてくる所から酒を汲んできて親に与えている。（30字）

問四 3 問五 1 問六 養老

一〔**論説文の読解―社会学的分野―社会活動**〕出典；伊藤亜紗『目の見えない人は世界をどう見ているのか』。

≪本文の概要≫主体が周囲の事物にどのような意味を与え，それがどのような「環世界」をつくり出しているのかといった「環世界」を構成する「意味」を手がかりにして，見えない人と見える人との関わり方を考えていきたい。一般的に，その関わり方は，見える人が見えない人に必要な情報を与え，サポートするという，「情報」を基本とした福祉的な関係になりがちである。福祉には，点字ブロックや音響信号などの，障害者が行動するのに必要な情報を与えるものと，図書館の対面朗読サービスなどの，障害者の情報入手そのものを手助けするものがあり，近年は後者が重視されている。社会的包摂に必要なのは，ハンディキャップのある人とそうでない人との情報格差をなくすことであり，そのためには，情報に対するアクセスのしやすさ度合いを高めなければならない。しかし，情報のための福祉には，まだまだ不足している部分があり，社会全体で補っていくべきである。

問一＜漢字＞ア．「著作」は，書きあらわした書物のこと。　イ．「空腹」は，腹がすくこと。　ウ．「乾燥」は，潤いがないさま。　エ．「提案」は，ある考えを出すこと。　オ．「音響」は，音のひびき方のこと。

問二＜接続語＞Ⅰ．「初夏，キャベツ畑にモンシロチョウが」飛んでいると，モンシロチョウにはキャベツ畑が常に同じように見えているかと思われるけれども，「時間帯によって，モンシロチョウにとってのキャベツ畑の見え方」は違う。　Ⅱ．見えない人に必要な情報を与え，サポートするという福祉には，「障害者が行動するのに必要な情報を与える福祉」と「障害者の情報入手そのものを手助けする福祉」があり，それから，「近年は，このうち特に後者」の，「障害者の情報入手そのものを手助けする福祉」が重視されている。　Ⅲ．「よく聞かれるのが，『アクセシビリティ』という言葉」であるが，それにつけ加えて，「この『アクセシビリティ』とセットでよく用いられるのが『情報格差』という言葉」である。

問三＜文章内容＞ⅰ．「個々の『主体』は，周りの事物に意味を与えてそれによって自分にとっての世界を構成している」のであり，「環世界」とは，その「自分にとっての世界」を指す。　ⅱ．筆者は，「環世界」を紹介したうえで，「主体が周囲の事物にどのような意味を与え，それがどのような環世界を作り出しているのか」という問いによって，「環世界」を構成する「意味」に言及し，その「意味」を手がかりに，見えない人と見える人との関わり方を考えようとしている。

問四＜文章内容＞モンシロチョウにとって，「午前中は交尾の時間帯」なので，キャベツ畑の意味は交尾の相手を見つける場所であり，花は見えない。しかし，午後になると，モンシロチョウは空腹になるので，キャベツ畑の意味が花の蜜を求める場所に変わり，急に花が見え始める。

問五＜文章内容＞見える人の見えない人に対する関わり方は，「見える人が見えない人に必要な情報を与え，サポートしてあげる」という，情報を基本にした関わり方になりがちである。

問六＜文章内容＞「社会的包摂」のためには，「ハンディキャップのある人とそうでない人の〜情報格差をなくすこと」を必要とする。したがって，本文での「社会的包摂」とは，ハンディキャップのある人とそうでない人とが格差のない状態で生活できることによって，誰もが社会の中に包み込まれるということである。

二〔古文の読解―説話〕出典；『十訓抄』六ノ十八。

≪現代語訳≫昔，元正天皇の御代に，美濃の国に，貧しくて身分の低い男がいたが，年老いた父親を持っていた。この男は，山の草木をとって，それを売って代金を得て，父親を養っていた。この父親は，いつも，むやみやたらに酒を好み，欲しがる。そのため，男は，なりびさこ(ひょうたん)というものを腰につけて，酒を売る店に行って，いつもこれ(＝酒)を買い求めて，父親を養っていた。

あるとき，(男が)山に入って，薪を取ろうとすると，こけむした石ですべって，うつぶせに転んだが，酒の香りがしたので，思いがけなくて不思議に思って，その周辺を見ると，石の中から水が流れ出ていた。その(水の)色は，酒に似ていた。くんでなめると，すばらしい酒だった。うれしく思って，その後，毎日これ(＝酒)をくんで，満足するまで父親に与えた。

(さて,)その頃帝が，このことをお聞きになって，霊亀三年九月に，その場所へ行幸なさって，(酒の流れ出る所を)ご覧になった。これは取りも直さず，(この男の)このうえない孝行心のために，天の神と，地の神が気の毒に思って，その徳の力を示したのであると，(帝は)感動なさり，後に(男を)美濃の守に任命なさった。

その酒が出た所を〈養老〉の滝と申し上げる。同時に，このことを記念して，同年の十一月に年号を「養老」と改められたということだ。

問一＜歴史的仮名遣い＞A．歴史的仮名遣いの「au」は，現代仮名遣いでは「ou」になる。　B．歴史的仮名遣いの「ゐ」「ゑ」は，現代仮名遣いでは「い」「え」になる。

問二＜古典文法＞「申す」は，「言ふ」の丁寧語で，言います，という意味の四段活用の動詞。「滝とぞ申す」は，名詞「滝」＋格助詞「と」＋係助詞「ぞ」＋動詞「申す」で，係助詞「ぞ」に呼応して，「申す」が連体形の「申す」になる。

問三＜古文の内容理解＞1．男は，酒を好む父親のために，酒を売る店に行って，いつも酒を買い求めて，それを与えて父親を養っていたのである。　3．石の中から酒が流れ出ていることを知った男は，毎日この酒をくんで，それを父親に与えて養った。

問四＜古語＞「あやし」は，不思議だ，という意味。山の中で酒の香りがしたので，男は不思議に思った。

問五＜古典の知識＞旧暦の月の異名は，一月から順に，睦月，如月，弥生，卯月，皐月，水無月，文月，葉月，長月，神無月，霜月，師走となる。

問六＜古文の内容理解＞老いた父親に酒を与えて養っていた男は，石の中から酒が流れ出る所を見つけ，毎日，その酒をくんで父親が満足するまで与えた。この逸話から，この酒の流れ出る所は，老人を養う滝という意味の名前がつけられ，同時に，これを記念して，年号も「養老」と改められた。

2022年度 順天高等学校

【英　語】（60分，うちリスニングテスト約10分）〈満点：100点〉

第１問　（リスニングテスト）

第１問リスニングテストは，Part A から Part C までの３部構成となっています。各部の指示に従って，注意して放送を聞き，後に続く問題に答えなさい。

Part A　これから短い英文が２度ずつ読まれます。その英文に対する応答として最も適切なものを，ア～エの中から１つ選びなさい。

(1)　ア　We have purses in three colors.
　　イ　That's too bad.
　　ウ　I think I've caught a cold.
　　エ　That's great.

(2)　ア　The day after tomorrow.
　　イ　The day before yesterday.
　　ウ　Last Friday.
　　エ　Last year it was every Tuesday.

(3)　ア　Sorry, but she is out of the office today.
　　イ　Yes, she's doing well.
　　ウ　No, she was a good speaker.
　　エ　Of course I can speak to her.

(4)　ア　I'm sorry, no one is at home.
　　イ　I can call someone for you tomorrow.
　　ウ　I'm sorry, we don't sell doors here.
　　エ　I can't.　I'm washing my hair.

(5)　ア　Because I don't need it in college.
　　イ　Because I study English at school every day.
　　ウ　Because studying history is more fun.
　　エ　Because it helps me to understand science.

Part B　これからAとBの対話が２度ずつ流れます。対話の後で，内容に関する質問が読まれます。質問の答えとして最も適切なものを，ア～エの中から１つ選びなさい。

(1)　ア　Help his mother.　　イ　Send an e-mail.
　　ウ　Wash the dishes.　　エ　Give him more time.

(2)　ア　At the bus station.
　　イ　At a hotel in Chicago.
　　ウ　At a train station.
　　エ　At a toy train store in Memphis.

(3)　ア　9:00　イ　9:30　ウ　10:00　エ　10:30

(4)　ア　At the musical.
　　イ　In front of the station gates.
　　ウ　At the coffee shop in the station building.

エ At the bookstore.

(5) ア He was disappointed that he could not get on the plane.
イ He thought waiting at the airport was fun.
ウ Something was always happening, so it was fun.
エ It was raining in Hong Kong.

Part C これから長めの英文が２度読まれます。その英文に対する質問の答えとして最も適切なものを，ア～エの中から１つ選びなさい。まず質問に目を通してから，注意して放送を聞きなさい。

(1) According to the speaker, which sentence is true?
ア Half the children in the world cannot read or write.
イ Five million children under the age of five died because of poverty.
ウ More than half the people on earth live in poverty.
エ Most poor people live in African and Asia.

(2) According to the writer, what is the best way to fight poverty?
ア Food イ Money ウ Health エ Education

(3) According to the speaker, what do Chinese people say?
ア You should give poor people fish.
イ Poor people should go fishing for one day.
ウ Poor people should learn how to eat fish.
エ Poor people should learn how to fish.

※**＜リスニングテスト放送原稿＞**は英語の問題の終わりに付けてあります。

第２問

1 次の各英文の（ ）に入れるものとして最も適切なものをそれぞれ下のア～エの中から１つ選びなさい。

(1) ( ) do you usually go to the library? I went there around noon yesterday, but I didn't see you.
ア Why イ Where ウ What エ When

(2) Has your father ever ( ) to Australia?
ア abroad イ lived ウ visited エ been

(3) Takeshi studies Spanish because it is the language ( ) in his friend's home country.
ア speaks イ speaking ウ spoken エ spoke

(4) The sky is clear so we ( ) see beautiful stars tonight.
ア should to イ may be
ウ will be able to エ must not

(5) I must leave early tomorrow. Please remember ( ) me up at six.
ア waking イ to wake ウ wake エ woke

2 次の英文の空所に入る最も適切な１語を答えなさい。ただし先頭の文字が与えられているときは，その文字で始まる１語を答えること。

(1) We must go now. We don't have time at (a).
(2) John can play ( ) the guitar and the piano, but I can only play the piano.
(3) Soy sauce is made ( ) soy beans.

(4) The movie got more (　　) more interesting.
(5) You will have an important exam tomorrow, so (t　　) off the TV and study !

第３問

次の英文は2017年に執筆されたものである。英文を読んで，あとの問に答えなさい。（＊印の語句には脚注があります。）

Millions of people in cities across Asia are using phone *apps to borrow bicycles for local travel. These apps are made for ①(cars and motorcycles / leave / to / people / want / who) at home, and avoid spending money on a taxi service. This bicycle sharing is becoming more popular in places like Taipei and Singapore.

There are now more than 16 million bikes for bike-sharing in China and more than 100 million Chinese have used bike-sharing. That has reduced car use and the need for gasoline. Researchers say that the need for fuel will stop rising by the year 2025.

“I often use bike-sharing services because they’re very convenient,” said a 36-year-old man. He uses a shared bike several times a week to go to work. “I can find one anywhere and will not worry about losing the bike,” he said.

No one knows the number of bicycles on China’s streets or how much bike-sharing has influenced fuel use. However, the government and oil companies found that fewer people are using cars. “Bike-sharing has been popular since last year,” said one researcher. He added that more people are using buses and trains because they can finish their trip with a shared bicycle.

Even before bike-sharing became popular, researchers were saying that the need for gasoline would stop rising. They said this because more people are using electric cars. The need for gasoline in China increased by 6.5 percent last year. (②), this year it may increase only by 4 percent.

Last month, two Chinese bike-sharing companies opened offices in Malaysia, Thailand, and America. One company, called Mobike, started bike-sharing services in April 2016. Another Chinese company, Ofo, gives a (③) service. The two businesses have received more than $2 billion in *private investment. Mobike has 7 million bicycles worldwide. Ofo has more than 10 million, and plans to increase the number to 20 million in the next three months.

In Taiwan, the government supports a bike-sharing plan. They hope 12 percent of *commuters will use bicycles to go to work by 2025. Five percent of commuters use bicycles now. The Taipei city government hopes that everyone will be just 10 minutes from a bike by 2018.

Bike-sharing could change how people think about ④transportation.

（注） ＊apps：アプリ　＊private investment：民間投資　＊commuter：通勤者

(1) 下線部①の英単語を並べ替えて意味の通る文にしなさい。
(2) (②)に入る語として適切なものを，ア～エの中から１つ選びなさい。
ア So　イ However　ウ Then　エ Unluckily
(3) (③)に入る語として適切なものを，ア～エの中から１つ選びなさい。
ア smaller　イ similar　ウ traditional　エ professional

(4) 下線部④の英単語の意味として適切なものを，ア～エの中から１つ選びなさい。

ア 安全　イ 環境　ウ 貿易　エ 交通

(5) 本文の内容に沿って，次の英文の質問に英語で答えなさい。

According to researchers, what will happen by the year 2025 ?

(6) 本文の内容に合うものを，ア～オの中から２つ選びなさい。

ア More people have stopped using cars because bicycle sharing is becoming popular.

イ A 36-year old man said “I like to use bike-sharing services but it is difficult to find one.”

ウ Mobike and Ofo are both companies started in Taiwan.

エ Ofo has received $2 billion in private investment, but Mobike has received less.

オ In Taiwan, the government wants more people to use bicycles to go to work by 2025.

第４問

次の英文を読んで，あとの問に答えなさい。

It has been a year since my dear grandmother died in her house. My family wanted to keep all her things, but our family business wasn’t going well, so we decided to have an *auction to pay the *debts. Every time I saw something in the old house, I remembered all the beautiful memories that I had of my grandmother. I didn’t want anyone to take them away, but I had no choice.

The auction was held in the yard of my grandmother’s house last Sunday. All her things were placed there nicely, including the dishes and old furniture. There was one thing I really wanted to see. It was the *quilt. It was in my family for over one hundred years. I found it in the corner of the yard. I began to gently touch the *patches of cloth put together with love and care. This quilt had all of my family’s history in it. I didn’t want it to go away. So, ①I decided to attend the auction.

②(people / that / surprised / came / see / was / to / I / many) to the yard. Some people even came from far away. The auction began, and I waited. Finally, the time came to *bid on the quilt. I had $100 in my pocket, and I thought that would be enough. However, the first bid was $50. I was shocked. I didn’t think the first bid would be so high. Time passed quickly. Other people started to bid, and soon the bidding reached $85. I took a breath and shouted “$100 !” For a moment there was silence. I looked at the quilt again, and I thought, “My grandmother must be proud of me at this moment.”

Just then, from the back of the yard, another person shouted “$125 !” In a moment my eyes started to fill with tears. I knew then I lost my chance to get the quilt. I felt very sad. I couldn’t understand why so many people were interested in that dirty old quilt. It was sold to a complete stranger for $500. I sat with an empty feeling inside me until the end of the auction.

After ③the auction, when I was leaving the exit of the yard, a woman from the auction staff gave me a large box. When I opened it, there was the quilt. “There must be some mistake. This isn’t mine,” I said. At that moment, I found a handwritten note on top of the quilt.

Dear Madam,

Before the auction, I saw that you were looking at the quilt for a long time. Clearly, this quilt was very important to you. When you lost the auction, you looked so sad that it broke my heart. I know that you don't know me, but please take this quilt as my gift. I don't want you to give me any money. I only hope that you do ④the same thing in the future for another person.

Yours,
A Sentimental Stranger

（注） ＊auction：オークション　＊debts：借金　＊quilt：キルト　＊patches：継ぎ布
＊bid (on ～)：〔動詞〕(～に)入札で値をつける
〔名詞〕入札(オークションの出品物を入手するために値をつけること)

(1) 下線部①のように，筆者が決意したのは何故か。その理由を25字以上35字以内の日本語で説明しなさい。

(2) 下線部②の英単語を並べ替えて意味の通る文にしなさい。ただし文頭の単語も小文字にしてあるので，並べ替えた際は文頭に来るべき単語の頭文字を大文字にすること。

(3) 下線部③の内容として，最も適切なものをア～エの中から１つ選びなさい。
ア　筆者が「100ドル」と叫んだ後，キルトに入札する人はもういなかった。
イ　筆者はキルトを落札するのに100ドルあれば十分だと考えていたが，実際はそれだけでは足りなかった。
ウ　最初の入札額である50ドルは筆者の考えていた金額より低かった。
エ　筆者が100ドルでキルトを手に入れることができたのは，落札者がそれほど多くなかったからだ。

(4) 下線部④の内容として最も適当なものを，ア～エの中から１つ選びなさい。
ア　家族を支えるためにお金が必要な人には，経済的援助を惜しまないということ。
イ　勝負に負けてしまった人には，心のケアをしてあげるということ。
ウ　大切なものを失って心を痛めている人に少ない値段で何かを譲ってあげるということ。
エ　他者の悲しみに共感し，手を差し伸べる心を持つということ。

(5) 本文の内容に合うものをア～オの中から２つ選びなさい。
ア　The writer's family had to get money by selling her grandmother's items to pay their family debts.
イ　The writer walked around her grandmother's house because she knew somebody wanted to steal the items.
ウ　When somebody shouted "$125," the writer was angry and didn't look at the quilt again.
エ　The writer knew the person who got the quilt at the auction and gave it to her with a note.
オ　The person who gave the writer the quilt was watching her before the auction started.

＜リスニングテスト放送原稿＞

第１問リスニングテストは，Part A から Part C までの３部構成となっています。各部の指示に従って，注意して放送を聞き，後に続く問題に答えなさい。

Part A　これから短い英文が２度ずつ読まれます。その英文に対する応答として最も適切なものを，ア～エの中から１つ選びなさい。

(1) My mother lost her purse yesterday.
(2) When will you go to school next time?

(3) Hello, may I speak to Jane, please?
(4) There's someone at the front door! Can you answer it, please?
(5) Why are you studying math?

Part B これからAとBの対話が2度ずつ読まれます。対話の後で，内容に関する質問が読まれます。質問の答えとして最も適切なものを，ア～エの中から1つ選びなさい。

(1)
A(woman) : Mike, can you help me in the kitchen?
B(man) : Sure, Mom. But first, I need to send an e-mail.
A(woman) : How long will it take? I want you to wash the dishes.
B(man) : Just give me ten more minutes. I'll be right there.
Question : What does Mike want to do first?

(2)
A(man) : Excuse me. What time is the next train for Chicago?
B(woman) : Well, it leaves at 10:00 am and arrives in Chicago at 6 pm.
A(man) : Wow, it'll take 8 hours! Do I have to change trains?
B(woman) : No, you don't have to if you take the 10:00 o'clock train. But if you take the next train, you'll have to change trains at Memphis.
Question : Where is this conversation happening?

(3)
A(woman) : What time do you have to be at the airport?
B(man) : Well, my flight is at twelve, but I should be there an hour and a half before my flight leaves.
A(woman) : But I thought you are on an international flight.
B(man) : Thank you for telling me! So, I have to be there two and a half hours before.
Question : When does the man have to be at the airport?

(4)
A(woman) : John, where should we meet for the musical tomorrow?
B(man) : How about in front of the ticket gate at the station?
A(woman) : It's always too crowded there, so we could meet at the coffee shop on the second floor of the station building.
B(man) : Next to the bookstore, right? That's fine. Let's do that.
Question : Where will they meet for the musical tomorrow?

(5)
A(woman) : Did you have a nice trip?
B(man) : I guess if you think waiting in the airport is fun.
A(woman) : What do you mean?
B(man) : Well, every time I tried to get on my plane, something happened. In Hong Kong the flight was late because of rain.
Question : How did the woman feel at the airport?

Part C これから長めの英文が2度読まれます。その英文に関する質問の答えとして最も適切なものを，ア～エの中から一つ選びなさい。まず質問に目を通してから，注意して放送を聞きなさい。

What does the word "poverty" mean to you? Poverty means poor. In other words, you don't have enough money for your basic needs, such as, food, clothing and a place to live. Many Japanese people think that poverty is just a problem in some countries in Africa and Asia. They think that most of the world lives as we do, and don't worry about getting enough food to eat. Well, this image of poverty is completely wrong. In fact, over half the people in the world live on less than two hundred yen a day. That's almost three billion people! Half of the world's children live in poverty. In the last five years, over 10 million children died from poverty before the age of five.

These people living in poverty need food, water, and health care. But without education, most people will stay in poverty. Education is the most important way to help a community or nation. Many people think sending food to poor people is the best way to help them. This actually makes their situation worse. There is an ancient Chinese expression, "Give a man a fish and he will eat for a day, teach him how to fish and he will eat for his life." Supplying food to the poor without teaching them how to grow their own food will only help them until the food lasts. But if we can teach poor countries how to farm better, how to create business and help them build schools to educate children, this will help them throughout their lives.
以上でリスニングテストを終わります。

【数　学】 (50分) 〈満点：100点〉

〔注意〕 分数形で解答する場合は，それ以上約分できない形で答えなさい。根号を含む形で解答する場合は，根号の中に現れる自然数が最小となる形で答えなさい。

1 次の各問いに答えなさい。

(1) $(2a^2b)^3\times\left(\dfrac{b^2}{a}\right)^2\div(2a^2b^3)^2$ を計算しなさい。

(2) x の２次方程式 $3x^2+4x-2-2(x^2-2x-1)=0$ を解きなさい。

(3) $a=4\sqrt{2}+3$，$b=2\sqrt{2}-1$ のとき，$a^2+ab-6b^2$ の値を求めなさい。

(4) ５人の数学の得点が x，82，85，45，98であったという。ただし x は正の整数とする。このとき中央値となり得る値を整数ですべて答えなさい。

(5) ある中学校では男子の人数は昨年より10％減り，女子の人数は昨年より10％増えた。昨年の男子と女子の人数の合計が450人で，今年はそれよりも５人減ったという。今年の男子の人数を求めなさい。

図１

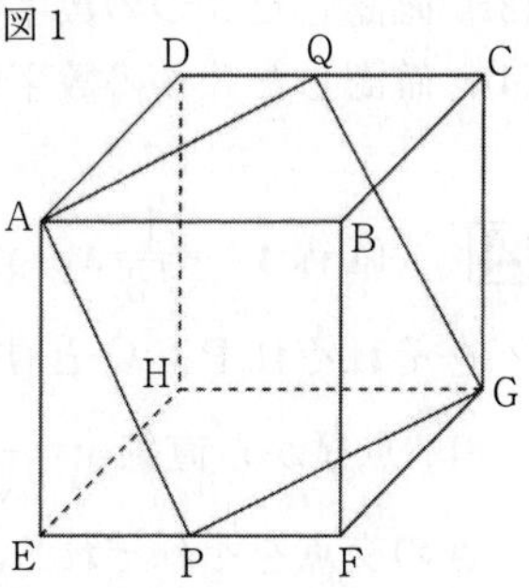

(6) 右の図１のような一辺の長さが10の立方体ABCD-EFGHがある。EF，CDの中点をP，Qとするとき，四角形APGQの面積を求めなさい。

(7) ６％の食塩水0.3kgがある。水を何kg蒸発させれば10％の食塩水になるか求めなさい。

(8) 右の図２のように，母線の長さが８，底面の半径が２の円錐がある。底面の円周上の点Aから側面をたるまないように糸をかけたとき，最短となる糸の長さを求めなさい。

図２

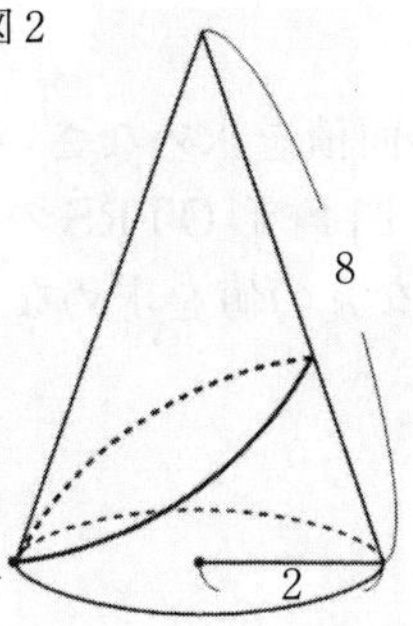

図３

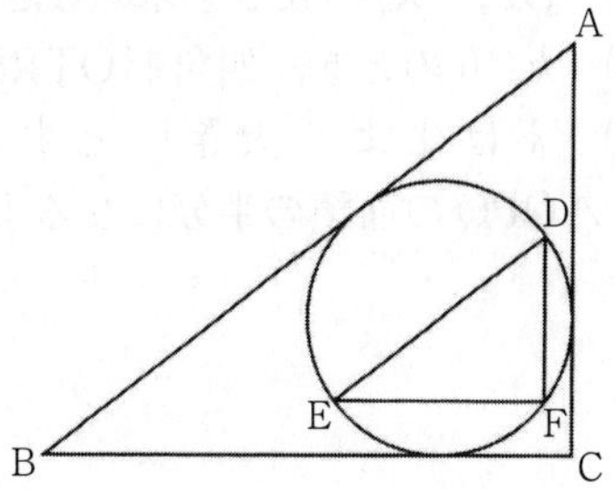

(9) 右の図３のように，３辺の長さが３，４，５である△ABCの３つの辺に円が接していて，その円周上に△ABCと相似な△DEFの３つの頂点がある。このとき△ABCと△DEFの相似比を求めなさい。

(10) 下の図４のような正四面体OABCのOB，OCの中点をそれぞれD，Eとする。このとき四面体OADEの体積は四面体OABCの体積の何倍か求めなさい。

図４

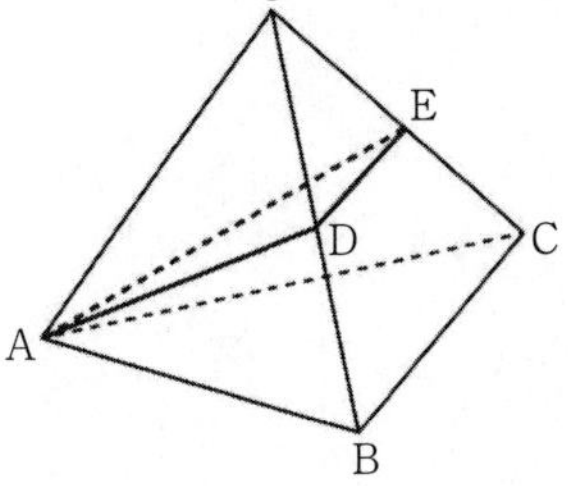

図５

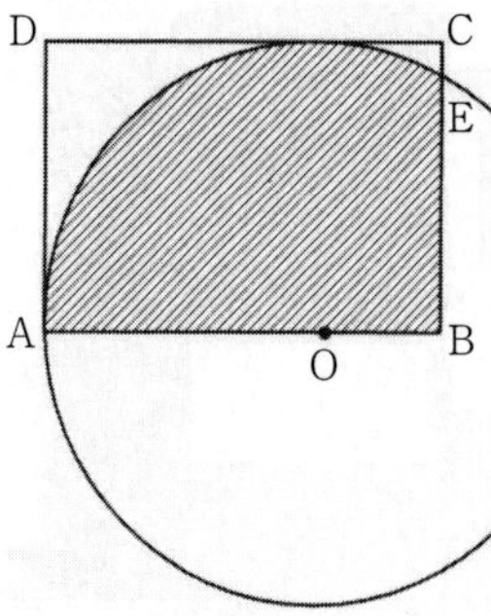

(11) 右の図５のように，AB＝3，BC＝2の長方形ABCDの辺AB上にOを取り，Oを中心としOAを半径とする円をかいたところ円は辺DCと接し，辺BCとEで交わった。このとき図の斜線部分の面積を求めなさい。

2　aとbが異なる数のとき，$<a,\ b>$をa，bの大きい方の数をあらわすものとする。

(1)　$<3,\ -1>+<-5,\ 0>$の値を求めなさい。

(2)　$x \neq 3$とする。$<x,\ 3>=2x+1$を満たすxを求めなさい。

(3)　$x \neq 8$，$x \neq 5$とする。$<x,\ 8>+<x,\ 5>=x^2-4x$を満たすxをすべて求めなさい。

3　2，3，4の数字が書かれたカードが1枚ずつ合計3枚ある。この中から1枚カードを取り出し，数字を確認して元に戻す。この操作を3回繰り返す。

(1)　確認した3つの数字の和が7以下である確率を求めなさい。

(2)　確認した3つの数字の積が奇数である確率を求めなさい。

(3)　確認した3つの数字の積が偶数である確率を求めなさい。

(4)　確認した3つの数字の積が8の倍数である確率を求めなさい。

4　直線$y=\dfrac{1}{\sqrt{3}}x$，$y=-\sqrt{3}\,x$と直線$x=\sqrt{3}$との交点をそれぞれP，Qとする。直線PQ上にR$(\sqrt{3},\ k)$をとり，点Rから直線$y=\dfrac{1}{\sqrt{3}}x$，$y=-\sqrt{3}\,x$に垂線を引いたときの交点をそれぞれS，Tとする。

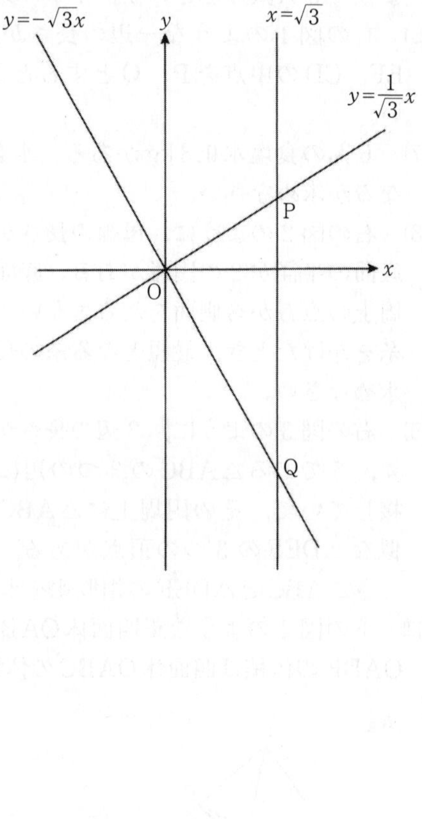

(1)　△OPQの面積を求めなさい。

(2)　OP，OQの長さを求めなさい。

(3)　$k=0$のとき，四角形OTRSの面積を求めなさい。

(4)　kは1より大きいとする。四角形OTRSの面積が△OPQの面積の半分になるようなkの値を求めなさい。

二

次の文章は『閑居友《かんきょのとも》』の一節である。これを読み、後の問いに答えなさい。（設問の都合で、本文の表記を一部改めた箇所がある）

近ごろ、（注1）東の京に、をさなくより（注2）とり娘《むすめ》をしたる者ありけり。平家の流れなりければ、源平の乱《みだ》れの後は、ただ命《いのち》の生《い》けるばかりをいみじき事にて、1世を渡《わた》る事など言ひしらずぞ侍《はべ》りける。

かかりけるほどに、2前後相違《さうい》の恨《うら》み、昔《むかし》よりありける事なれば、このとり娘先立《さきだ》ちて身《み》まかりにけり。その後さし続きて、このとり親《おや》また亡《う》せぬ。

（注3）五七日《いつなのか》に当《あた》れるつとめて、このとり娘の夫《おとこ》なりける者出で来て、「Aけふ、3昔《むかし》の人侍らましかば、いかばかり営《いとな》み、たしなみ侍らまし。かまへて（注4）誦経物《じゆきやうもつ》一つ、つかうまつらむとし侍るが、いかにもえ叶《かな》ひ侍らで、思ひあまり、これにても侍らんとて、これをなん持《も》ちてまうで来《き》たる」とて、4紙にひき包みたる物を取り出《い》でて、さめざめと声も惜《お》しまず泣きけり。このとり親の娘なる者、「何《なに》ならん」と、さすがにゆかしくて、ひき開けて見れば、かの昔の人の、（注5）今《いま》はとて剃《そ》り下ろしたりける髪なりけり。これを見るに、いとBいたう悲しうて、忍びあへず泣きCをりけり。昔の（注6）あり香《が》もさすが面影《おもかげ》ありて覚《おぼ》えて、5二人の人、泣くよりほかの事なし。さて、「これは見《み》んにつけてよしなし。ひき隠しDたまひね」とて、（注7）うつぶしうつぶしにけるとかや。

（注1）　東の京…京の東側。
（注2）　とり娘をしたる…養女を育てている。
（注3）　五七日…亡くなってから三十五日後。この日に法事を営む。
（注4）　誦経物…法事を行う僧への謝礼。お布施。
（注5）　今はとて…臨終の際に。
（注6）　あり香…髪の毛にしみ込んだ匂い。
（注7）　うつぶしうつぶしにける…下を向いて、目を背けてしまった。

問一　〰〰A〜Dをそれぞれ現代仮名遣いに直しなさい。

問二　——1の説明として最も適当なものを、次の1〜5から選び、番号で答えなさい。

1．とり娘が育ての親に対してひどい態度をとっていたということ。
2．これ以上ないほどにぜいたくな暮らしをしていたということ。
3．とり娘の実の親は以前からひどい病気で苦しんでいたということ。
4．ことばで言い表せないほど悲惨な生活をしていたということ。
5．平家に仕えようとしてどんなことでも引き受けたということ。

問三　——2は「順序が入れ替わること」を意味するが、ここでは何と何の順序が入れ替わっているというのか、わかりやすく説明しなさい。

問四　——3「昔の人」と同じ人を指す表現を、本文中から五字以内で抜き出しなさい。

問五　——4の中身は何だったか、本文の内容をふまえて、具体的に説明しなさい。

問六　——5について、

(i)　「二人」は誰と誰を指すか、組み合わせとして最も適当なものを、次の1〜5から選び、番号で答えなさい。

1．「とり娘」と「とり娘の夫」
2．「とり娘の夫」と「とり親の娘なる者」
3．「とり親」と「とり娘の夫」
4．「とり娘の夫」と「とり娘」の子
5．「とり娘」と「とり親の娘なる者」

(ii)　「泣くよりほかの事なし」のようになった理由を、次の空欄に適語を入れて説明しなさい。

「これ」を見ていると、［十五字程度］が思い出されてしかたなかったから。

問一　本文中の～～～ア～オのカタカナをそれぞれ漢字に直しなさい。

問二　本文中の（X）～（Z）に当てはまることばの組み合わせとして最も適当なものを次の1～5から選び、番号で答えなさい。

1．X　そして　Y　すなわち　Z　もちろん
2．X　さて　Y　なぜなら　Z　そして
3．X　ところで　Y　そして　Z　ただし
4．X　ところで　Y　さらに　Z　たとえば
5．X　さて　Y　つまり　Z　しかも

問三　本文中の Ⅰ ・ Ⅱ ・ Ⅲ に当てはまることばとして最も適当なものをそれぞれ次の1～6から選び、番号で答えなさい。ただし、解答の重複は不可とする。

1．象徴　2．科学　3．考古学
4．論理　5．普遍　6．奇跡

問四　――A「ギリシャ哲学」について説明したものとして最も適当なものを次の1～5から選び、番号で答えなさい。

1．自由に言論を交わすことを認めるギリシャ哲学は、宗教の影響力を抑え込む役割を担っていた。
2．最初の哲学者がギリシャ人であるため、ギリシャ哲学は哲学のはじまりを知るには都合のよいものである。
3．宗教の影響をあまり受けていないという点で、哲学の純粋なあり方を見てとることができるものになっている。
4．ギリシャ哲学は宗教教義による裏付けをもっていなかったため、インド哲学ほどには発展しなかった。
5．ギリシャにはインドのバラモン教のような強い力をもった宗教がなかったため、自由なポリスが形成された。

問五　――B「宗教の教義は、基本的に『物語』の形をとっています」とあるが、ここで言う「『物語』」について説明したものとして最も適当なものを次の1～5から選び、番号で答えなさい。

1．ひとつの共同体において共通了解として受け入れられている神話であり、世界の成り立ちを説明するものである。
2．世界の始まりをわかりやすく説明した、世界中の共同体にひろく受け入れられている神話である。
3．ある共同体に共有されている世界観を、他の共同体の人々にわかりやすく説明するための手段となるものである。
4．世界の起源を説明するための形式であり、宗教だけでなく哲学にも共通して用いられているものである。
5．神格化された賢人の言葉であり、世界をひとつの共同体にまとめ上げようとする際の根拠になるものである。

問六　――C「哲学では『物語』を使わないで、『概念』を使います」とあるが、そのことで哲学はどのようなものになったか。六十字以内で説明しなさい。

問七　――D「だいぶ事情が違う」とあるが、ここで言う宗教と哲学の違いを九十字以内で説明しなさい。

問八　本文の内容と一致するものとして最も適当なものを次の1～5から選び、番号で答えなさい。

1．「物語」で教義を語るユダヤ教とは異なり、バラモン教は哲学に近い形式で教義を語っている。
2．真理は、宗教では開祖の言葉にあるとされ、哲学では哲学者個人の思考の中にあるとされる。
3．最も賢い人物を決めるための遊びのようなものだという点で、哲学はゲームだと言ってよい。
4．ある共同体で受け入れられている「物語」は、他の共同体にとっては受け入れがたいものとなりうる。
5．どの宗教の「物語」が正しいのかを決めるには、哲学的な対話が必要になる。

（中略）

このギリシャ哲学の誕生のシーンをよく考えてみると、哲学の根本性格が分かります。まず、C哲学では「物語」を使わないで、「概念」を使います。ここでは、万物とか、無限なものとか、起源とか、そういう概念を論理的に使って世界を説明する。

もう一つ大事なのは「原理」を提示することです。「水」や「無限なもの」がここでの原理です。原理という言葉については、あとでもう少し説明しますが、「真理」ということではない。それはいわば中心となる「キーワード」です。

タレスの言い分はこうなります。世界は神が創ったとか、ぐるぐる回帰しているとか言われるが、誰もそれを証明できない。自分はそういう話はしない。その代わり、この森羅万象の世界には、一番小さな単位が存在し、それが組み合わさって様々なものを作り上げている、と言いたい。そしてその単位を「水」という言葉で呼びたいがどうだ。こう考えると世界の全体はとてもうまく考えられるはずだ、と。この「水」が「原理《アルケ》」と呼ばれるわけです。

（中略）

見たように、タレスが自分は「水」という「原理」（キーワード）で世界を説明したい、と言うと、その弟子が、いや自分は「無限なもの」という言葉のほうがもっといいと思う、と主張する。そしてもうひとつ大事な点は、どの説が正しいかは、それを聞いている周りの人間がこいつの言い分が優れている、とか言って決まってゆくということです。

宗教のテーブルでは、Dだいぶ事情が違う。ここではみなが勝手に説を出すことは許されない。むしろはじめの開祖の言葉を、神聖なものとして大切に守る。始祖の言葉はいわば聖なるもので、それをウヒハンしたり代えたりすることはありえないのです。

宗教もなかなか競争が厳しい。だから宗教では権威というものがなにより大事で、できるだけ権威づけをする。それがうまくゆくと、そのときの権力と結びついて生き残っていけるが、そうでないとすぐ消えてしまう。だから始祖の言葉は、できるだけ神聖化して動かさない。それは真理を宿した言葉だとされるのです。

それで、ここでは時代にあわせて「解釈」だけを変えていく、という方法をとります。（Z）、誰でもがその言葉を解釈していいのではない。決められた権威をもった聖職者だけが解釈できる。そして、一般の人はただその権威を受け取るだけです。そうでないと権威がエコワれてしまうからです。

ところが哲学では、誰かが出した「原理」（キーワード）は、自分がもっと適切な言葉を思いついたと思えば、誰でもそれを出していい。じっさいタレスの弟子たちが師匠の説を否定して新しい「原理」を出していましたね。だから哲学は、ひとことで、世界をより適切な仕方で説明する「原理」（キーワード）を提出する言語ゲームであり、かつ誰にも開かれた言語ゲームだと言えるのです。

（中略）

もう一つ大事なことがあります。哲学では「物語」ではなくて、「概念」や「原理」という方法を使うと言いました。このことの最大の意味は、この方法によって、哲学は、一つの民族や文化という枠を超えて広がってゆく、ということです。

宗教の「物語」はみなバラバラです。たとえば、世界は神が創ったか、輪廻しているのか、どっちが正しいかと言えば、これはもう決着がつかない。つまり交換不可能です。だから、共同体の枠組みを出ることができない。

これに対して、「概念」は、一定の文化をもつ社会ではどこにもあります。それは共通オツウカのようなもので、誰でも使える。哲学はそういう意味で共同体の限界を超えて、「 Ⅱ 性」をもつわけです。だから、哲学が、ミレトスというさまざまな文化が入り交じる交易の中心地に生まれたのは Ⅲ 的なことだと思います。

（竹田青嗣『中学生からの哲学「超」入門』）

（注）　ポリス…自由と自治を重んじる小規模な都市国家のこと。

二〇二二年度 順天高等学校

【国　語】〈五〇分〉〈満点：一〇〇点〉

〔注意〕問題文に「説明しなさい」と指示のある問題は、すべて部分採点を行います。積極的に解答を書き込みなさい。

一　次の文章を読み、後の問いに答えなさい。なお、字数制限のある問いの解答については、すべて句読点・記号等も一字とする。
（設問の都合上、本文には一部省略した箇所がある。）

哲学のはじまりを考えるには、Aギリシャ哲学の誕生のシーンを考えるといい。もちろん哲学はインドでも大いに発展しました（中国ではそれほどでもない）。ただ、ギリシャ哲学の場合がいわば純粋形をよく保っている。その理由は、ギリシャでは宗教のしばりの力が弱かったからです。インド哲学は、バラモン教という宗教教義の枠組みのなかで出てきた。それから仏教哲学へ移ります。

ギリシャには自由（注）ポリスがあって、自由な言説がかなり許されていたので、哲学は宗教の強い枠組みをもっていなかった。だから、ギリシャの哲学を見るとその発生の理由がよく理解できるのです。

（Ｘ）、最初の哲学者と言われているのは、ギリシャ人の植民都市ミレトスから出たタレスです。彼は「万物の原理は水である」と言った。これが最初の哲学学説ということになっている。なぜでしょうか。

B宗教の教義は、基本的に「物語」の形をとっています。「神様がはじめに六日間で世界を創った。つぎに男と女を作り、楽園に住まわせたが、人間は知恵の木の実を食べて堕落し、死すべき運命を与えられて楽園からアツイホウされた」。これが有名な「創世記」の話だけど、もとユダヤ教の「神話＝物語」です。

（中略）

宗教で大事な点は、この物語が果たして正しいかどうかは誰にも分からないが、それでもみんながそれを信じているということです。宗教の特質は、世界を説明する大きな物語があり、それを伝える賢人（聖人）が存在し、みんなでその賢人を信じ、またその物語を信じるということ。そのことで、世界についての一つの共通了解が成り立ち、それが一つの共同体を作るうえで大事な役割を果たすという点にあります。

ところが哲学では、原則的に「物語」という方法を使わない。タレスの説は、言うならば、いまわれわれがもつ［Ｉ］の考えとほぼ同じです。

たとえば、いま水素原子は最も単純な構造の原子と言われているけれど、タレスの言いたいことは、つまり、世界の森羅万象は、「水」という最も単純なユニット（単位）が集まってできている、ということですね。事物は、最も最小単位を「おおもと」として構成されたものだ、（Ｙ）、世界は原子からなっている、これが彼の説のポイントです。で、彼はこの原子を「アルケー＝原理・起源」と呼びました。アルケオロジー（考古学＝起源の学）のアルケーです。

さて、タレスの弟子にアナクシマンドロスがいます。彼は師匠の説に反対して、自分は万物の原理を「無限なもの《ト・アペイロン》」と呼びたい、と言った。その意は、世界はこんなに多様なのに、水のような純粋なものからすべてが出来ているとはとても信じられない、ということです。するともう一人の弟子アナクシメネスが、いや自分は原理は「空気《プネウマ》＝息、気息」だと思う、と言います。「無限なもの」なんて誰も見たことがない単なる想像物じゃないかというわけです。

（中略）

誰が正しいかはさておいて、このタレス、アナクシマンドロス、アナクシメネスの三人衆は、のちに「イオニア自然学派」と呼ばれます。つまり三人は、自然というものの根本の成り立ちをこんな具合に説明することで、自然哲学のイシハツ者になったわけです。

2022年度／順天高等学校

英語解答

1 Part A (1)…イ (2)…ア (3)…ア
(4)…エ (5)…エ
Part B (1)…イ (2)…ウ (3)…イ
(4)…ウ (5)…ア
Part C (1)…ウ (2)…エ (3)…エ

2 [1] (1)…エ (2)…エ (3)…ウ (4)…ウ
(5)…イ
[2] (1) all (2) both (3) from
(4) and (5) turn

3 (1) people who want to leave cars and motorcycles
(2) イ (3) イ (4) エ
(5) The need for fuel will stop rising.
(6) ア，オ

4 (1) (例)このキルトには家族の歴史が全て詰まっていて，手離したくなかったから。(34字)
(2) I was surprised to see that many people came
(3) イ (4) エ (5) ア，オ

1〔放送問題〕解説省略

2〔文法総合〕

[1]＜適語(句)選択・語形変化＞

(1)後の文で‘時間’を話題にしているので，これを尋ねる When「いつ」が適する。「ふだん，いつ図書館に行くんだい？ 昨日の昼頃にそこに行ったけど，君に会わなかったよ」

(2)直後に to があるので，have/has been to ～「～に行ったことがある」を使った疑問文にする。lived や visited は後ろに to がこない。「あなたのお父さんはオーストラリアに行ったことがありますか」

(3)the language「言語」が「話されている」という受け身の関係になる形容詞的用法の過去分詞 spoken が適する。speak－spoke－spoken 「彼の友人の故郷の国で話されている言語なので，タケシはスペイン語を勉強している」

(4)この文の tonight は‘未来’を表しているので，will を用いたウが適切。「空が晴れているので，今夜はきれいな星を見ることができるだろう」

(5)remember や forget は目的語に‘未来の内容’がくるときは to不定詞を使い，‘過去の内容’がくるときは動名詞を使う。ここでは tomorrow「明日」のことが話されているので，to wake を用いる。「明日は早く出なければならない。6時に私を起こすのを覚えていてください〔忘れないでください〕」

[2]＜適語補充＞

(1)not ～ at all で「全く～ない」。「私たちはもう行かなくてはならない。私たちには全く時間がない」

(2)‘both *A* and *B*’で「*A*と*B*の両方」。「ジョンはギターとピアノの両方が弾けるが，私はピアノしか弾けない」

(3)「～からつくられる」は，素材が外見からわかる場合は be made of ～，素材が外見からわからない場合は be made from ～ で表せる。「しょうゆは大豆からつくられる」

(4)‘比較級＋and＋比較級’で「だんだん～」を表せる。interesting のように more をつけて比較級をつくる語の場合は，more and more interesting となる。　「その映画はだんだんおもしろくなってきた」

(5)「(電気・ガスなど)～を消す」は turn off ～ で表せる。　「明日は大事な試験があるから，テレビを消して勉強しなさい」

3〔長文読解総合─説明文〕

≪全訳≫❶アジア各地の都市の何百万人もの人々が，地域を移動するのに使う，自転車を借りるため，携帯電話のアプリを使っている。これらのアプリは，車やバイクを家に置いて，タクシーにお金を使うのを避けたい人のためにつくられたものだ。台北やシンガポールなどでは，この自転車シェアリングがより人気を集めている。❷中国では現在，自転車シェアリング用の自転車が1600万台以上あり，１億人以上の中国人が自転車シェアリングを利用している。その分，車の使用量とガソリンの需要が減っている。研究者は，2025年までに燃料の需要の上昇が止まるだろうと言っている。❸「自転車シェアリングサービスはとても便利なので，よく利用しています」と36歳の男性は言った。彼は週に数回，通勤にシェアサイクルを利用している。「自転車はどこでも見つかるし，なくす心配もない」と彼は言った。❹中国の道路を走る自転車の数や，自転車シェアリングが燃料消費にどの程度影響を及ぼしているかは誰にもわからない。しかし，政府や石油会社は，車を使う人が減っていると気づいた。ある研究者は「昨年から自転車シェアリングが普及している」と語った。彼は，シェアした自転車で移動を終えられるので，バスや電車を利用する人が増えているとつけ加えた。❺自転車シェアリングが普及する前ですら，研究者はガソリンの需要の上昇は止まるだろうと言っていた。電気自動車を使う人が増えているからだそうだ。中国では昨年，ガソリンの需要が6.5％増加した。しかし，今年は４％しか増えないかもしれない。❻先月，中国の自転車シェアリング会社２社が，マレーシア，タイ，アメリカに事務所を開設した。１社はモバイクという会社で，2016年４月に自転車シェアリングサービスを開始した。もう１つの中国企業，オフォも類似のサービスを提供している。この２つの事業は，20億ドル以上の民間投資を受けた。モバイクは世界に700万台の自転車を持っている。オフォは1000万台以上を所有し，今後３か月で2000万台まで増やす予定だ。❼台湾では，政府が自転車シェアリング計画を支援している。政府は，2025年までに通勤者の12％が自転車を使って出勤することを期待している。今は通勤者の５％が自転車を使っている。台北市当局は，2018年までには誰もが自転車からわずか10分の距離にいるようになることを期待している。❽自転車シェアリングは，人々の交通に対する考え方を変えるかもしれない。

(1)**＜整序結合＞**for の後に名詞の people を置き，これに関係代名詞 who のまとまりが続くようにする。who の後は‘want to＋動詞の原形’の形で want to leave cars and motorcycles とまとめる。

(2)**＜適語選択＞**②の前の「中国では昨年，ガソリンの需要が6.5％増加した」と，②の後の「今年は４％しか増えないかもしれない」は内容が対立しているので，However「しかし」が適する。

(3)**＜適語選択＞**中国の会社２社はともに自転車シェアリングを事業としているのだから，モバイク社とともにオフォ社も similar「類似の」サービスを提供しているのだとわかる。

(4)**＜語句解釈＞**アジア各地では移動・通勤などの交通手段を車から自転車に変える人が増えているという内容の文章であり，筆者は自転車シェアリングが「人々の交通に対する考え方を変えるかもしれない」と考えている。

⑸＜**英問英答**＞「研究者によると，2025年までにはどうなっているか」―「石油の需要の上昇は止まっているだろう」　第２段落最終文参照。

⑹＜**内容真偽**＞ア．「自転車シェアリングが普及しつつあるので，車を使わなくなった人が増えている」…○　第２段落第２文に一致する。　イ．「36歳の男性は『自転車シェアリングサービスを利用したいが，探すのが難しい』と言った」…×　第３段落最終文参照。「自転車はどこでも見つかる」と言っている。　ウ．「モバイクとオフォはどちらも台湾で始まった会社だ」…×　第６段落参照。　エ．「オフォは20億ドルの民間投資を受けたが，モバイクが受けた額はそれより少ない」…×　less は little の比較級で，「より少ない」という意味。第６段落第４文から，モバイクもオフォも20億ドル以上の民間投資を受けたことがわかる。　オ．「台湾では，2025年までに，より多くの人が自転車を使って通勤することを政府が期待している」…○　第７段落第２，３文に一致する。

４〔**長文読解総合―物語**〕

≪**全訳**≫❶私の大切な祖母が自宅で亡くなってから１年がたった。私の家族は彼女のものを全て残しておきたかったのだが，家業がうまくいっていなかったので，借金を返すためにオークションを開くことにした。私は古い家の中のものを見るたびに，祖母との美しい思い出に浸っていた。誰にも持っていかれたくなかったが，しかたがなかった。❷この前の日曜日，祖母の家の庭でオークションが行われた。食器や古い家具など，祖母のものは全てそこにきれいに並べられた。ただ１つ，どうしても見ておきたかったものがあった。それはキルトだった。100年以上前から私の家にあったものだ。私は庭の隅でそれを見つけた。私は，愛情を込めてつくられた継ぎ布にそっと触れ始めた。このキルトには，私の家族の歴史が全て詰まっているのだ。私はそれを手放したくなかった。だから，私はオークションに参加することにした。❸庭にたくさんの人が来ているのを見て私は驚いた。遠くから来た人もいた。オークションが始まり，私は待った。いよいよそのキルトに入札する時がきた。私はポケットに100ドル持っていたので，それで十分だと思った。しかし，最初の入札は50ドルだった。私はショックを受けた。最初の入札がそんなに高いとは思っていなかった。時間がたつのは早い。他の人たちも入札を始め，やがて85ドルになった。私は一息ついて，「100ドル！」と叫んだ。一瞬，静寂が訪れた。私は再びキルトに目をやり，「この瞬間，祖母は私を誇りに思ってくれているに違いない」と思った。❹そのとき，庭の奥から別の人が「125ドル！」と叫んだ。たちまち私の目に涙があふれた。そのとき，私はキルトを手に入れるチャンスを失ったと知った。とても悲しい気持ちになった。なぜ，あんなに多くの人があの汚いキルトに興味を持つのか理解できなかった。それは見ず知らずの人に500ドルで売られた。私は，オークションが終わるまで，空しい気持ちを心に抱えて座っていた。❺オークションが終わり，庭の出口を出ようとしていると，オークションスタッフの女性が私に大きな箱を渡してくれた。開けてみると，そこにはキルトがあった。「何かの間違いです。これは私のものではありません」と私は言った。そのとき，キルトの上に手書きのメモを見つけた。❻こんにちは，奥様／オークションが始まる前，あなたがずっとこのキルトを見ていたのを見かけました。このキルトがあなたにとってとても大切なものなのだとはっきりわかりました。オークションで負けたとき，あなたがとても悲しそうだったので，私は胸が張り裂けそうでした。あなたは私のことを知らないでしょうが，このキルトは私からのプレゼントとして受け取ってください。お金はいりません。将来，別の人のために同じことをしてくれることを願うばかりです。／それでは，感傷的な見知らぬ者より

(1)<文脈把握>筆者がオークションに参加しようと決意した理由は，直前の２つの文で「このキルトには，私の家族の歴史が全て詰まっているのだ。私はそれを手放したくなかった」と説明されているので，これをまとめればよい。

(2)<整序結合>be surprised to ～「～して驚く」を使ってI was surprised to seeとした後，seeの目的語としてthat many people came to the yardというまとまりをつくる。

(3)<要旨把握>第３段落第５文に「私はポケットに100ドル持っていたので，それで十分だと思った」とあり，第４段落第１～３文に，実際にはより高額の入札があったことが述べられている。

(4)<要旨把握>下線部④を含む文は「将来，別の人のために同じことをしてくれることを願うばかりです」という意味。祖母の遺品であるキルトをオークションで手に入れられず，キルトを諦めて悲しみにくれる筆者の姿を見たメモの書き手は，自分でキルトを落札して筆者にそれをプレゼントした。これと「同じこと」を表すものとして，エが適切。

(5)<内容真偽>ア.「筆者の家族は，一家の借金を返すために，祖母の品物を売ってお金を得る必要があった」…○　第１段落第２文に一致する。　イ.「筆者は，誰かがその品物を盗みたがっていることを知っていたので，祖母の家の周りを歩いた」…×　このような記述はない。　ウ.「誰かが『125ドル』と叫んだとき，筆者は怒って，二度とキルトを見なかった」…×　第４段落第２文～最終文参照。筆者は悲しんでいたが，怒っていたわけではない。　エ.「筆者は，オークションでキルトを手に入れ，メモを添えて彼女にそれをあげた人物を知っていた」…×　第４段落最後から２文目に「それは見ず知らずの人に500ドルで売られた」とある。また，第６段落後半の「あなたは私のことを知らないでしょうが」や，メモの書き手がStranger「見知らぬ者」と名乗っていることから，筆者はキルトをくれた人物を知らないとわかる。　オ.「筆者にキルトをあげた人物は，オークションが始まる前から筆者を見ていた」…○　第６段落前半に一致する。

数学解答

1 (1) $2b$　(2) $x=0,\ -8$
(3) $50\sqrt{2}$　(4) 82，83，84，85
(5) 225人　(6) $50\sqrt{6}$　(7) 0.12kg
(8) $8\sqrt{2}$　(9) 5：2　(10) $\frac{1}{4}$倍
(11) $\frac{4}{3}\pi+\frac{\sqrt{3}}{2}$

2 (1) 3　(2) 1　(3) $2-\sqrt{17},\ \frac{5+\sqrt{57}}{2}$

3 (1) $\frac{4}{27}$　(2) $\frac{1}{27}$　(3) $\frac{26}{27}$
(4) $\frac{17}{27}$

4 (1) $2\sqrt{3}$　(2) $\mathrm{OP}=2,\ \mathrm{OQ}=2\sqrt{3}$
(3) $\frac{3\sqrt{3}}{4}$　(4) $-1+2\sqrt{2}$

1〔独立小問集合題〕

(1)＜式の計算＞与式$=8a^6b^3\times\frac{b^4}{a^2}\div4a^4b^6=8a^6b^3\times\frac{b^4}{a^2}\times\frac{1}{4a^4b^6}=\frac{8a^6b^3\times b^4\times1}{a^2\times4a^4b^6}=2b$

(2)＜二次方程式＞$3x^2+4x-2-2x^2+4x+2=0,\ x^2+8x=0,\ x(x+8)=0\ \ \therefore x=0,\ -8$

(3)＜数の計算＞与式$=(a+3b)(a-2b)$として，$a=4\sqrt{2}+3$，$b=2\sqrt{2}-1$を代入すると，与式$=\{4\sqrt{2}+3+3(2\sqrt{2}-1)\}\{4\sqrt{2}+3-2(2\sqrt{2}-1)\}=(4\sqrt{2}+3+6\sqrt{2}-3)(4\sqrt{2}+3-4\sqrt{2}+2)=10\sqrt{2}\times5=50\sqrt{2}$となる。

(4)＜データの活用―中央値＞x以外の４人の得点は，小さい順に，45，82，85，98となる。xを含めた５人の得点の中央値は，小さい方から３番目の得点であるから，$x\leqq82$のとき，３番目は82点となり，中央値は82点となる。$x=83$のとき，３番目は83点となるから，中央値は83点である。$x=84$のとき，３番目は84点となるから，中央値は84点となる。$x\geqq85$のとき，３番目は85点となるから，中央値は85点である。以上より，中央値となりうる値は82，83，84，85である。

(5)＜連立方程式の応用＞昨年の男子，女子の人数をそれぞれx人，y人とする。昨年の男子と女子の人数の合計が450人なので，$x+y=450$……①が成り立つ。また，男子は昨年より10％減り，女子は昨年より10％増えたので，男子の減った人数は$x\times\frac{1}{10}=\frac{1}{10}x$(人)，女子の増えた人数は$y\times\frac{1}{10}=\frac{1}{10}y$(人)と表せる。全体では５人減ったから，$-\frac{1}{10}x+\frac{1}{10}y=-5$……②が成り立つ。②×10より，$-x+y=-50$……②′となり，①－②′で$y$を消去すると，$x-(-x)=450-(-50)$，$2x=500$，$x=250$となる。よって，昨年の男子の人数は250人で，減った人数は$\frac{1}{10}x=\frac{1}{10}\times250=25$(人)だから，今年の男子の人数は，$250-25=225$(人)である。

(6)＜空間図形―面積＞右図１で，立体ABCD-EFGHは立方体だから，２点P，Qがそれぞれ辺EF，辺CDの中点より，EP＝FP＝CQ＝DQである。また，AE＝GF＝GC＝AD，∠AEP＝∠GFP＝∠GCQ＝∠ADQ＝90°だから，△AEP，△GFP，△GCQ，△ADQは合同となる。よって，AP＝GP＝GQ＝AQとなるので，四角形APGQはひし形である。△ADEは直角二等辺三角形より，$\mathrm{DE}=\sqrt{2}\mathrm{AD}=\sqrt{2}\times10=10\sqrt{2}$だから，$\mathrm{PQ}=\mathrm{DE}=10\sqrt{2}$である。また，∠AEG＝90°だから，△AEGで三平方の定理より，$\mathrm{AG}=\sqrt{\mathrm{AE}^2+\mathrm{EG}^2}$である。$\mathrm{EG}=\mathrm{DE}=10\sqrt{2}$だから，$\mathrm{AG}=\sqrt{10^2+(10\sqrt{2})^2}=$

図１
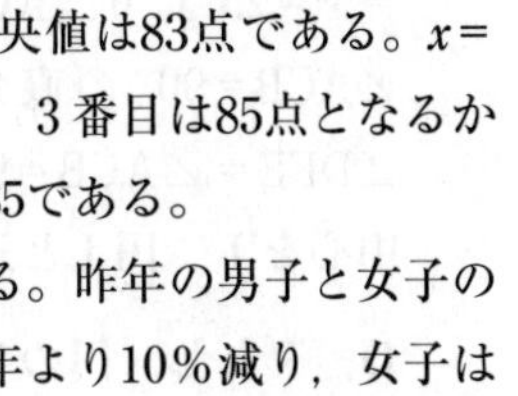

$\sqrt{300}=10\sqrt{3}$ となる。したがって，〔四角形 APGQ〕$=\dfrac{1}{2}\times$PQ$\times$AG$=\dfrac{1}{2}\times10\sqrt{2}\times10\sqrt{3}=50\sqrt{6}$ となる。

(7)**<一次方程式の応用>**蒸発させる水の量を x kg とする。6％の食塩水0.3kg に含まれる食塩の量は，$0.3\times\dfrac{6}{100}=0.018$(kg)である。また，水を蒸発させてできる10％の食塩水の量は $0.3-x$kg となるから，含まれる食塩の量は$(0.3-x)\times\dfrac{10}{100}=0.03-\dfrac{1}{10}x$(kg)と表せる。水を蒸発させても含まれる食塩の量は変わらないから，$0.03-\dfrac{1}{10}x=0.018$ が成り立つ。これを解くと，$-\dfrac{1}{10}x=-0.012$，$x=0.12$(kg)となる。

(8)**<空間図形―長さ>**円錐の頂点をOとして，円錐を展開すると，右図2のようになる。このとき，点Aから円錐の側面に最短になるようにかけた糸は線分 AA′ となる。∠AOA′$=x$ とおくと，$\overset{\frown}{\text{AA}'}$ の長さと底面の円の周の長さは等しいから，$2\pi\times8\times\dfrac{x}{360^\circ}=2\pi\times2$ となる。これより，$\dfrac{x}{360^\circ}=\dfrac{1}{4}$，$x=90^\circ$ となるので，△OAA′ は直角二等辺三角形である。よって，AA′$=\sqrt{2}$OA$=\sqrt{2}\times8=8\sqrt{2}$ だから，最短となる糸の長さは $8\sqrt{2}$ である。

図2

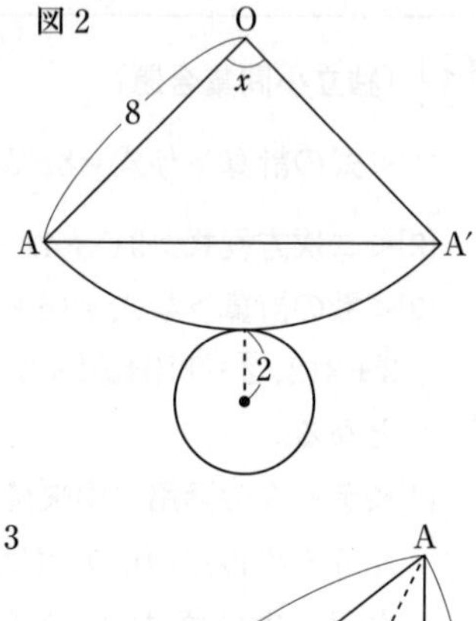

(9)**<平面図形―相似比>**右図3で，$\text{AC}^2+\text{BC}^2=3^2+4^2=25$，$\text{AB}^2=5^2=25$ より，$\text{AC}^2+\text{BC}^2=\text{AB}^2$ が成り立つから，△ABC は∠ACB$=90^\circ$ の直角三角形である。△ABC∽△DEF なので，∠DFE$=$∠ACB$=90^\circ$ となり，線分 DE は円の直径となる。円の中心をI，円Iと辺 BC，辺 AC，辺 AB との接点をそれぞれ P，Q，Rとし，円の半径を r とする。IP⊥BC だから，△IBC$=\dfrac{1}{2}\times$BC$\times$IP$=\dfrac{1}{2}\times4\times r=2r$ となり，同様にして，△IAC$=\dfrac{1}{2}\times3\times r=\dfrac{3}{2}r$，△IAB$=\dfrac{1}{2}\times5\times r=\dfrac{5}{2}r$ となるから，△ABC$=$△IBC$+$△IAC$+$△IAB$=2r+\dfrac{3}{2}r+\dfrac{5}{2}r=6r$ と表せる。また，△ABC$=\dfrac{1}{2}\times$BC$\times$AC$=\dfrac{1}{2}\times4\times3=6$ だから，$6r=6$ が成り立ち，$r=1$ となる。これより，DE$=2r=2\times1=2$ だから，△ABC と△DEF の相似比は，AB：DE$=5：2$ である。

図3

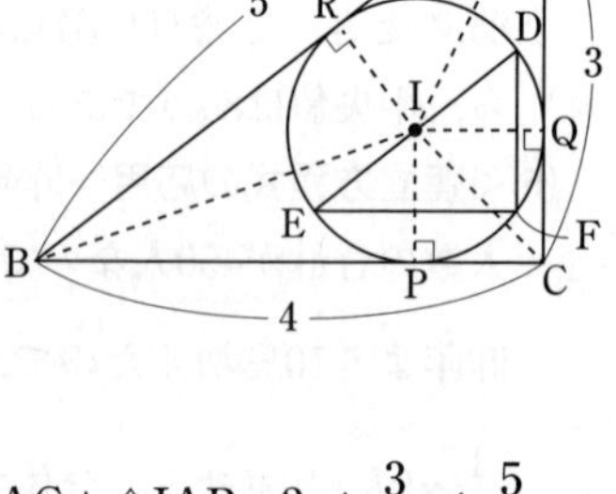

(10)**<空間図形―体積比>**右図4で，四面体 OADE，正四面体 OABC を，底面がそれぞれ△ODE，△OBC の三角錐と見ると，高さが等しいので，〔四面体 OADE〕：〔正四面体 OABC〕＝△ODE：△OBC となる。また，点D，点Eはそれぞれ辺 OB，辺 OC の中点だから，△ODE∽△OBC である。相似比は OD：OB$=1：2$ だから，△ODE：△OBC$=1^2：2^2=1：4$ となり，〔四面体 OADE〕：〔正四面体 OABC〕$=1：4$ となる。よって，四面体 OADE の体積は正四面体 OABC の体積の$\dfrac{1}{4}$倍となる。

図4

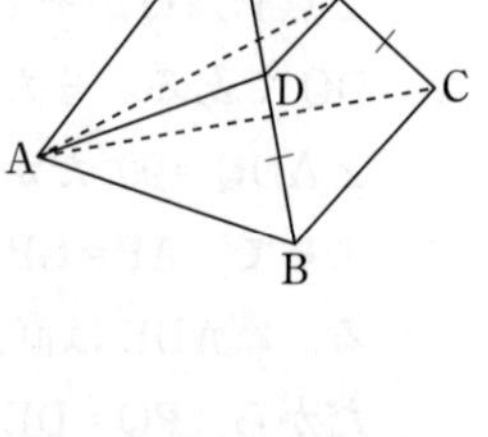

(11)**<平面図形―面積>**次ページの図5で，円Oと辺 DC との接点をPとし，点Oと点P，点Oと点Eをそれぞれ結ぶ。四角形 ABCD が長方形で，∠OPC$=90^\circ$ となるから，四角形 OBCP は長方形で

あり，OP＝BC＝2である。これより，OE＝OA＝OP＝2，OB＝AB－OA＝3－2＝1となる。OB：OE＝1：2，∠OBE＝90°より，△OBEは3辺の比が1：2：$\sqrt{3}$の直角三角形だから，∠BOE＝60°となり，∠AOE＝180°－∠BOE＝180°－60°＝120°である。よって，〔おうぎ形OAE〕＝$\pi\times2^2\times\frac{120^\circ}{360^\circ}=\frac{4}{3}\pi$となる。また，BE＝$\sqrt{3}$OB＝$\sqrt{3}\times1=\sqrt{3}$だから，△OBE＝$\frac{1}{2}$×OB×BE＝$\frac{1}{2}\times1\times\sqrt{3}=\frac{\sqrt{3}}{2}$である。したがって，斜線部分の面積は，〔おうぎ形OAE〕＋△OBE＝$\frac{4}{3}\pi+\frac{\sqrt{3}}{2}$である。

図5

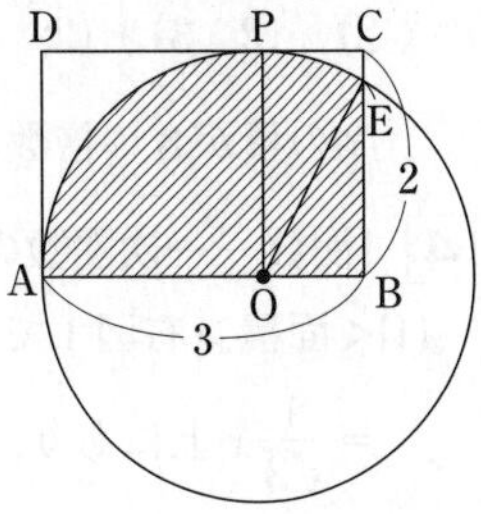

2〔特殊・新傾向問題―約束記号〕

(1)**＜数の計算＞** 3と－1では3の方が大きいから，＜3，－1＞＝3となり，－5と0では0の方が大きいから，＜－5，0＞＝0となる。よって，＜3，－1＞＋＜－5，0＞＝3＋0＝3となる。

(2)**＜一次方程式の応用＞** x＜3のとき，＜x，3＞＝3だから，＜x，3＞＝$2x+1$は，$3=2x+1$となる。これを解くと，$2x=2$，$x=1$となり，x＜3を満たすので，適する。また，x＞3のとき，＜x，3＞＝xだから，＜x，3＞＝$2x+1$は，$x=2x+1$となる。これを解くと，$x=-1$となり，x＞3を満たさないので，適さない。よって，$x=1$である。

(3)**＜二次方程式の応用＞** x＜5のとき，＜x，8＞＝8，＜x，5＞＝5だから，＜x，8＞＋＜x，5＞＝x^2-4xは，$8+5=x^2-4x$となる。これを解くと，$x^2-4x-13=0$より，$x=\frac{-(-4)\pm\sqrt{(-4)^2-4\times1\times(-13)}}{2\times1}=\frac{4\pm\sqrt{68}}{2}=\frac{4\pm2\sqrt{17}}{2}=2\pm\sqrt{17}$となる。$x$＜5だから，$x=2-\sqrt{17}$である。同様にして，5＜$x$＜8のとき，＜$x$，8＞＝8，＜$x$，5＞＝$x$だから，$8+x=x^2-4x$となり，$x^2-5x-8=0$より，$x=\frac{-(-5)\pm\sqrt{(-5)^2-4\times1\times(-8)}}{2\times1}=\frac{5\pm\sqrt{57}}{2}$となる。5＜$x$＜8だから，$x=\frac{5+\sqrt{57}}{2}$である。$x$＞8のとき，＜$x$，8＞＝$x$，＜$x$，5＞＝$x$だから，$x+x=x^2-4x$となり，$x^2-6x=0$，$x(x-6)=0$より，$x=0$，6となる。$x$＞8を満たさないので，適さない。以上より，$x=2-\sqrt{17}$，$\frac{5+\sqrt{57}}{2}$となる。

3〔データの活用―確率―カード〕

(1)**＜確率＞** 取り出したカードをもとに戻すので，1回目，2回目，3回目のカードの取り出し方はいずれも3通りあり，カードの取り出し方は全部で3×3×3＝27(通り)ある。このうち，3つの数字の和が7以下となるのは，(1回目，2回目，3回目)＝(2，2，2)，(2，2，3)，(2，3，2)，(3，2，2)の4通りあるから，求める確率は$\frac{4}{27}$となる。

(2)**＜確率＞** 3つの数字の積が奇数となるのは，3回とも奇数のカードを取り出す場合だから，(1回目，2回目，3回目)＝(3，3，3)の1通りである。よって，求める確率は$\frac{1}{27}$となる。

(3)**＜確率＞** 3つの数字の積が偶数となるのは，3つの数字の積が奇数でない場合である。(2)より，3つの数字の積が奇数となる確率は$\frac{1}{27}$だから，求める確率は$1-\frac{1}{27}=\frac{26}{27}$となる。

(4)**＜確率＞** 3つの数字の積が8の倍数になるのは，1回目の数字が2のとき，(2回目，3回目)＝(2，2)，(2，4)，(3，4)，(4，2)，(4，3)，(4，4)の6通りある。1回目の数字が3のとき，(2回目，3回目)＝(2，4)，(4，2)，(4，4)の3通りある。1回目の数字が4のとき，(2回目，3回目)＝(2，

2)，(2，3)，(2，4)，(3，2)，(3，4)，(4，2)，(4，3)，(4，4)の8通りある。よって，3つの数字の積が8の倍数になる場合は6+3+8=17(通り)あるから，求める確率は$\frac{17}{27}$となる。

4 〔関数―一次関数のグラフ〕

(1)<面積>右図1で，直線PQとx軸の交点をAとする。点Pは直線$y=\frac{1}{\sqrt{3}}x$上にあり，x座標は$\sqrt{3}$だから，$y=\frac{1}{\sqrt{3}}\times\sqrt{3}=1$より，P($\sqrt{3}$，1)である。点Qは直線$y=-\sqrt{3}x$上にあり，$x$座標は$\sqrt{3}$だから，$y=-\sqrt{3}\times\sqrt{3}=-3$より，Q($\sqrt{3}$，−3)である。よって，PQ=1−(−3)=4，OA=$\sqrt{3}$だから，△OPQ=$\frac{1}{2}$×PQ×OA=$\frac{1}{2}\times4\times\sqrt{3}=2\sqrt{3}$である。

図1

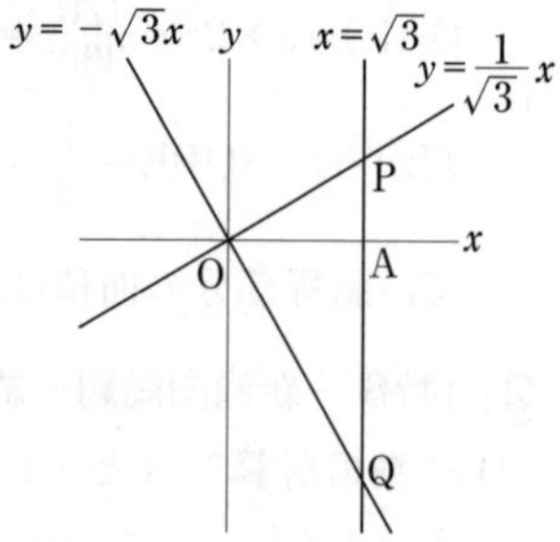

(2)<長さ>右図1で，OA=$\sqrt{3}$，AP=1，AQ=0−(−3)=3だから，△OAPで三平方の定理より，OP=$\sqrt{OA^2+AP^2}=\sqrt{(\sqrt{3})^2+1^2}=\sqrt{4}=2$となり，△OAQで三平方の定理より，OQ=$\sqrt{OA^2+AQ^2}=\sqrt{(\sqrt{3})^2+3^2}=\sqrt{12}=2\sqrt{3}$となる。

図2

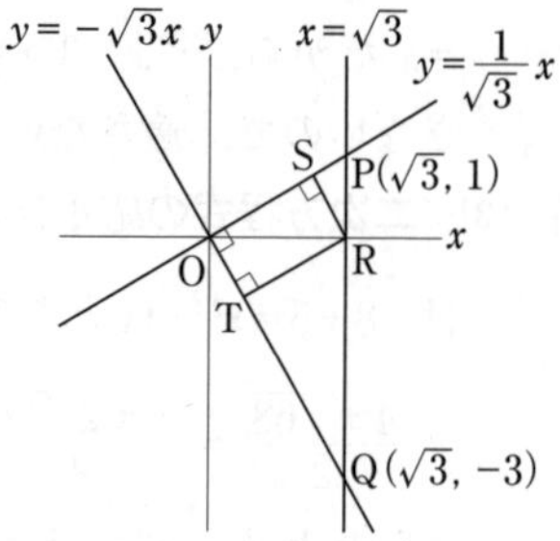

(3)<面積>右図2で，△OPQの3辺の比は，OP：PQ：OQ=2：4：$2\sqrt{3}$=1：2：$\sqrt{3}$だから，∠POQ=90°，∠OPQ=60°，∠OQP=30°である。∠OSR=∠OTR=90°だから，四角形OTRSは長方形であり，△PSR，△RTQは3辺の比が1：2：$\sqrt{3}$の直角三角形となる。よって，SR=$\frac{\sqrt{3}}{2}$PR=$\frac{\sqrt{3}}{2}\times1=\frac{\sqrt{3}}{2}$，RT=$\frac{1}{2}$RQ=$\frac{1}{2}\times3=\frac{3}{2}$となるから，〔四角形OTRS〕=SR×RT=$\frac{\sqrt{3}}{2}\times\frac{3}{2}=\frac{3\sqrt{3}}{4}$である。

(4)<y座標>右図3で，四角形OTRSの面積が△OPQの面積の半分なので，(1)より，〔四角形OTRS〕=$\frac{1}{2}$△OPQ=$\frac{1}{2}\times2\sqrt{3}=\sqrt{3}$である。∠RPS=∠OPQ=60°より，△PSRは3辺の比が1：2：$\sqrt{3}$の直角三角形である。PR=$k-1$だから，SR=$\frac{\sqrt{3}}{2}$PR=$\frac{\sqrt{3}}{2}(k-1)$となる。また，△QTRも3辺の比が1：2：$\sqrt{3}$の直角三角形である。RQ=$k-(-3)=k+3$だから，RT=$\frac{1}{2}$RQ=$\frac{1}{2}(k+3)$となる。よって，〔四角形OTRS〕=SR×RT=$\frac{\sqrt{3}}{2}(k-1)\times\frac{1}{2}(k+3)=\frac{\sqrt{3}}{4}(k-1)(k+3)$だから，$\frac{\sqrt{3}}{4}(k-1)(k+3)=\sqrt{3}$が成り立つ。これを解くと，$(k-1)(k+3)=4$，$k^2+2k-7=0$より，$k=\frac{-2\pm\sqrt{2^2-4\times1\times(-7)}}{2\times1}=\frac{-2\pm\sqrt{32}}{2}=\frac{-2\pm4\sqrt{2}}{2}=-1\pm2\sqrt{2}$となる。$k>1$だから，$k=-1+2\sqrt{2}$である。

図3

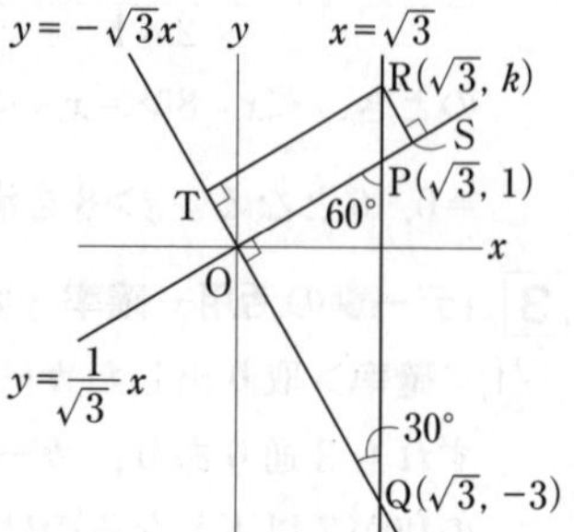

国語解答

一 問一　ア　追放　イ　始発　ウ　批判
　エ　壊　オ　通貨

問二　5

問三　Ⅰ…2　Ⅱ…5　Ⅲ…1

問四　3　問五　1

問六　一定の文化を持つ社会に共通して見られる「概念」を使うことで，哲学は共同体の枠を超えて広がってゆけるものになった。(56字)

問七　宗教では皆が勝手に説を出すことは許されず，開祖の言葉だけが真理とされるが，哲学では誰でも新しい説を提出することができ，どの説が正しいかはそれを聞いている人々によって決められる。(88字)

問八　4

二 問一　A　きょう　B　いとう
　C　おり　D　たまい

問二　4

問三　とり娘が死ぬこととり親が死ぬこと

問四　このとり娘

問五　とり娘が臨終の際に剃り下ろした髪の毛

問六　(i)…2
　(ii)　生きていた頃のとり娘の姿

一〔論説文の読解─哲学的分野─哲学〕出典；竹田青嗣『中学生からの哲学「超」入門』。

≪本文の概要≫宗教の教義は「物語」の形を取り，世界の成り立ちを説明する「神話＝物語」が，一つの共同体の中での共通了解とされる。一方，哲学は，宗教との関わりが弱く，「物語」の方法を使わない。哲学の純粋な形を保っているギリシャ哲学を見ると，万物や起源などの「概念」を使って論理的に世界を説明し，「原理」(キーワード)を提示する。そして，新しい説を思いつけば，誰でもそれを提示でき，どの説が正しいかは，それを聞いている周りの人間が決めていく。このように，哲学は，世界をより適切な仕方で説明する「原理」を提出する，誰にも開かれた言語ゲームだといえる。ところが，宗教では，皆が勝手に説を出すことは許されない。始祖の言葉だけが真理を宿しているとして神聖化され，時代に合わせて解釈だけを変えていく。宗教の「物語」は皆異なるため，どれが正しいかを決めるのは不可能であり，一つの民俗や文化という，共同体の枠組みを出ることはできない。しかし，「概念」は一定の文化を持つ社会ではどこにもあり，誰でも使える。その結果，哲学は，「概念」や「原理」という方法を使うことで，共同体の枠を超えて広がっていく。

問一＜漢字＞ア．「追放」は，罰として特定の地域から追い払い，立ち入りを禁じること。　イ．「始発」は，列車・電車・バスなどが，その場所を起点として発車すること。ここでは，新しく物事を始めること。　ウ．「批判」は，物事の誤りや欠点を指摘し，否定的に評価・判定すること。エ．音読みは「破壊」などの「カイ」。　オ．「通貨」は，流通や支払いの手段として機能している貨幣のこと。

問二＜接続語＞X．ギリシャでは，哲学は宗教の強い枠組みを持っていなかったので，ギリシャ哲学を見るとその発生の理由がよく理解できる。話題を移すと，最初の哲学者といわれているのは，植民都市ミレトスから出たタレスである。　Y．事物は，最も単純な単位が集まって構成されたもので，言い換えれば，「世界は原子からなっている」というのが，タレスの説のポイントである。
Z．宗教では，始祖の言葉を，真理を宿した神聖なものとして大切に守り，時代にあわせて「解釈」だけを変えていくが，さらには，誰でもが始祖の言葉を解釈していいのではなく，決められた権威を持った聖職者だけが解釈できる。

問三＜文章内容＞Ⅰ．世界は「水」という単純な単位で構成されているとするタレスの考えは，世界は原子からなるとする今の科学の考えとほぼ同じである。　Ⅱ．哲学は，文化を持つ社会ならどこでも，誰でも使える「概念」を用いるため，共同体の限界を超えて，全ての社会で通じる性質を持つ。　Ⅲ．哲学がさまざまな文化が入り交じる交易の中心地であるミレトスに生まれたことは，哲学が共同体の限界を超えるものであることを示している。

問四＜文章内容＞ギリシャでは，哲学は宗教の強い枠組みを持っていなかった，つまり，ギリシャ哲学は，宗教による影響をあまり受けていなかったために，哲学の純粋な形を保っており，哲学の本来の成り立ちを知るには都合がよい。

問五＜文章内容＞宗教における「物語」は，『創世記』をはじめとする神話のように，世界の成り立ちを説明している。そして，その神話が信じられるということは，世界について一つの共通了解が成り立つということであり，神話は，一つの共同体をつくるうえでの大きな役割を果たすのである。

問六＜文章内容＞「概念」は，一定の文化を持つ社会ではどこにもあり，共通通貨のように誰でも使える。そのため，「概念」を使うことによって，哲学は，一つの民族や文化という共同体の「枠を超えて広がってゆく」ことができるものになった。

問七＜文章内容＞宗教では，「みなが勝手に説を出すことは許されない」のであり，始祖の言葉だけが真理を宿すものとして神聖化される。一方，哲学は，より適切であると思う説を提示することが誰にも開かれており，「どの説が正しいかは，それを聞いている周りの人間が」決めてゆく。

問八＜要旨＞インド哲学は，バラモン教という宗教教義の枠組みの中で出てきたが，バラモン教が，教義を哲学に近い形式で語っているとは書かれていない（1…×）。宗教では，始祖の言葉は真理を宿したもの，つまり，真理は始祖の言葉にあるとされるが，哲学では，どの説が真理であるかは，それを聞いている周りの人間が決めてゆく（2…×）。哲学は，世界をより適切な仕方で説明する「原理」を提出する言語ゲームであり，誰にも開かれた言語ゲームであるが，最も賢い人物を決めるための遊びのようなものではない（3…×）。宗教の「物語」は皆異なっており，共同体の枠組みを出ることができないため，ある共同体で受け入れられている「物語」が，別の宗教を持つ他の共同体では受け入れ難いものとなることはありうる（4…○）。どの宗教の「物語」が正しいかは，宗教の「物語」が皆バラバラであるので，話し合っても決着がつかないうえ，「物語」を用いる宗教と「概念」や「原理」を用いる哲学とでは，世界を説明する方法が異なるので，「物語」は哲学的な対話の対象にはならない（5…×）。

二〔**古文の読解―説話**〕出典；『閑居友』下四。

≪現代語訳≫最近，京の東側に，幼い頃から養女を育てている者がいた。平家の血統なので，源平の戦乱の後は，ただ命があることだけでもよいことだとして，生活は言葉で言い表せないほど悲惨なものでした。

そうしているうちに，若い者が先に死に年長の者が後に残るという残念なことは，昔からあることなので，この養女が先に死んでしまった。その後に続いて，この養女を育てていた親がまた死んでしまった。

亡くなってから三十五日後にあたる日の早朝，この養女の夫であった者が出てきて，「今日，亡くなった妻がおりましたら，どれほど一生懸命，勤めるでしょう。前もって準備してお布施を一つ，お持ちしようとしましたが，どうしてもできませんでしたので，思案に余り，これでもお持ちしましょうと，これを持って参りました」と言って，紙で包んだ物を取り出して，さめざめと声をあげて泣いた。この養女を育てていた親の娘である者が，「何だろう」と，そうはいってもやはり見たいと思って，(紙を)開いて見ると，あの亡くなった人の，臨終の際にそり下ろした髪の毛であった。これを見ると，たいそうひどく悲しくて，我慢できなくて(養女の親の娘は)泣いていたのだった。生前に髪の毛にしみ込んだ(お香の)匂いから何といっても(生きていた頃の養女の)姿が思い出されるので，二人の人は，泣くばかりであった。そして，(養女の親の娘は)「これは見るにつけても(悲しいばかりで)どうしようもない。隠してください」と言って，下を向いて目を背けてしまった。

問一＜歴史的仮名遣い＞A．歴史的仮名遣いの「eu」は，現代仮名遣いでは「you」になる。　**B**．歴史的仮名遣いの「au」は，現代仮名遣いでは「ou」になる。　**C**．歴史的仮名遣いの「を」は，現代仮名遣いでは助詞の「を」を除いて「お」となる。　**D**．歴史的仮名遣いの語頭以外のハ行は，現代仮名遣いでは原則として「わいうえお」となる。

問二＜現代語訳＞「世を渡る」は，生活する，という意味。「言ひしらず」は，言いようがないほどひどい，というさま。全体として，生活は言葉で言い表せないほど悲惨なものでした，という意味になる。

問三＜古文の内容理解＞年長者が年少者より先に死ぬのが普通であるが，この話の場合，養女の死と養女の親の死の順序が入れかわって，子が親よりも先に死んでしまった。

問四＜古文の内容理解＞「昔の人」は，亡くなった人のこと。養女の親が亡くなってから三十五日後の法事のとき，養女の夫だった者がやってきて，今日，亡くなった妻がおりましたら，どれほど精を出して親の仏事を行うでしょう，と言った。

問五＜古文の内容理解＞養女の夫が，お布施ができないのでこれを持って参りましたと言って，紙で包んだ物を取り出したが，それは亡くなった人の髪の毛であった。養女の夫が，養女の親の法事へのお布施の代わりとして，養女が臨終の際にそり下ろした髪の毛を持ってきたのである。

問六＜古文の内容理解＞(i)養女の夫は，紙に包んだ物を取り出して泣き，養女の親の娘は，紙を開いて養女の髪の毛を見て泣いた。そうやって，養女の夫と養女の親の娘の二人は，泣くばかりであった。　(ii)養女の髪の毛を見ていると，生前に髪の毛にしみ込んだ匂いに，生きていた頃の養女の姿が思い出されて，二人は泣くばかりだった。

2021年度 順天高等学校(第1回推薦Ⅰ・Ⅱ)

【英　語】（40分，うちリスニングテスト約10分）〈満点：100点〉

第1問（リスニングテスト）

リスニングテストは，Part A から Part C までの3部構成となっています。各部の指示に従って，注意して放送を聞き，後に続く問題に答えなさい。

Part A　これから短い英文が2度ずつ読まれます。その英文に対する応答として最も適切なものを，ア～エの中から1つ選びなさい。

(1) ア She likes trains.
イ When did you go?
ウ Let's wait a few more minutes.
エ Maybe she is sick today.

(2) ア Yes, they plan to visit England soon.
イ Early yesterday morning.
ウ No, they visited here many times.
エ In about 30 minutes.

(3) ア Sorry, I was very busy.
イ I'm free all day today.
ウ Sure. I like going to the sea.
エ Good idea. But I need hiking shoes.

(4) ア Penguins can walk but cannot fly.
イ I don't know but it was an interesting story.
ウ Mr. Brown wrote an interesting story on crows.
エ I'm interested in penguins.

(5) ア Of course. I like to study English.
イ Sure. It's one of my favorite stories.
ウ Why? Did you leave yours at home?
エ I don't have a notebook.

Part B　これからAとBの対話が2度ずつ読まれます。対話の後で，内容に関する質問が読まれます。質問の答えとして最も適切なものを，ア～エの中から1つ選びなさい。

(1) ア At a school cafeteria.　イ At a fruit and vegetable shop.
ウ At a restaurant.　エ At a supermarket.

(2) ア She didn't practice hard for the presentation.
イ She is very nervous about her presentation.
ウ She made too many slides.
エ She found some butterflies in her room.

(3) ア Going hiking and watching a baseball game.
イ Working in Okutama.
ウ Seeing a game in Okutama.
エ Doing nothing because he is busy.

(4) ア She is in a business meeting.
イ She is working for a big company.
ウ She is exercising.
エ She is making a telephone call.

(5) ア Tony and Kathy. イ Kathy and John.
ウ John and Mary. エ Mary and Tony.

Part C これから長めの英文が2度読まれます。その英文に関する質問の答えとして最も適切なものを，ア～エの中から1つ選びなさい。はじめに質問に目を通してから，注意して放送を聞きなさい。

(1) When is it going to rain?
ア All week. イ On both days.
ウ On Saturday only. エ On Sunday only.

(2) What does the weather reporter say about the weather on Sunday afternoon?
ア It will be hot and wet.
イ It will be warm and sunny.
ウ It will be rainy.
エ It will be the same as Saturday's weather.

(3) Which sentence is true?
ア A storm caused the rainy weather on Saturday.
イ The weather is not changing.
ウ This weather report is during the summer.
エ Various kinds of weather will happen next weekend.

※＜**リスニングテスト放送原稿**＞は英語の問題の終わりに付けてあります。

第2問

次の英文の(　)内に入れるものとして最も適切なものをそれぞれ下のア～エの中から1つ選びなさい。

(1) I had no time (　　) the book yesterday.
ア to read イ for read ウ of reading エ reads

(2) Please help yourself (　　) the food on the table.
ア in イ to ウ of エ at

(3) We have known each other (　　) we were children.
ア when イ for ウ since エ before

(4) This pencil is the (　　) these three.
ア longest in イ longer in ウ longest of エ longer of

(5) Our teacher asked us to stop (　　). She said we were too noisy.
ア talk イ to talk ウ talking エ for talking

(6) A : (　　) close the door?
B : Yes, please. You're kind.
ア Must I イ Will you ウ Can you エ Shall I

第３問

次の英文を読んで，あとの問に答えなさい。（＊印の語句には脚注があります。）

Cheese is one of the most famous foods in the world. For example, the average American eats about 15 kilograms a year. French people eat more cheese than American people. On average, they eat over 26 kilograms a year. It is surprising that people in Britain do not eat much cheese. The *consumption rate of cheese there is only about 10 kilograms per person per year.

Consumption is still low in Japan. Cheese here is not a part of the traditional *diet. In fact, the average Japanese eats only about 2.3 kilograms a year. It is almost the same amount as the average monthly consumption rate of the (①) people. However, Japanese people seem to like cheese and are eating more of it each year.

You might be surprised to know that cows and milk were probably first brought into Japan in the seventh century. At that time, some simple types of cheese were made, and were eaten by *the Emperor and rich people. However, cheese consumption (②) during the eighth and ninth centuries because of the influence of *Buddhism, and after then no one ate cheese any more.

In the late nineteenth century, the Meiji government wanted to make Japan stronger. *In particular, it wanted to create a stronger *military, so the government looked at diets in Europe. Soldiers in those countries were eating cheese and drinking milk, but Japanese soldiers were not. The Japanese government decided to bring those foods into Japan because they believed that would help soldiers to become stronger. At that time, Japan didn't have the money to buy cheese from other countries. Then, the government decided to produce its own. However, there were no *dairy farms, so they started some of them in Hokkaido in the middle of the 1870's to produce cheese and milk. Some of the original dairy farms are still working today, and many workers there are now producing cheese. It is now sent to America, and even to Europe.

（注） ＊consumption：消費　＊diet：食習慣　＊the Emperor：天皇　＊Buddhism：仏教
＊in particular：特に　＊military：軍隊　＊dairy farm：酪農場

(1) (①)の中に入る英単語を１語，本文中より抜き出しなさい。

(2) (②)に入れるのに最も適当なものを，次のア～エの中から１つ選び，記号で答えなさい。

ア decreased　イ increased　ウ continued　エ started

(3) 19世紀後半に，日本政府がチーズや牛乳を自国に持ち込みたかった理由を日本語で答えなさい。

(4) 本文の内容に即して，下の英文の空所を埋めて，完成させなさい。

The Japanese government started dairy farms in Hokkaido because it could not ＿＿＿＿＿＿＿＿.

(5) 本文の内容に合致するものを，次のア～エの中から１つ選び，記号で答えなさい。

ア British people eat more cheese than American people do.

イ People in Japan such as farmers and rich people ate cheese in the seventh century.

ウ During the eighth and ninth centuries, cheese became popular, so people started believing in Buddhism in Japan.

エ Japan now exports cheese to other countries.

第4問

日本語の意味になるように，与えられた語を並べかえなさい。

(1) 祖母は私に長くて面白い話を聞かせてくれました。

My grandmother (　　) (　　) (　　) (　　) (　　) (　　) (　　).

me / long / a / to / story / told / interesting

(2) その歌手は世界中の人々に知られている。

The (　　) (　　) (　　) (　　) (　　) (　　) (　　) the world.

over / singer / to / all / is / people / known

＜リスニングテスト放送原稿＞

それではこれからリスニングテストを始めます。

リスニングテストは，Part A から Part C までの3部構成となっています。各部の指示に従って，注意して放送を聞き，後に続く問題に答えなさい。

Part A　これから短い英文が2度ずつ読まれます。その英文に対する応答として最も適切なものを，ア～エの中から1つ選びなさい。

(1) I got an email from Suzan.　Her train is a little late.

(2) When will they get here?

(3) Why don't we go hiking next weekend, Linda?

(4) Who wrote this story on penguins?

(5) Helen, could you lend me your textbook today?

Part B　これからAとBの対話が2度ずつ読まれます。対話の後で，内容に関する質問が読まれます。質問の答えとして最も適切なものを，ア～エの中から1つ選びなさい。(W＝Woman, M＝Man)

(1) A (M) : May I take your order?
B (W) : What is the best food here?
A (M) : It is a bacon, lettuce, and tomato sandwich with corn soup.
B (W) : And what kind of drinks do you have?
QUESTION : Where are these people talking?

(2) A (W) : I'm really worried about my class presentation tomorrow.
B (M) : Why, Keiko? You made a lot of slides and you practiced long hours.
A (W) : Thanks for encouraging me, but I always get so nervous before presentations.
B (M) : In English, we can say that you have butterflies in your stomach.
QUESTION : Why is Keiko worried?

(3) A (W) : Are you busy this weekend Tom?
B (M) : Well, I am thinking about seeing a baseball game with Richard on Saturday. Why do you ask?
A (W) : This Sunday my friends from work will go hiking in Okutama. Would you like to join us?
B (M) : On Sunday I'm free so let's go!
QUESTION : What is Tom thinking of doing this weekend?

(4) A (M) : Hello, I would like to speak with Charlotte please.
B (W) : I'm sorry, you just missed her. She just went to the sports club 30 minutes ago.
A (M) : I see. Please tell her to call Jim when she gets back.

B (W) : No problem. I'll be sure to tell her.

QUESTION : What is Charlotte doing?

(5) A (W) : Tony, I got a message from Kathy. It says she's going to be late.

B (M) : Really? I also got an email on my phone from John. He said he's going to the library and will be 30 minutes late.

A (W) : Well, we can't start practicing the presentation right away then.

B (M) : OK, Mary. Let's start our rehearsal for your part and mine only, then.

QUESTION : Who will come late?

Part C　これから長めの英文が２度読まれます。その英文に関する質問の答えとして最も適切なものを，ア～エの中から１つ選びなさい。はじめに質問に目を通してから，注意して放送を聞きなさい。

（15秒後）　では，始めます。

This is Patrick Washington in Japan with the weather report for next weekend. On Saturday morning, it's going to start out with sunny skies with a high of 22 degrees. And then in the afternoon, clouds will appear from the north with highs around 26 degrees. In the evening it will continue to be cloudy, with temperatures falling to 18 degrees. But during the night, it will begin to rain with temperatures around 14 degrees.

As for Sunday, the rain will stop in the morning at around 10 am. It will continue to be cold though, with temperatures around 12 degrees. In the afternoon it will warm up again to around 24 degrees and be sunny all afternoon. During the night, we will have storms, which will bring hot and wet weather from the southern areas. In fact, it will reach 30 degrees in some places around the country. So that's the weather for this weekend. You will be able to experience all four seasons in this two-day period.

以上でリスニングテストを終わります。

【数　学】（30分）〈満点：100点〉

（注意）分数形で解答する場合は，それ以上約分できない形で答えなさい。根号を含む形で解答する場合は，根号の中に現れる自然数が最小となる形で答えなさい。

1　次の問いに答えなさい。

(1)　$\{10-(-4)^2-(-1)\}^2$ を計算しなさい。

(2)　$\left(\dfrac{2}{3}\right)^3\div\dfrac{5}{9}-\left(-\dfrac{8^2}{5}\right)\times\dfrac{1}{12}$ を計算しなさい。

(3)　$(3+2\sqrt{3})^2-(2+3\sqrt{3})^2$ を計算しなさい。

(4)　$x=\sqrt{2}+1$，$y=\sqrt{2}-1$ であるとき，$x^2+2xy+y^2$ の値を求めなさい。

(5)　連立方程式 $\begin{cases}5x-3y=-5\\2x-3y=7\end{cases}$ を解きなさい。

(6)　$ab-2a-b+2$ を因数分解しなさい。

(7)　2次方程式 $3x^2=2x(2x-5)$ を解きなさい。

(8)　下の図のような長方形ABCDにおいて，対角線BD上に2点E，Fを，AE∥CFとなるようにとる。このとき，∠EFCの大きさを求めなさい。

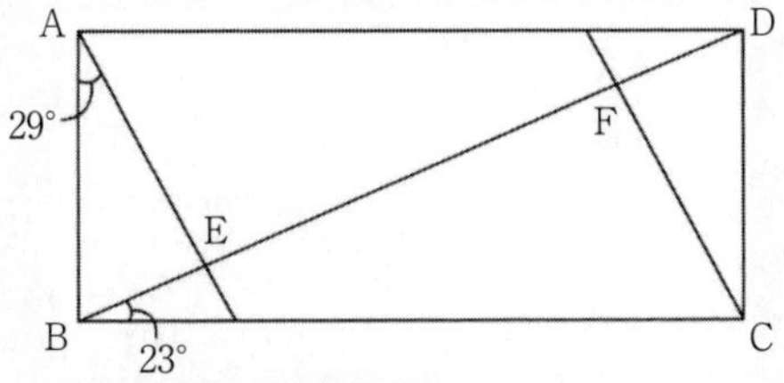

(9)　y は x に反比例し，$x=4$ のとき $y=12$ である。この関数において，x の変域が $-6\leqq x\leqq -2$ のとき，y の変域を求めなさい。

(10)　a は整数であり，$10\leqq a\leqq 70$ とする。このとき，$\sqrt{3a}$ が整数となるような a をすべて答えなさい。

(11)　2020人の生徒が受験したテストの結果，中央値が67点であった。65点以下の生徒と68点以上の生徒がそれぞれちょうど1005人ずついたとすると，67点を取った生徒は少なくとも何人いることが分かるか答えなさい。ただし，テストの点数は整数であるものとする。

2　直線①：$y=px+q$，直線②：$y=x-q$ の2つの直線がある。A，B，2個のさいころを同時に1回だけ投げて出た目を見て，次の(i)，(ii)の手順で式を決めていく。

(i)　さいころAについて，偶数の目が出たら $p=2$，奇数の目が出たら $p=-2$ とする。

(ii)　さいころBの出た目の数を q とする。

このとき，次の問いに答えなさい。

(1)　直線①が右上がりの直線になる確率を求めなさい。

(2)　直線①と直線②の交点の x 座標が正である確率を求めなさい。

(3)　直線①と直線②の交点の x 座標が4であるとき，さいころBの出た目の数を求めなさい。

(4)　直線①と直線②の交点の x 座標が -6 以下である確率を求めなさい。

3　関数$y=ax^2$のグラフと直線$y=x+b$が2点A，Bで交わっている。Aのx座標は-2，Bのx座標は4である。x軸上に2点C$(-2,\ 0)$，D$(4,\ 0)$をとる。次の問いに答えなさい。

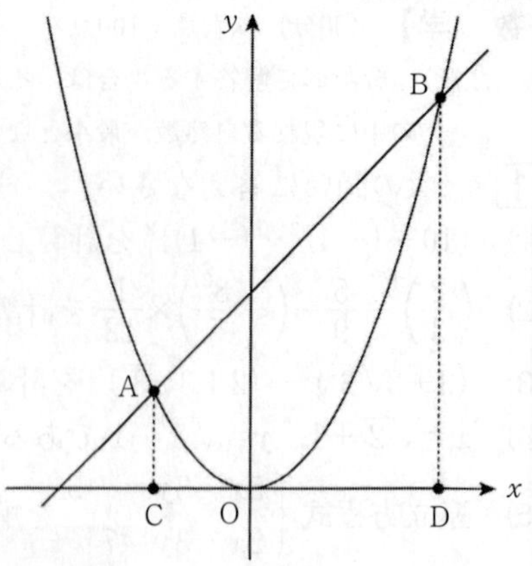

⑴　a，bの値を求めなさい。

⑵　台形ABDCの面積を求めなさい。

⑶　点Pが$y=ax^2$のグラフ上を動くとき，三角形CPDの面積が台形ABDCの面積の半分になるような点Pのx座標を求めなさい。

⑷　点Qが線分AB上を動くとき，点Qを通りy軸と平行な直線が台形ABDCの面積を2等分するようなQのx座標を求めなさい。

（注2）御随身…貴人の警護などにあたる近衛府の官人。
（注3）かうじて…歌を詠み上げて。
（注4）判者…左右の歌の優劣を判定する人。
（注5）天気…天皇の御意向。
（注6）御門…帝。天皇。ここでは村上天皇。
（注7）憑み無き由聞こえて…快復の望みがないとの話を聞いて。
（注8）浅猿く覚えしより…驚いてしまった時から。
（注9）執心…ある物事に心惹かれ、こだわること。執着。
（注10）げにも…もっともだとも。

問一 〰〰A「かうじて」を現代仮名遣いに直しなさい。

問二 ＝＝a・bの活用形を、それぞれ次から選んで番号で答えなさい。

1．未然形　2．連用形　3．終止形
4．連体形　5．已然形　6．命令形

問三 ——1「左右に番ひてけり」とあるが、左に位置していた人物として最も適当なものを、次から選んで番号で答えなさい。

1．御門　2．兼盛　3．忠見
4．判者　5．聴衆

問四 ——2「兼盛もいかでこれ程の歌よむべき」とあるが、その解釈として最も適当なものを、次から選んで番号で答えなさい。

1．兼盛もなんとかして歌を詠もうとするはずだ。
2．兼盛ほどの歌人ならそれ相応の歌をよむべきだ。
3．兼盛にもこれほどの歌を詠み出すことはできないだろう。
4．兼盛も歌人としてこの程度の歌は詠み出すにちがいない。
5．兼盛ならこれぐらいの歌は容易に詠むことができるだろう。

問五 ——3「天気左にあり」とあるが、判者はなぜ、そのように決したのか、四十五字以内で説明しなさい。

問六 ——4『拾遺』とは、第三番目の勅撰和歌集『拾遺和歌集』のことであるが、最初の勅撰和歌集を、次から選んで番号で答えなさい。

1．万葉集　2．和漢朗詠集　3．発心集
4．古今和歌集　5．新古今和歌集

が疎かになり、突然エライウになったのに守る者がいないことになったため罰せられた、というものです。その弁解の歌は、春日野に春がきたので「友並めて（友と誘い合わせて）」出かけたと、それが当然のことであるかのような歌いぶりです。したがって、春の訪れを春日野で受感するのはだれもがすることであることがわかります。野遊びという古くからの習俗だったのです。

II 、この貴族たちの野遊びは同僚たちと誘い合わせていくものです。村の野遊びなら、全員で行動するでしょう。 III 、このオショクバの同僚同士で出かける平城京における野遊びは都市的なものなのです（古橋『平安京の都市生活と郊外』吉川弘文館、歴史文化ライブラリー、一九九八年）。これは近世以降の郊外へ花見、紅葉狩りに出かける習俗に通じています。都市の周辺に広がる野は郊外なのです。

（『日本の個性』第一章　古橋信孝「文化で読み解く日本の歴史」より）

問一　〰〰ア〜オのカタカナを漢字に直しなさい。

問二　本文中の I 〜 III に当てはまる語の組み合わせとして最も適当なものを、次から選んで番号で答えなさい。

1．I しかし　II つまり　III ところが
2．I もちろん　II そして　III また
3．I そして　II ところが　III つまり
4．I もちろん　II しかし　III そして
5．I そして　II しかし　III ところで

問三　次の文章を本文に戻す場合に、最も適切な箇所は【A】〜【D】のいずれか。アルファベットで答えなさい。

学生のころ、日本の古代都市は都市ではないといわれていました。政治的につくられたもので、市民がいないからだといいます。これはギリシャの都市国家だけを都市とする考え方です。では、人が大勢集まり、生活をしている空間は都市ではないのか、と反《はん》撥《ぱつ》を覚えたものでした。

問四　――1「真似したというような言い方は止めなければいけません」とあるが、これはなぜか。四十字以内で説明しなさい。

問五　――2「平城京は中国の長安や洛陽をモデルとしながらも、城壁をつくりませんでした」とあるが、これはなぜか。三十字以内で説明しなさい。

問六　――3「都と山のあいだに野をもっていました」とあるが、「野」の果す役割を本文中から二つ、過不足なく抜き出しなさい。

二

次の文章を読んで、後の問いに答えなさい。（設問の都合上、本文の表記を一部書き改めた箇所がある。）

天徳《てんとく》の（注1）歌合《うたあはせ》の時、兼盛《かねもり》・忠見《ただみ》、共に（注2）御随身《みずいじん》にて、1左右《さう》に番《つが》ひてけり。初恋《はじめのこひ》といふ題を給はりて、忠見、「名歌よみ出《い》でたり」と思ひて、「2兼盛もいかでこれ程《ほど》の歌よむべき」と思ひける。

恋すてふ我《わ》が名《な》はまだき立ちにけり人知れずこそ思ひそめaしか

さて、既に御前《おんまへ》にてA（注3）かうじて、判《はん》ぜられけるに、兼盛が歌に、

つつめども色に出でにけり我が恋はものやb思ふと人の問ふまで

共に名歌なりければ、（注4）判者《はんじゃ》、判じかねて、暫《しばら》く（注5）天気《てんき》をうかがひけるに、（注6）御門《みかど》、忠見が歌をば、二三辺御詠《りやうさんぺんぎよえい》ありけり。兼盛が歌をば多辺《たへん》御詠ありける時、「3天気左にあり」とて、兼盛勝ちにけり。

忠見、心憂《う》く覚えて、胸ふさがりて、それより不食《ふしよく》の病《やまひ》付きて、（注7）憑《たの》み無き由《よし》聞こえて、兼盛訪《とぶら》ひければ、「別《べち》の病にあらず。御歌合の時、名歌よみ出だして覚え侍《はんべ》りしに、殿の、『ものや思ふと人の問ふまで』に、『あはや』と思ひて、（注8）浅猿《あさまし》く覚えしより、胸塞《ふさ》がりて、かく重《おも》り侍り」とて、遂《つひ》に身まかりにけり。（注9）執心《しふしん》こそよしなけれども、道を執する習ひ、（注10）げにも覚えて、哀《あは》れなり。共に名歌にて、4『拾遺』に入れられて侍るにや。

（『沙石集』より）

（注1）歌合…歌人を左右に分け、詠まれた歌の優劣を競う遊び。

二〇二一年度 順天高等学校（第一回推薦Ⅰ・Ⅱ）

【国語】（三〇分）〈満点：一〇〇点〉

〔注意〕 問題文に「説明しなさい」と指示のある問題は、すべて部分採点を行います。完全な解答が得られない場合も、積極的に解答を書き込むようにしてください。

一 次の文章を読んで、後の問いに答えなさい。なお、字数制限のある問いの解答については、すべて句読点・記号等も一字とする。（設問の都合上、本文の表記を一部書き改めた箇所がある。）

日本が中国の文化とアセッショクするなかで古代国家をつくったことは常識といっていいでしょう。律令国家です。律令は漢字で書かれ、公的文書もすべて漢文でした。まず、これを1真似したというような言い方は止《や》めなければいけません。

【 A 】

当時の東アジア世界で唯一の整った国家は中国でした。それで、周辺の地域は国家をつくる際に唯一のモデルであった律令制によったのです。当時、律令国家以外、国家はありませんでした。つまり、律令国家は中国の制度というより、当時の国家になるための国際的な制度だったのです。

これは、近代において、ヨーロッパに始まる民主主義を各国が国家の制度にしていったのと同じです。こういう場合、どこに始まったかを問うことは意味がないし、どれが正しい民主主義かを問うのも無意味です。律令制が日本の国に合うように変えられていったのと同じように、民主主義も地域ごとに変化をしています。つまり、真似ということを負の評価として主張するのは、実情をみていないだけでなく、絶対的な正をイゼンテイにしているのです。

【 B 】

日本におけるはじめての都市は藤原京とされますが、実態がよくわからないので、平城京についていえば、2平城京は中国の長安や洛陽をモデルとしながらも、城壁をつくりませんでした。これについて、財政の問題、ウガイテキがいないという説明がなされてきましたが、国家として成立していながら財政問題でできないというのはおかしいし、壬申の乱を経験して数十年で防御がいらないという考え方もおかしい。それに中国古代史の学者である小南一郎によれば、中国の都市は、混沌《こんとん》である海に浮かぶ大地をイメージしており、その混沌、未開から守るために城壁があるという観念によって成り立っているといいます。そう考えないと、都市が必ず人工的な四角であることの説明がつかないわけです。ガイテキからの防御ならヨーロッパの都市のように、自然の地形を利用したものであってしかるべきでしょう。

【 C 】

日本の都市は平城京にしろ平安京にしろ、大和《やまと》（山処）、山城《やましろ》（山代）にあり、周囲を山に囲まれています。山処は、港＝水処という語があるように、山の入り口、山の霊威を感じる場所を意味します。山代は、憑《よ》り代《しろ》という語があるように、霊威が憑依《ひょうい》する場所を意味します。つまり、都は山の霊威に守られた場所に営まれるのが基本でした。

［ Ｉ ］、平城京は春日野、平安京は北野のように、3都と山のあいだに野をもっていました。城壁に当たるものが山だとすると、山と都市のあいだに野を意識していたのです。この野の役割を史料からみると、『万葉集』からは、季節の訪れを感じ、触れる場所、そして外国に使節を送る際に日本中の神々を集めて無事の帰還を祈願する場所であることなどがわかります。

【 D 】

しかも、その触れ方は『万葉集』巻六・九四八、九の左注に、神亀四年（七二七）正月、多くの王子や貴族たちが春日野に集まって「打毬の遊び（ポロかといわれる）」をして楽しんだが、天皇の警護

2021年度／順天高等学校（第１回推薦Ⅰ・Ⅱ）

英語解答

1 Part A　(1)…ウ　(2)…エ　(3)…エ
(4)…イ　(5)…ウ

Part B　(1)…ウ　(2)…イ　(3)…ア
(4)…ウ　(5)…イ

Part C　(1)…イ　(2)…イ　(3)…エ

2 (1)　ア　(2)　イ　(3)　ウ　(4)　ウ
(5)　ウ　(6)　エ

3 (1)　French　(2)　ア
(3)　軍隊をより強くするのに役立つと考えたから。
(4)　buy cheese from other countries
(5)　エ

4 (1)　told a long interesting story to me
(2)　singer is known to people all over

1 〔放送問題〕解説省略

2 〔適語（句）選択〕

(1)no time を「～するための」という意味で修飾する形容詞的用法の to不定詞が適する。　「昨日はその本を読むための時間がなかった」

(2)‘help ～self to …’「…を自由に取って食べる」　「テーブルの上の食べ物を自由に取って召し上がってください」

(3)‘継続’を表す現在完了（‘have/has＋過去分詞’）とともに使い，「～以来，～から」を表す since が適する。　「私たちは子どもの頃からお互いに知り合いだった」

(4)直前に the があり，直後に these three があるので，「～の中で一番…だ」となるよう，‘the＋最上級’の文にする。「～の中で」は‘～’が‘同類’を表す語のときは of を用い，‘範囲・場所’を表す語のときは in を用いる。　「この鉛筆はこれら３本の中で一番長い」

(5)stop は「～することをやめる」という意味のときは‘stop＋動名詞’とし，「～するために立ち止まる」という意味のときは‘stop＋to不定詞’とする（この to不定詞は‘目的’を表す副詞的用法）。「先生は私たちに話をやめるよう頼んだ。彼女は私たちがうるさすぎると言った」

(6)Ａ：ドアを閉めましょうか。／Ｂ：はい，お願いします。ご親切にどうも。〃Ｂの返事から，Ａがドアを閉めることを申し出たことがわかる。「～しましょうか」という‘提案’は Shall I ～？で表せる。

3 〔長文読解総合―説明文〕

≪全訳≫❶チーズは世界で最も有名な食べ物の１つだ。例えば，平均的なアメリカ人は年間約15キログラムを食べる。フランス人はアメリカ人よりもチーズをたくさん食べる。彼らは平均して年間26キログラム以上食べる。イギリス人がチーズをあまり食べないのは，驚くべきことだ。そこでのチーズの消費率は，１人当たり年間わずか約10キログラムだ。❷日本での消費はさらに少ない。ここでは，チーズは伝統的な食習慣の一部ではない。実際，平均的な日本人は年間約2.3キログラムしか食べない。フランス人の平均月間消費率とほぼ同じだ。しかし，日本人はチーズが好きらしく，食べる量は毎年増えている。❸牛と牛乳が，おそらく７世紀に初めて日本に持ち込まれたと知ったら，あなたは驚くかもしれない。当時，いくつかのシンプルな種類のチーズがつくられ，天皇や富裕層によって食された。しかし，仏教の影響でチーズの消費は8世紀から9世紀にかけて減少し，その後は誰もチーズを食べなくなった。
❹19世紀後半，明治政府は日本をより強くしたいと考えていた。特に，より強力な軍隊をつくりたかったので，政府はヨーロッパの食習慣に注目した。これらの国の兵士たちはチーズを食べたり牛乳を飲んだりしていたが，日本兵はそうではなかった。日本政府は，これらの食品が兵士を強くするのに役立つと信じ，日本に持ち込むことにした。当時，日本には他国からチーズを買うお金がなかった。そこで，政府はチーズを独自に生産することを決めた。しかし，酪農場がなかったので，チーズと牛乳を生産するため，1870年代半ばに北海道に酪農場を開いた。初期の酪農場のいくつかは現在も稼働しており，そこでは多くの労働者が現在チーズを生産している。それは今やアメリカ，さらにはヨーロッパにも送られている。

(1)<**適語補充**>第2段落第3，4文は，「実際，平均的な日本人は(チーズを)年間約2.3キログラムしか食べない。(①)の人々の平均月間消費率とほぼ同じだ」という内容。第1段落に，フランス人の平均年間チーズ消費量は26キログラム以上とあるので，フランス人の平均月間消費量は，26キログラム÷12か月≒2.17キログラムとなり，日本人の年間消費量にほぼ等しいとわかる。

(2)<**適語選択**>この文の and 以下に「その後は誰もチーズを食べなくなった」とある。したがって，and の前はこの前の段階として，チーズの消費が「減少した」とするのが適切。

(3)<**文脈把握**>第4段落前半参照。明治政府は，チーズを食べたり牛乳を飲んだりしていたヨーロッパの兵士たち同様，これらの食品を日本に持ち込んで日本の兵士に摂取させ，軍隊を強化しようと考えたのである。

(4)<**内容一致**>第4段落後半参照。明治時代，日本には他国からチーズを買うお金がなかったので，1870年代半ばに北海道でチーズと牛乳の生産を始めた。「日本政府は，他国からチーズを買うことができなかったため，北海道で酪農場を始めた」となるよう，buy cheese from other countries を補えばよい。

(5)<**内容真偽**>ア．「イギリス人はアメリカ人よりもチーズをたくさん食べる」…×　第1段落参照。1人あたりの平均年間消費量はアメリカ人の約15キログラムに対し，イギリス人は約10キログラムである。　イ．「日本では，農民や富裕層の人々が7世紀にチーズを食べた」…×　第3段落第1，2文参照。7世紀にチーズを食べたのは天皇と富裕層である。　ウ．「8世紀から9世紀にかけてチーズが人気を博したので，人々は日本の仏教を信じ始めた」…×　第3段落最終文参照。仏教の影響で，チーズの消費は減少し，その後なくなった。　エ．「日本は現在，チーズを外国に輸出している」…○　本文最終文に一致する。

4 〔整序結合〕

(1)「〈人〉に〈物事〉を聞かせる」は‘tell＋物事＋to＋人’で表せる。「長くて面白い話」は a long interesting story。　My grandmother told a long interesting story to me.

(2)「～に知られている」は be known to ～ で表せる。「世界中の人々」は people all over the world。　The singer is known to people all over the world.

2021年度／順天高等学校（第１回推薦Ⅰ・Ⅱ）

数学解答

1 (1)　25　(2)　$\dfrac{8}{5}$　(3)　-10

(4)　8　(5)　$x=-4$, $y=-5$

(6)　$(a-1)(b-2)$　(7)　$x=0$, 10

(8)　96°　(9)　$-24 \leqq y \leqq -8$

(10)　12, 27, 48　(11)　6人

2 (1)　$\dfrac{1}{2}$　(2)　$\dfrac{1}{2}$　(3)　6　(4)　$\dfrac{1}{3}$

3 (1)　$a=\dfrac{1}{2}$, $b=4$　(2)　30

(3)　$-\sqrt{10}$, $\sqrt{10}$　(4)　$-4+\sqrt{34}$

1〔独立小問集合題〕

(1)<数の計算>与式$=(10-16+1)^2=(-5)^2=25$

(2)<数の計算>与式$=\dfrac{8}{27}\div\dfrac{5}{9}-\left(-\dfrac{64}{5}\right)\times\dfrac{1}{12}=\dfrac{8}{27}\times\dfrac{9}{5}-\left(-\dfrac{16}{15}\right)=\dfrac{8}{15}+\dfrac{16}{15}=\dfrac{24}{15}=\dfrac{8}{5}$

(3)<平方根の計算>与式$=(9+12\sqrt{3}+12)-(4+12\sqrt{3}+27)=(21+12\sqrt{3})-(31+12\sqrt{3})=21+12\sqrt{3}-31-12\sqrt{3}=-10$

(4)<式の値>与式$=(x+y)^2$とする。$x+y=(\sqrt{2}+1)+(\sqrt{2}-1)=2\sqrt{2}$だから，与式$=(2\sqrt{2})^2=8$である。

(5)<連立方程式>$5x-3y=-5$……①，$2x-3y=7$……②とする。①－②より，$5x-2x=-5-7$，$3x=-12$　$\therefore x=-4$　これを②に代入して，$-8-3y=7$，$-3y=15$　$\therefore y=-5$

(6)<因数分解>与式$=a(b-2)-(b-2)$として，$b-2=X$とおくと，与式$=aX-X=(a-1)X$となる。Xをもとに戻して，与式$=(a-1)(b-2)$となる。

(7)<二次方程式>$3x^2=4x^2-10x$，$-x^2+10x=0$，$x^2-10x=0$，$x(x-10)=0$　$\therefore x=0$，10

(8)<図形―角度>右図で，四角形ABCDは長方形より，∠ABC＝90°だから，∠ABE＝∠ABC－∠EBC＝90°－23°＝67°となる。△ABEで内角と外角の関係より，∠AEF＝∠BAE＋∠ABE＝29°＋67°＝96°となる。AE∥FCより，平行線の錯角は等しいので，∠EFC＝∠AEF＝96°である。

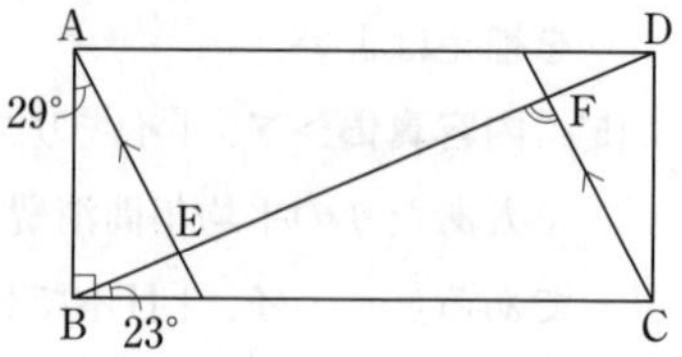

(9)<関数―変域>yはxに反比例するから，比例定数をaとすると，$y=\dfrac{a}{x}$と表せる。$x=4$のとき$y=12$だから，$12=\dfrac{a}{4}$より，$a=48$となり，反比例の式は$y=\dfrac{48}{x}$となる。$x<0$において，この関数は，xの値が増加するとyの値が減少するから，xの変域$-6 \leqq x \leqq -2$では，$x=-6$のときyの値は最大，$x=-2$のときyの値は最小となる。$x=-6$のとき$y=\dfrac{48}{-6}=-8$であり，$x=-2$のとき$y=\dfrac{48}{-2}=-24$だから，求めるyの変域は$-24 \leqq y \leqq -8$である。

(10)<数の性質>$\sqrt{3a}$が整数となるとき，整数aは，$a=0$，3，$3\times2^2=12$，$3\times3^2=27$，$3\times4^2=48$，$3\times5^2=75$，……となる。$10 \leqq a \leqq 70$だから，$a=12$，27，48である。

(11)<資料の活用>生徒は2020人なので，中央値は点数が小さい方から1010番目と1011番目の値の平均値となる。また，65点以下の生徒と68点以上の生徒が1005人ずついるので，66点または67点の生徒

は2020－1005－1005＝10(人)となる。65点以下の生徒が1005人より，点数を小さい順に並べると，66点または67点は1006番目から1015番目となる。中央値が67点より，1010番目と1011番目は67点だから，少なくとも1010番目から1015番目までは67点である。よって，67点の生徒は少なくとも1015－1009＝6(人)いる。

2〔確率―さいころ〕

(1)＜確率＞A，B 2個のさいころを同時に1回だけ投げるとき，目の数の出方は全部で6×6＝36(通り)ある。このうち，直線$y=px+q$が右上がりの直線になるのは，さいころAについて，偶数の目が出るときだから，2，4，6の3通りある。それぞれについて，さいころBの目の数の出方は，1，2，3，4，5，6の6通りあるから，直線$y=px+q$が右上がりの直線になる場合は3×6＝18(通り)ある。よって，求める確率は$\frac{18}{36}=\frac{1}{2}$である。

(2)＜確率＞2直線$y=px+q$，$y=x-q$の交点のx座標は，$px+q=x-q$，$px-x=-2q$，$x(p-1)=-2q$より，$x=-\frac{2q}{p-1}$と表せる。$p=2$または$p=-2$だから，$p=2$のとき$x=-\frac{2q}{2-1}=-2q$，$p=-2$のとき$x=-\frac{2q}{-2-1}=\frac{2}{3}q$であり，$q$は正の数だから，交点の$x$座標が正であるのは，$p=-2$のとき，つまり，さいころAの出る目の数が奇数のときである。このとき，さいころAの目の数の出方は1，3，5の3通りあり，それぞれについて，さいころBの目の数の出方は6通りあるので，2直線$y=px+q$，$y=x-q$の交点のx座標が正となる場合は3×6＝18(通り)ある。よって，求める確率は$\frac{18}{36}=\frac{1}{2}$である。

(3)＜出る目＞(2)より，2直線$y=px+q$，$y=x-q$の交点のx座標が正となるのは，さいころAの出る目の数が奇数のときであり，このとき，交点のx座標は$\frac{2}{3}q$と表すことができる。これが4であるとき，$\frac{2}{3}q=4$が成り立ち，$q=6$となるので，さいころBの出る目の数は6である。

(4)＜確率＞(2)より，2直線$y=px+q$，$y=x-q$の交点のx座標が負となるのは，$p=2$のとき，つまり，さいころAの出る目の数が偶数のときである。このとき，交点のx座標は$-2q$と表すことができる。これが－6以下となるのは，$-2q=-6$より$q=3$だから，$q\geqq3$のときである。よって，2直線$y=px+q$，$y=x-q$の交点のx座標が－6以下となる場合は，さいころAの目の数の出方が3通り，さいころBの目の数の出方が3，4，5，6の4通りより，3×4＝12(通り)あるから，求める確率は$\frac{12}{36}=\frac{1}{3}$である。

3〔関数―関数$y=ax^2$と直線〕

(1)＜比例定数，切片＞次ページの図で，2点A，Bは関数$y=ax^2$のグラフ上にあり，x座標がそれぞれ－2，4だから，y座標はそれぞれ$y=a\times(-2)^2=4a$，$y=a\times4^2=16a$より，A$(-2,\ 4a)$，B$(4,\ 16a)$となる。これより，直線ABの傾きは，$\frac{16a-4a}{4-(-2)}=2a$と表せる。また，直線ABの式が$y=x+b$より，直線ABの傾きは1である。よって，$2a=1$が成り立ち，$a=\frac{1}{2}$となる。これより，点Bのy座標は$16a=16\times\frac{1}{2}=8$となり，B$(4,\ 8)$である。点Bは直線$y=x+b$上の点だから，

$8=4+b$ より，$b=4$ である。

(2)＜**面積**＞右図で，2点A，Cの x 座標はともに -2，2点B，Dの x 座標はともに4で，それぞれ等しいので，AC∥〔y 軸〕，BD∥〔y 軸〕となり，AC∥BDである。(1)より，$4a=4\times\frac{1}{2}=2$ だから，A$(-2,\ 2)$である。また，B$(4,\ 8)$だから，AC$=2$，BD$=8$，CD$=4-(-2)=6$ となる。よって，〔台形ABDC〕$=\frac{1}{2}\times$(AC$+$BD)$\times$CD$=\frac{1}{2}\times(2+8)\times6=30$ である。

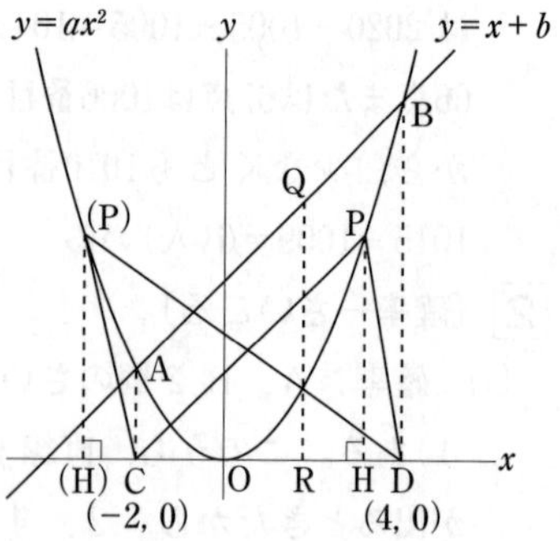

(3)＜x **座標**＞右上図で，点Pから x 軸に垂線PHを引く。△CPDの面積が台形ABDCの面積の半分になるとき，(2)より，△CPD$=\frac{1}{2}$〔台形ABDC〕$=\frac{1}{2}\times30=15$ である。CD$=6$ だから，△CPDの面積について，$\frac{1}{2}\times6\times$PH$=15$ が成り立ち，PH$=5$ となる。これより，点Pの y 座標は5である。

(1)より，点Pは関数 $y=\frac{1}{2}x^2$ のグラフ上の点だから，$5=\frac{1}{2}x^2$，$x^2=10$，$x=\pm\sqrt{10}$ となり，点Pの x 座標は，$-\sqrt{10}$，$\sqrt{10}$ である。

(4)＜x **座標**＞右上図で，点Qを通り y 軸に平行な直線と x 軸の交点をRとする。直線QRが台形ABDCの面積を2等分するので，〔台形AQRC〕$=\frac{1}{2}$〔台形ABDC〕$=15$ である。点Qの x 座標を q とすると，(1)より，点Qは直線 $y=x+4$ 上の点だから，$y=q+4$ となり，Q$(q,\ q+4)$となる。このとき，QR$=q+4$，CR$=q-(-2)=q+2$ となる。よって，台形AQRCの面積について，$\frac{1}{2}\times\{2+(q+4)\}\times(q+2)=15$ が成り立つ。これを解くと，$(q+6)(q+2)=30$，$q^2+8q-18=0$ より，$q=\frac{-8\pm\sqrt{8^2-4\times1\times(-18)}}{2\times1}=\frac{-8\pm\sqrt{136}}{2}=\frac{-8\pm2\sqrt{34}}{2}=-4\pm\sqrt{34}$ となる。点Qが線分AB上を動くことより，$-2\leqq q\leqq4$ だから，$q=-4+\sqrt{34}$ である。

2021年度／順天高等学校(第１回推薦Ⅰ・Ⅱ)

国語解答

一 問一 ア 接触 イ 前提 ウ 外敵 エ 雷雨 オ 職場

問二 3 問三 B

問四 律令国家は中国の制度というより，当時の国家になるための国際的な制度だったから。(39字)

問五 平城京は山の霊威に守られた場所に営まれていたから。(25字)

問六 ・季節の訪れを感じ，触れる場所
・外国に使節を送る際に日本中の神々を集めて無事の帰還を祈願する場所

二 問一 こうじて

問二 a…5 b…4 問三 2

問四 3

問五 天皇が忠見の歌は二，三回しかよまなかったのに対して，兼盛の歌は何度もよんでいたから。(42字)

問六 4

一〔論説文の読解—文化人類学的分野—日本文化〕出典；古橋信孝「文化で読み解く日本の歴史」(『日本の個性』所収)。

≪本文の概要≫日本は，中国の文化と接触する中で律令国家をつくったが，これを指して，まねしたというような言い方は正しくない。中国周辺の地域が律令制によったのは，律令制が，当時の国家になるための国際的な制度だったからであり，どこに始まったかを問うことには，意味がない。平城京は，中国の長安や洛陽をモデルとしているが，城壁がつくられなかった。代わりに，平城京，平安京は，周囲を山に囲まれている。日本の都は，山の霊威に守られた場所に営まれるのが基本だった。そして，都と山の間には野があり，野は，季節の訪れを感じ，触れる場所であり，また，外国に使節を送る際に，神々を集めて無事の帰還を祈願する場所であった。『万葉集』には，春日野に春がきたので「友並めて」出かけたとあり，野遊びが古くからの習俗だったことが読み取れる。村の野遊びは，全員で行動するが，貴族たちの野遊びは，同僚たちと誘い合わせていくものであり，都市的なものだった。これは，近世以降の郊外へ花見，紅葉狩りに出かける習俗に通じている。都市の周辺に広がる野は，郊外なのである。

問一＜漢字＞ア.「接触」は，他のものに近づき，交流を持つこと。 イ.「前提」は，ある事柄を成立させるための基本的な条件のこと。 ウ.「外敵」は，国外から攻撃してくる敵のこと。 エ.「雷雨」は，雷を伴う雨のこと。 オ.「職場」は，仕事を行うための場所のこと。

問二＜接続語＞Ⅰ．都は，「山の霊威に守られた場所に営まれるのが基本」であり，加えて「平城京は春日野，平安京は北野のように，都と山のあいだに野をもって」いた。 Ⅱ.「春の訪れを春日野で受感するのはだれもがすること」で，「野遊びという古くからの習俗だった」のだが，村の野遊びとは違って，「貴族たちの野遊び」は，「同僚たちと誘い合わせていくもの」であった。 Ⅲ.「村の野遊びなら，全員で行動する」が，貴族たちは，「同僚たちと誘い合わせていく」のであり，要するに「職場の同僚同士で出かける平城京における野遊びは都市的なもの」だったのである。

問三＜文脈＞筆者が学生の頃，日本の古代都市は都市ではないといわれていたが，それに対して筆者は，人が大勢集まり，生活をしている空間は都市ではないのかと反発を覚えた。その「日本におけるはじめての都市」は，藤原京とされている。

問四＜文章内容＞律令国家は，「中国の制度というより，当時の国家になるための国際的な制度」だった。日本は，中国のまねをしたというより，国際的な制度である律令制を採用して，「日本の国に合うように」変えていったというのが，実情である。

問五＜文章内容＞日本の都市は，平城京も平安京も，周囲を城壁ではなく，「山に囲まれて」いる。これは，日本では「都は山の霊威に守られた場所に営まれるのが基本」だったからである。

問六＜文章内容＞『万葉集』からは，野は，「季節の訪れを感じ，触れる場所」であり，「外国に使節を送る際に日本中の神々を集めて無事の帰還を祈願する場所」であったことがわかる。

二〔古文の読解―説話〕出典；無住法師『沙石集』巻第五末ノ四。

≪現代語訳≫天徳の歌合のとき，兼盛と忠見が，ともに随身として左右で対になった。初恋という題をいただいて，忠見は，「名歌をよみ出すことができた」と思い，「兼盛にもこれほどの歌をよみ出すことはできないだろう」と思った。

恋をしたという私のうわさはもう広まってしまった。人知れずひっそりとあの人に恋をし始めたところだったのに。

そうして，いよいよ(天皇の)おん前で歌をよみ上げて，判定されることになったが，兼盛の歌に，

隠していても表情に出てしまったことだよ，私の恋は。物思いをしているのではないかと人が尋ねるほどに。

どちらも名歌であったので，判者は，判定できなくて，しばらく天皇のご意向をうかがっていたところ，天皇は，忠見の歌を，二，三回口ずさまれた。(一方で)兼盛の歌は何度も口ずさまれたのでそのときに，(判者は)「天皇のご意向は左にある」と考えて，兼盛が勝ったのだった。

忠見は，情けなく思われて，胸がふさがったようになって，それ以来食欲の失せる病気になって，快復の望みがないとの話を聞いて，兼盛が見舞いに訪れたところ，「別段の病気ではない。御歌合のときに，名歌をよみ出したと思われましたのに，あなたの，『物思いをしているのではないかと人が尋ねるほどに』という歌に，『ああ(何ということだ)』と思って，驚いてしまったときから，胸がふさがって，このように病が重くなってしまったのです」と言って，とうとう亡くなってしまった。執着はつまらないことだけれども，ある道に執着するという世の常の姿は，もっともだとも思われて，しみじみと心を打たれる。どちらも名歌なので，『拾遺和歌集』に収められているのでしょうか。

問一＜歴史的仮名遣い＞歴史的仮名遣いの「au」は，現代仮名遣いでは「ou」になる。

問二＜古典文法＞ａ．係助詞「こそ」に呼応して，文末の助動詞「き」が，已然形の「しか」になる。
ｂ．係助詞「や」に呼応して，動詞「思ふ」が連体形になる。

問三＜古文の内容理解＞天皇が兼盛の歌を何度も口ずさまれたので，判者は「天気左にあり」として，兼盛の勝ちと判定した。

問四＜現代語訳＞「いかで～べき」は，どうして～できるだろうか，いや，できるはずがない，という反語の意味を表す。したがって，「兼盛もいかでこれ程の歌よむべき」は，兼盛にもどうしてこれほどの歌をよむことができるだろうか，いや，できるはずがない，という意味である。

問五＜古文の内容理解＞天皇が，右方の忠見の歌を二，三回しか口ずさまれなかったのに対して，左方の兼盛の歌は，何度も口ずさまれたため，判者は，天皇が高く評価されているのは兼盛の歌の方だ，と考えたのである。

問六＜文学史＞『古今和歌集』は，平安時代に紀貫之らによって編さんされた日本初の勅撰和歌集。『万葉集』は，奈良時代に編さんされた現存する日本最古の和歌集。『和漢朗詠集』は，平安時代に藤原公任によって編さんされた，朗詠のための詩文集。『発心集』は，鎌倉時代に鴨長明によって著された仏教説話集。『新古今和歌集』は，鎌倉時代に藤原定家らによって編さんされた勅撰和歌集。

2021年度　順天高等学校

【英　語】（60分，うちリスニングテスト約10分）〈満点：100点〉

第1問（リスニングテスト）

第1問リスニングテストは，Part A から Part C までの3部構成となっています。各部の指示に従って，注意して放送を聞き，後に続く問題に答えなさい。

Part A　これから短い英文が2度ずつ読まれます。その英文に対する応答として最も適切なものを，ア～エの中から1つ選びなさい。

(1)　ア　It is eleven o'clock now.
　　イ　I was very tired last night.
　　ウ　At around one o'clock.
　　エ　I was doing my homework.

(2)　ア　It will be in October.
　　イ　You can go there by subway.
　　ウ　The number of students is very small this year.
　　エ　At the city hall across the street.

(3)　ア　No.　I couldn't go there.
　　イ　I have a terrible headache.
　　ウ　I had a good sleep last night.
　　エ　OK.　I'll lock the door before I leave.

(4)　ア　Yes, she traveled abroad last year.
　　イ　She said that she wants to be rich.
　　ウ　Yes, she talked to me about it last Saturday.
　　エ　He is too afraid to study abroad.

(5)　ア　Don't worry.　I'm OK.　　イ　No problem.
　　ウ　Thank you, too.　　エ　Don't be afraid.

Part B　これからAとBの対話が2度ずつ流れます。対話の後で，内容に関する質問が読まれます。質問の答えとして最も適切なものを，ア～エの中から1つ選びなさい。

(1)　ア　Think of gifts for the kids.
　　イ　Go buy a video game.
　　ウ　Go to a pet store.
　　エ　Ask his friend about a kitten.

(2)　ア　She is going to take a performance test.
　　イ　She is not so nervous.
　　ウ　Jim wished her good luck.
　　エ　Jim will buy her dinner.

(3)　ア　Scientist　　イ　Engineer　　ウ　Teacher　　エ　Nurse

(4)　ア　The waiter gave the wrong food to the customer.
　　イ　The waiter gave the right bill to another table.
　　ウ　The customer is happy with the service.

エ　The waiter gave the wrong bill to the customer.

(5)　ア　He's checking into a hotel.

イ　He's checking out of a hotel.

ウ　He's looking for a hotel.

エ　He's staying at a hotel.

Part C　これから長めの英文が２度読まれます。その英文に対する質問の答えとして最も適切なものを，ア～エの中から１つ選びなさい。まず質問に目を通してから，注意して放送を聞きなさい。

(1)　According to the speaker, what happened with the 13th floor?

ア　The hotel owner was repairing the floor.

イ　The elevator button for the floor was broken.

ウ　Using number 13 for the floor was avoided.

エ　The hotel only had 12 floors.

(2)　Which is true about an old story about Vikings?

ア　One of the 12 gods was killed by a bad god.

イ　People thought Friday was unlucky.

ウ　One of the dinner guests died one year later.

エ　People were careful about their activities.

(3)　What do some people think about Friday?

ア　It is not good for inviting 13 people to dinner.

イ　It is not good for starting a new job.

ウ　It is good for beginning a trip.

エ　It is good for getting married.

※**＜リスニングテスト放送原稿＞**は英語の問題の終わりに付けてあります。

第２問

1　次の各英文の(　)に入れるものとして最も適切なものをそれぞれ下のア～エの中から１つ選びなさい。

(1)　Take a rest, (　　) you won't get well.

ア　if　　イ　so　　ウ　and　　エ　or

(2)　My sister lost her dictionary, so she has to buy a new (　　).

ア　it　　イ　one　　ウ　other　　エ　another

(3)　A：How many times (　　　　) to the lake?

B：Only once.

ア　has he been　　イ　he has been

ウ　has been　　エ　have he been

(4)　The audience will (　　) at the performance.

ア　surprise　　イ　surprised

ウ　be surprising　　エ　be surprised

(5)　A：Would you mind (　　) the window?

B：No problem.

ア　opening　　イ　to open

ウ　for opening　　エ　opens

2 次の英文の空所に入る最も適切な１語を答えなさい。ただし先頭の文字が与えられているときは，その文字で始まる１語を答えること。

(1) When my brother was born, I (n　　) him Jack.
(2) I'm looking (　　) to watching the movie with you.
(3) It's so hot today. I want (　　) cold to drink.
(4) The road was (c　　) with a lot of leaves.
(5) Please speak as slowly as (p　　).

第３問

次の英文を読んで，あとの問に答えなさい。（＊印の語句には脚注があります。）

The wolf is one of the world's most interesting animals. It is strong and fast, and has sharp eyes to see far and wide. Some people may *turn respectful eyes to the fascinating animal. But it is often disliked. Wolves have been killed in great numbers because they often eat a cow or a sheep as a meal. For that reason they disappeared a long time ago from many places.

In recent years, however, there have been programs to bring them back. These programs try to *reintroduce wolves into the wild. Many people understand the activity very well because they know that a love of nature means protecting wild animals and wild places. They feel that ①something important is lost when a fascinating animal like the wolf is gone forever.

At the same time, there are *those who still fear that wolves will kill their sheep or cows, and so they are often against ②the idea. Wolves live in a group called a "pack". And one usually has six to eight members. Usually, they are good hunters, but sometimes, they can go two weeks without food. A pack of six wolves eats an average of 300 kilograms of meat per month.

A famous example of success in bringing back wolves is *Yellowstone National Park in Wyoming. After the wolves were all gone, the *ecosystem there was destroyed. The number of *grass-eating animals increased and they ate almost all the grass in the fields. More and more *coyotes appeared at the farms and killed cows and sheep. So the program of reintroducing wolves started. In January 1995, 14 gray wolves were caught in Canada and moved to Wyoming. The program went very well and ended when the last group of 17 gray wolves was brought to Yellowstone Park in the winter of 1996 - 1997. By 2012 they didn't have to be protected anymore. The number of them successfully got back.

Most wolves in Alaska and Canada are very hard for visitors to see, because the animals are afraid of hunters and hide ; but those animals in Yellowstone are much (　③　).

For the first time in nearly 70 years, the *unique cry of the wolf was able to be heard in Yellowstone Park. And now there are more than 500 wolves running free in and around the huge park.

（注）＊turn respectful eyes to the fascinating animal：魅力的な動物に畏敬の目を向ける
＊reintroduce wolves into the wild：オオカミを再野生化する
＊those who still fear that ～：～であることを依然として恐れている人々
＊Yellowstone National Park in Wyoming：ワイオミング州イエローストーン国立公園
＊ecosystem：生態系　＊grass-eating animal：草食動物
＊coyote：コヨーテ（オオカミに似ている肉食獣）　＊unique cry：独特な鳴き声

(1) 下線部①を日本語に直しなさい。

(2) 下線部②はどのような考えか，10字以上15字以内の日本語で説明しなさい。

(3) 空所(③)に入る英語として最も適当なものをア～エの中から１つ選びなさい。

ア　more afraid of them

イ　less successful at hiding

ウ　easier for visitors to see

エ　harder for hunters to find

(4) 本文の内容に関する下の質問の答えとして最も適当なものをア～エの中から１つ選びなさい。

Why did wolves disappear long ago from many places?

ア　Many of them were killed because they ate cows and sheep.

イ　The good points of wolves were not introduced until 2012.

ウ　People didn't have a love of nature.

エ　Many people didn't want to reintroduce wolves into the wild.

(5) 本文の内容に関する次の質問に英語で答えなさい。

On average, how much meat does one wolf eat in a month?

第４問

次の英文を読んで，あとの問に答えなさい。

My name is Akiko. I am a Japanese high school student. I came to live in America with my family two weeks ago. One day, my mother asked me about my school life. I answered that I enjoyed it very much. But that was not true. I didn't want my mother to worry about me.

I always said to myself, "I live in two worlds, one at home and the other at school. They are very (①). At home I speak Japanese and live a happy Japanese life with my family. ②I feel that school is far away when I am at home. In class at school, teachers sometimes speak English very fast, so I don't understand them. I want to talk with a friend about that, but I don't have any friends. Every day I wait for a student to talk to me."

The other day in art class the teacher stopped at my desk and said, "Akiko, your picture is very wonderful!" Then many students came to see my picture.

After the art class one girl came to me. At last a student talked to me! She said, "Hi, Akiko. I'm Mary. I would like to talk with you after school."

③I was very happy. I said, "Yes, of course."

After school we went to Mary's house and began to talk. Mary was also interested in drawing pictures. We talked about a lot of things. When I talked about my idea of the two worlds, Mary said, "I didn't know that. But you can ask teachers to speak more slowly. If you want to make your school life happy, you should try to say something to us. We will help you anytime."

I had a very good time with Mary. I ran home to tell my mother about my new friend, but she was not there. Soon my mother came home. "Mom, where have you been?" I asked.

"④I went to an English language school. I began to study English," answered my mother.

"You don't have to study English so hard because you stay home every day," I said.

"I want to make friends to learn about America and tell them a lot about Japan," said my mother.

“Mary and my mother have the same idea,” I thought. “Today I learned an important thing from Mary and my mother. It is not good to (　⑤　) when we are in a foreign culture. I will try hard to make my school life happy.”

(1) (①)に入る語として最も適当なものを，ア～エの中から１つ選びなさい。

ア comfortable　　イ interesting

ウ different　　エ happy

(2) Akikoが下線部②のように感じた背景として最も適当なものを，ア～エの中から１つ選びなさい。

ア アメリカにいると，故郷・日本での生活が遠く感じられるから。

イ 友達に心配をかけないよう，学校での辛い状況を隠さないといけないから。

ウ 時々先生や友達の言っていることがわからず孤独を感じることがあるから。

エ 先生の言葉が理解できない時があり，それを相談できる友達もいないから。

(3) 下線部③の理由を日本語で答えなさい。

(4) 下線部④で示されているように，Akikoのお母さんが英語の勉強を始めたのはなぜか。その理由を日本語で答えなさい。

(5) (⑤)に入る表現として最も適当なものを，ア～エの中から１つ選びなさい。

ア ask people to help us

イ stay in our small world

ウ forget our own language

エ learn a new way of living

第５問

日本語の意味になるように，与えられた語を並べかえなさい。

(1) 最寄りの駅までどうやって行けばよいのか，私に教えていただけますか。

Could you tell me (　　)(　　)(　　)(　　)(　　)(　　)(　　)?

station / to / how / the / get / to / nearest

(2) 北海道は日本の他のどの都府県より大きい。

Hokkaido (　　)(　　)(　　)(　　)(　　)(　　)(　　) Japan.

in / any / than / prefecture / is / other / larger

＜リスニングテスト放送原稿＞

それではこれからリスニングテストを始めます。

第１問リスニングテストは，Part AからPart Cまでの３部構成となっています。各部の指示に従って，注意して放送を聞き，後に続く問題に答えなさい。

Part A　これから短い英文が２度ずつ読まれます。その英文に対する応答として最も適切なものを，ア～エの中から１つ選びなさい。

(1) You look sleepy. What time did you go to bed?

(2) Where will the interview be?

(3) You don’t look well, John. Are you OK?

(4) Is she planning to study in a foreign country in the future?

(5) Thanks for telling me about the change of schedule.

Part B　これからAとBの対話が2度ずつ流れます。対話の後で，内容に関する質問が読まれます。質問の答えとして最も適切なものを，ア～エの中から1つ選びなさい。(W＝Woman, M＝Man)

(1) A (W) : John, do you have any ideas for Christmas presents for our kids this year?
B (M) : They always say they want video games, but we just bought them some last month.
A (W) : Yes, that's right. Giving them video games is not a good idea. How about getting a pet? I remember when we were in front of a pet store last week and they said, "Let's get a dog or a cat."
B (M) : Yeah. I like that idea. Actually, my friend's cat just had kittens. Shall I call and ask him to give us a kitten? Buying things with money is not the only way to give Christmas presents.
QUESTION : What will the man do after this?

(2) A (M) : So, tomorrow is a big day for you, Satomi. Are you excited or nervous?
B (W) : It's a big theater audition. There will be a performance test. I'm really excited about it.
A (M) : Well, good luck, or I should say, "Break a leg!"
B (W) : Thank you, Jim. If I'm chosen as one of the members, please buy me dinner, OK?
QUESTION : Why is Satomi excited?

(3) A (M) : How is my son doing?
B (W) : His test scores are good, and he has made a lot of friends with the other children.
A (M) : He told me that he wants to be a scientist in the future.
B (W) : Well, I'll encourage him to do his best.
QUESTION : What job does the woman do?

(4) A (W) : Excuse me, I think somebody made a mistake with my bill.
B (M) : Oh really?
A (W) : Yes, I think you gave me the wrong bill.
B (M) : Please wait a moment. Oh, you're right. I'm really sorry. This is for another table.
QUESTION : What is the problem?

(5) A (W) : Have you decided on the hotel yet?
B (M) : Could you please keep quiet. I'm trying to do that right now.
A (W) : Remember it is for two nights, the 20th and 21st.
B (M) : OK. I'll be sure to tell him.
QUESTION : What is the man doing?

Part C　これから長めの英文が2度読まれます。その英文に対する質問の答えとして最も適切なものを，ア～エの中から1つ選びなさい。まず質問に目を通してから，注意して放送を聞きなさい。

(15秒後)　では，始めます。

When I visited America, I stayed at a hotel without the 13th floor. In the elevator, there was no button for floor 13. It just jumped from 12 to 14. Why? Was the hotel owner repairing the 13th floor? Or was the button for the 13th floor broken? No. There actually was a 13th floor but using number 13 was avoided. What's the reason for this idea?

People often say that the 13th day of the month is unlucky, if it is a Friday. They think the number brings bad luck. They are careful about their activities because they don't want to have an accident. Some people also think that it should be unlucky for a group of 13 to eat dinner together. Some say that one of them will die within a year.

Why has the number 13 become so bad？ Maybe this started with the Vikings of northern Europe in the past. They told the story of a great dinner for 12 gods. The bad god - Loki, was angry because he was not invited to the dinner. But still, Loki quietly went to the dinner. Now there were 13 guests. One of the gods at the dinner was killed, and since then, some people think the number 13 is unlucky.

Some think it started with the story of Jesus Christ. At the Last Supper, there were 13 people including Jesus. Because he was killed after the supper, number 13 was seen as a dangerous event. Also, it is believed that Christ was killed on Friday. That's why some people think Friday is a bad day to start a new job, to begin a trip, to cut one's nails, or to get married.

以上でリスニングテストを終わります。

【数 学】（50分）〈満点：100点〉

〔注意〕 分数形で解答する場合は，それ以上約分できない形で答えなさい。根号を含む形で解答する場合は，根号の中に現れる自然数が最小となる形で答えなさい。

1 次の各問いに答えなさい。

(1) $\sqrt{27}-\sqrt{12}-\sqrt{75}+\sqrt{48}$ を計算しなさい。

(2) $xy-2x-2y+4$ を因数分解しなさい。

(3) 1次方程式 $\dfrac{2x-1}{3}-\dfrac{x-3}{2}=1$ を解きなさい。

(4) あるクラスのテストで，男子だけの平均点は a 点で女子だけの平均点は b 点であった。男子生徒が15人，女子生徒が25人，合計40人のこのクラスの平均点を a，b を使って表しなさい。

(5) x 人で食事にいったとき，支払いを1人2000円ずつ集めると1000円不足して，1人2400円ずつ集めると1800円余るという。x の値を求めなさい。

(6) 1から5までの整数の書かれたカードが1枚ずつ全部で5枚あり，この中から同時に2枚のカードを引くとき，2枚のカードの数の和が3の倍数になる確率を求めなさい。

(7) 関数 $y=ax^2$ の x の変域が $-1\leqq x\leqq 2$ のとき，y の変域が $-2\leqq y\leqq b$ であったという。このとき定数 a，b の値を求めなさい。

(8) 4％の食塩水と7％の食塩水を混ぜて，6％の食塩水を300ｇ作りたい。このとき，4％の食塩水を何ｇ使えばよいか答えなさい。

(9) 次の①～⑤の中から必ず△ABC≡△PQR となるものをすべて選び，番号で答えなさい。

① ∠ABC＝∠PQR，∠BCA＝∠QRP，∠CAB＝∠RPQ
② AB＝PQ，AC＝PR，∠ABC＝∠PQR
③ ∠ABC＝∠PQR＝90°，AC＝PR，AB＝PQ
④ ∠ABC＝∠PQR，AC＝PR，∠BCA＝∠QRP
⑤ AB＝PQ，AC＝PR，∠CAB＝∠RPQ

2 3つの直線 $y=2x-3$，$y=\dfrac{2}{3}x+1$，$y=kx$ がある。

(1) $y=2x-3$ と $y=\dfrac{2}{3}x+1$ の交点の座標を求めなさい。

(2) 3つの直線で囲まれる三角形を作ることができないような k の値を小さい順にすべて書きなさい。

(3) $k=0$ のとき3つの直線で囲まれた部分の面積を求めなさい。

3 一辺の長さが24の正方形ABCDがある。点Pは毎秒3の速さでAを出発して辺AB上を往復する。同様に点Qは毎秒4の速さでBを出発して辺BC上を往復し，点Rは毎秒1の速さでDを出発して辺DA上を往復する。点P，Q，Rが同時に出発して t 秒後のことについて，次の問いに答えなさい。

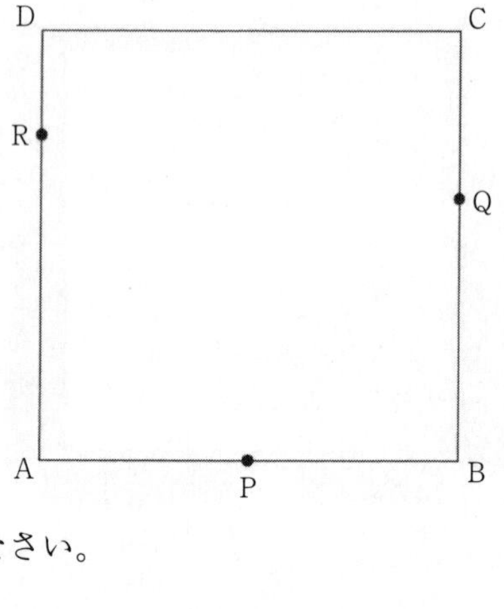

(1) $0<t<8$ における，△APRの面積を t を用いて表しなさい。

(2) △APRの面積と△PBQの面積が最初に等しくなるのは何秒後か答えなさい。

(3) $0<t<6$ のとき，△PBQ の面積が30になるのは何秒後か答えなさい。

(4) $6<t<8$ のとき，△PBQ の面積が30になるのは何秒後か答えなさい。

4　2つの異なる整数a，bについて，$P(a, b)$を次のように定める。

・$a<b$のとき，$P(a, b)$は$a+b$からaとbの間にある整数すべての和を引いた数。

・$a>b$のとき，$P(a, b)$はaとbの間にある整数すべての和から$a+b$を引いた数。

例えば，$P(1, 5)$は$1<5$なので，$P(1, 5)=(1+5)-(2+3+4)=-3$であり，$P(-1, -2)$は$-1>-2$で，-1と-2の間に整数はないので$P(-1, -2)=0-\{-1+(-2)\}=3$である。

(1)　$P(34, 37)$を求めなさい。

(2)　$P(5, 1)$を求めなさい。

(3)　$P(-100, 101)$を求めなさい。

(4)　$P(a-1, a+5)$をaの式で表しなさい。

(5)　$P(a-1, a+5)=2\times P(2a-1, 2a+5)-3$のとき，$a$の値を求めなさい。

(6)　次の①から③の中で常に成り立つものをすべて選び，その番号を解答欄に書きなさい。

①　$P(a, b)>0$

②　$P(a, a+3)=0$

③　$P(a, b)+P(b, a)=0$

安積山《あさかやま》影さへ見ゆる山の井の4浅くは人をCおもふものかは

とよみて、木に書きつけて、5庵《いほ》に来《き》て死にけり。男、物などもとめて持《も》て来《き》て、死にてふせりければ、いとあさましと思ひけり。山の井なりける歌を見てかへり来て、これを(注6)思ひ死にに、かたはらにふせりて死にけり。

(注1) 聞えさすべきこと…申し上げたいこと。
(注2) さる心まうけして…あらかじめ周到に準備をしておいて。
(注3) 庵…粗末な小屋。後の「庵《いほ》」も同じ。
(注4) はらみにけり…妊娠した。
(注5) 山の井…山の中で、湧き水がたまって自然にできた井戸。
(注6) 思ひ死にに…死ぬほど思いつめて。

問一 〰〰A〜Cをそれぞれ現代仮名遣いに直しなさい。

問二 ——1は「どうしても」という意味の古語であるが、この意味から考えて適当な漢字を当てなさい。

問三 ——2のときの「むすめ」の状況を説明したものとして最も適当なものを、次の1〜5から選び、番号で答えなさい。

1. 会ったこともない内舎人の突然の行動に驚いて、心底おびえている。
2. 好意を寄せていた内舎人の呼びかけに、何らかの期待感を抱いている。
3. 内舎人の無礼な行動に不快感をおぼえ、冷たくあしらおうと思っている。
4. 内舎人の行動に不信感を持っているが、特に警戒はしていない。
5. 身分の低い内舎人に声をかけられたことを、父に訴えようと思っている。

問四 ——3のように「むすめ」が感じるのはなぜか、その理由を説明しなさい。

問五 ——4は何が「浅い」というのか、次の1〜5から**適当でないもの**を一つ選び、番号で答えなさい。

1. むすめの大納言を思う気持ち
2. むすめの内舎人に対する思い
3. 内舎人のむすめに対する愛情
4. 安積山で暮らし始めてからの歳月
5. 安積山の中にある山の井

問六 ——5のようになったのはなぜか、直前の文章をふまえて、その理由を簡潔に説明しなさい。

問七 この話のように、古文には「男が女を盗みだした結果、不幸な結末を迎える」という展開をとるものが多いが、それはなぜだと考えられるか、自分のことばで説明しなさい。

Y「ジレンマ」
1. いつまでも答えを出せずにいること。
2. よい解決策を求めて思案すること。
3. 相反する事柄の板ばさみになること。
4. 迷いが晴れずいらいらすること。
5. 前提と矛盾した結論にいたること。

問三 ――A「両者」を具体的に表している部分を本文中から書き抜きなさい。

問四 甲 に当てはめるのにふさわしい一文を「ラジコン」・「使用」の二語を使って二十字以内で考え、答えなさい。ただし、「ラジコン」・「使用」を使う順番は問わない。

問五 ――B「親の与える高価な玩具の多さは、一種の公害のようなものである」とあるが、そう言える理由を、たとえを用いずに六十字以内で説明しなさい。

問六 ――C「本当の大人」とはどのような存在のことか。六十字以内でわかりやすく説明しなさい。

問七 ――D「意識的な活動」を説明したものとして最も適当なものを次の1~5から選び、番号で答えなさい。
1. 既存の知識や知恵に頼らず、独創的な価値をつくりだすこと。
2. 病的とも言える退行状態を乗り越え、真の大人へと成長すること。
3. 何らかの着想を得ようとして、自分の内なる幼児的な心性に身をゆだねること。
4. 常識を疑い、自由にイマジネーションをはたらかせること。
5. 退行の過程で得たイマジネーションを、大人の知恵を用いて現実化すること。

問八 本文の内容と一致するものを次の1~5から一つ選び、番号で答えなさい。
1. イマジネーションが子どもっぽい空想どまりのものである場合、それは創造の源泉にはなり得ない。
2. 与えられる情報量の多さが、子どもたちのイマジネーションのはたらきを弱める一因になっていると思われる。
3. 自らの内にある子ども性は創造のヒントを与えてくれるものなので、青年は子どものままでいてもよい。
4. 何かを創造しようとする際にはあえて何もしない期間が必要であり、そうした期間を創造的退行という。
5. 知恵や知識はイマジネーションのはたらきを阻害するばかりで、子どもにとって必要のないものと言える。

二

次の文章は『大和物語』の一節である。昔、ある大納言に美しい娘がいた。大納言は帝に嫁がせようと娘を大切に育てていたが、あるとき、大納言に仕える内舎人《うどねり》がこの娘を見初めて夢中になってしまった。以下の文は、これに続くものである。これを読み、後の問いに答えなさい。（設問の都合上、本文の表記を一部改めた箇所がある。）

夜昼《よるひる》いとわびしく、病《やまひ》になりておぼえければ、「1せちに(注1)聞《きこ》えさすべきことなむある」といひわたりければ、「2あやし。なにごとぞ」といひて出《い》でたりけるを、(注2)さる心まうけして、ゆくりもなくかき抱きて、馬に乗せて、陸奥《みち》の国《くに》へ、夜《よる》ともいはず、昼ともいはず、逃げていにけり。安積《あさか》の郡《こほり》、安積山といふ所に(注3)庵《いほり》をつくりて、この女をAすゑて、里に出て物などはもとめて来《き》つつ食《く》はせて、年月《としつき》を経《へ》てありへけり。

この男いぬれば、ただひとり物も食はで山中にBゐたれば、3かぎりなくわびしかりけり。かかるほどに(注4)はらみにけり。この男、物もとめにいでにけるままに、三《みか》、四《よ》日《か》来《こ》ざりければ、待ちわびて立ちいでて、(注5)山の井《ゐ》にいきて影を見れば、わがありしかたちにもあらず、あやしきやうになりにけり。鏡もなければ、顔のなりたらむやうも知らでありけるに、にはかに見れば、いとおそろしげなりけるを、いとはづかしと思ひけり。さてよみたりける。

しての大人を考えるときは、事態はそれほど単純ではない。このことは、真の大人というものは、そのなかに子どもっぽさを残している人だ、というふうにはいえないだろうか。ここにいう子どもとは、世の中のことをすべてきまりきったことだとは考えずに、あらゆることに疑問をもち、イマジネーションをはたらかせる存在だということである。コップを見ても、それはコップだということですませてしまわないで、そのコップはひょっとして話をするのではないかとか、もしもコップが空を飛んだらとか、考えてみることのできる大人こそ、C本当の大人ではなかろうか。大人になっても、自分のこころの中に住んでいる子どもを、殺さずに生かしておくのである。

このようにいっても、大人のこころのなかの子どもの生かし方は、なかなか難しいのではなかろうか。内界の子どもの力が強すぎて、何を見てもイマジネーションばかりはたらかせていたのでは、大人としての義務を遂行できないであろう。といって、子どもの力を弱めてしまうと、すべてのことがきまりきったことになって、創造性がなくなってしまう。

青年期は子どもと大人の境界にあって、早く大人になりたいという気持《きもち》と、いつまでも子どもでいたいという気持のYジレンマに苦しんでいる時期である。そのときに、大人になることは、子ども性をまったくウホウキすることではなく、むしろ、子どもをうまく大人のなかに残してゆくことが、真の大人になる道であることを教えてやると、随分《ずいぶん》と気が楽になるのではなかろうか。そして、このことはいつまでも子どものままでいることと、同じではないのは当然のことである。

創造的退行という言葉がある。退行というのは、人間のこころの状態が子どもの頃に帰るような状態になり、まったくの無為《むい》になったり、馬鹿げた空想をしたりするようなことをいう。退行がひどいときは、幼児的な心性までが出てきて、病的な様相を示すことになる。したがって、退行ということは、最初は病的な状態とばかり考えられ、いろいろな精神障害の説明のために用いられたりしていた。ところが、極めて創造的な人々の様子をよく観察すると、創造活動が活潑《かっぱつ》になるときに、退行現象が生じることが解ってきたのである。もちろん、それまでには意識的なエタンサク活動が大いに行われるのであるが、それに疲れた頃にこのような退行が生じ、そのときに普通では思いつけなかったようなあらたな発見の萌芽《ほうが》が生じるのである。それを確実に有用な創造にするためには、再びD意識的な活動が必要となってくるのだが、何しろ、もっとも根本的な着想は退行時に生じているのだから、そのような現象を称して創造的退行というようになったのである。

創造的退行の現象は、今までのいい方によると、大人が自分の内なる子どもとオセッショクをはかり、子どもとの対話のなかにヒントをつかみ、それを再び大人の知恵によって現実化してゆくことといえそうである。このように、大人のなかの子どもは実に貴重な存在であるにもかかわらず、現在の教育においては、子どもたちを早く大人にしようと焦りすぎていないかを反省すべきである。子どもからイマジネーションや遊びを取りあげ、大人の知識をできるだけ早く、たくさん、子どもに押しつけようとしてはいないだろうか。そのことによって、かえってわれわれは、本当の大人をつくるのに失敗しているのである。

（河合隼雄『大人になることのむずかしさ』による。）

問一　〰〰ア～オをそれぞれ正しい漢字に直しなさい。

問二　――X・Y「おあつらえむき」、「ジレンマ」の本文中における意味として最も適当なものを後の1～5からそれぞれ選び、番号で答えなさい。

X　「おあつらえむき」

1．かつてない斬新さがあること。
2．環境が整っておらず困難が伴うこと。
3．見かけ上ではうまくいっていること。
4．都合のいい状況にあること。
5．思い通りに事が進んで満足していること。

二〇二一年度 順天高等学校

【国語】（五〇分）〈満点：一〇〇点〉

〔注意〕問題文に「説明しなさい」と指示のある問題は、すべて部分採点を行います。積極的に解答を書き込みなさい。

一 次の文章を読み、後の問いに答えなさい。（設問の都合上、省略した箇所がある。）

創造するためにはイマジネーションが必要である。あれかこれかと心に想い描くことによって、われわれは新しくできあがってくるものの可能性を探ることができる。しかし、それは単なる願望アジユウソクの空想であっては駄目である。創造につながるイマジネーションと、すぐに消えさってしまう空想の差は、そこに費される心的エネルギー量の差によって示される。前者の場合は、相当な心的エネルギーを必要とするのである。もっとも、このA両者は判然とは区別し難く、後者のはかない空想が前者の方へと創造的に高められてゆくときもある。

青年期は特にイマジネーションに満ちている時期である。しかも、モデルが無い時代なのだから、自分のイマジネーションをはたらかすのには、まったくXおあつらえむきの時代といえる。しかし、実際には、青年のイマジネーションは、むしろ貧困であるというべきではなかろうか。イマジネーションの涸渇《こかつ》が多くの青年を「しらけ」に追いやっている。これはいったいどうしてだろうか。

青年のイマジネーションを涸渇させる、ひとつの原因として物質的な豊かさがあげられるのではなかろうか。親が子どもに与える玩具を見ると、それがよく解るだろう。現在の玩具は極めて精巧に、高価にできている。親は子どもに対する愛情の深さを、与える玩具の値段によって測られるような錯覚に陥《おちい》っているので、どうしても高価なものを与えてしまう。精巧な玩具はなるほどよくできているが、子どものイマジネーションのはいる余地が少なくできている。甲。しかし、物の無い時代においては、棒切れがいろいろなものに変《か》わることができた。刀にもなれば魔法の杖にもなる。それは子どものイマジネーションと共に、姿を変えることができた。また、子どもたちは少ない玩具で楽しく遊ぶための創意工夫を必要としたのである。

B親の与える高価な玩具の多さは、一種の公害のようなものである。子どものこころの内部に自然に存在しているイマジネーションの宝庫をそれは汚染してゆくのである。玩具だけではなく、外部から与えられる情報量の多さも、イマジネーションのはたらきを鈍くさせるのに役立っているように思う。それに、子どもたちは何と多くのおきまりの知識を覚えねばならないことか。子どもは外から与えられ、外からつめこまれるものが多すぎて、彼の内からの情報としてのイマジネーションをキャッチする力を失ってしまうのである。このことを、物質的に豊かな時代に生きる親たちは、よく心得ておかねばならない。

イマジネーションは創造の源泉であるが、それは子どもっぽいこととして価値をおかない人もある。しかしその「子どもっぽいこと」こそが創造の源泉となるのである。ここで、大人と子どもを対比してもう一度考え直してみると、子どもの不安定さに対して、大人の安定性をあまりにも強調するとき、その安定はイテイタイにもつながるといえるだろう。つまり、毎日毎日きまりきったことを繰り返すだけになってしまって、それを大人と考えるならば、それはまったくつまらないことになってしまう。大人をそのようにとらえる人は、「大人にはなりたくない」と考えることもあろう。確かに、大人と子どもをそのように単純に分類してしまえば、大人になりたくない子どもがあっても当然である。

しかしながら、今まで述べてきたように、創造過程を歩むものと

英語解答

1 Part A (1)…ウ (2)…エ (3)…イ
(4)…ウ (5)…イ
Part B (1)…エ (2)…ア (3)…ウ
(4)…エ (5)…ウ
Part C (1)…ウ (2)…ア (3)…イ

2 1 (1)…エ (2)…イ (3)…ア
(4)…エ (5)…ア
2 (1) named (2) forward
(3) something〔anything〕
(4) covered〔colored〕
(5) possible

3 (1) オオカミのような魅力的な動物が永遠にいなくなったら，何か大切なものが失われる。
(2) オオカミを再野生化する考え。
(3) ウ (4) ア
(5) It eats an average of 50 kilograms.

4 (1) ウ (2) エ
(3) 友人が話しかけてきたから。
(4) アメリカについて学び，日本について多くを伝えるために友人をつくりたいから。
(5) イ

5 (1) Could you tell me how to get to the nearest station ?
(2) Hokkaido is larger than any other prefecture in Japan.

1〔放送問題〕解説省略

2〔文法総合〕

1＜適語(句)選択＞

(1)‘命令文～, or …’で「～しなさい，さもないと…」を表せる。 「休憩しなさい，さもないと元気が出ませんよ」

(2)one には，前に出た名詞と同種の名詞の代わりをするはたらきがある。 「姉〔妹〕は辞書をなくしたので，新しいのを買わなければならない」

(3)A：彼は何回その湖に行ったことがありますか？／B：一度だけです。//「～に行ったことがある」は現在完了の‘経験’用法である have〔has〕been to ～ で表せる。主語が he なので has を使い，疑問文なので主語の前に has を置いて has he been to ～ という語順にする。

(4)be surprised at ～「～に驚く」 「観客はその演技に驚くだろう」

(5)A：窓を開けていただけませんか？／B：いいですよ。//Would〔Will〕you mind ～ing？で「～してくれませんか」という‘依頼’を表せる。

2＜適語補充＞

(1)‘name *A*＋*B*’「*A*を*B*と名づける」 「弟が生まれたとき，私は彼をジャックと名づけた」

(2)look forward to ～ing「～することを楽しみにする」 「あなたと一緒に映画を見るのを楽しみにしている」

(3)「何か冷たい飲み物」となるよう，something cold to drink とする。to drink は something を修飾する形容詞的用法の to不定詞。また，something〔anything, nothing〕を修飾する形容詞はその後ろに置かれる。 「今日はとても暑い。何か冷たい飲み物が欲しい」

(4)be covered with ～「～で覆われている」 「道路は多くの葉で覆われていた」

(5)as ～ as possible で「できるだけ～」。なお，possible の部分に‘主語＋can’を置くこともできる。 「できるだけゆっくり話してください」

3〔長文読解総合―説明文〕

≪全訳≫❶オオカミは世界で最も興味深い動物の１つだ。強く俊敏で，遠く広く見るための優れた目を持っている。その魅力的な動物に畏敬の目を向ける人もいるかもしれない。しかし，オオカミは嫌われることが多い。オオカミは食糧として牛や羊をよく食べるので，多くが殺されてきた。そのため，彼らはずっと昔に多くの場所から姿を消した。❷しかし，最近では，オオカミを復活させるためのプログラムがある。これらのプログラムは，オオカミを再野生化しようとするものだ。多くの人々がその活動をとてもよく理解しているが，それは自然への愛情が野生の動物や野生の場所を保護することを意味するとわかっているからだ。彼らは，オオカミのような魅力的な動物が永遠にいなくなったら，何か大切なものが失われると感じている。❸同時に，オオカミが羊や牛を殺すことを依然として恐れている人もおり，彼らはしばしばその考えに反対している。オオカミは「パック」と呼ばれる群れをつくって暮らす。１つのパックには通常６頭から８頭のメンバーがいる。たいてい彼らは良いハンターだが，ときどき，２週間食べ物なしですますことができる。６頭のオオカミからなるパックは月に平均300キログラムの肉を食べる。❹オオカミを復活させることに成功した有名な例は，ワイオミング州のイエローストーン国立公園だ。オオカミが全ていなくなった後，そこの生態系は破壊された。草食動物の数が増え，畑のほとんど全ての草を食べた。農場に現れるコヨーテの数が増え，牛や羊を殺した。そこで，オオカミの再野生化プログラムが始まった。1995年１月，14頭のハイイロオオカミがカナダで捕獲され，ワイオミング州に移された。プログラムは非常にうまくいき，1996年から1997年の冬に最後の群れとなる17頭のハイイロオオカミがイエローストーン公園に連れてこられたときに終了した。2012年までに，彼らはもはや保護される必要がなくなった。彼らの数は見事に回復した。❺アラスカとカナダのほとんどのオオカミは，ハンターを恐れて隠れているため，訪問客が目撃するのは非常に難しい。しかし，イエローストーンのそれらの動物は，訪問客にとってはるかに目撃しやすい。❻イエローストーン公園では，70年近くぶりにオオカミ独特の鳴き声が聞こえてきた。そして今，500頭以上のオオカミが巨大な公園とその周辺を自由に走っている。

(1)<**英文和訳**>something important は「何か大切なもの」。is lost は受け身形で「失われる」という意味。when ～ は「～のとき」。a fascinating animal like the wolf は，like が「～のような」という意味なので，「オオカミのような魅力的な動物」とする。is gone は「いなくなる」，「消えてしまう」などと訳すとよい。forever は「永遠に」。

(2)<**要旨把握**>and so 以下の主語である they は「オオカミが羊や牛を殺すことを依然として恐れている人」のこと。したがって，彼らが反対する「その考え」とは，１つ前の段落の冒頭部分で述べられている「オオカミを再野生化する考え〔オオカミを復活させるという考え〕」である。

(3)<**適語句選択**>この文の前半で「アラスカとカナダのほとんどのオオカミは，ハンターを恐れて隠れているため，訪問客が目撃するのは非常に難しい」とあり，この後，but「しかし」とある。したがって，前半の内容と対立するウの「イエローストーンのそれらの動物は，訪問客にとってはるかに目撃しやすい」が適する。for visitors は to不定詞の意味上の主語を表す。

(4)<**英問英答**>「なぜオオカミはずっと昔，多くの場所から姿を消したのか」―ア．「彼らの多くは牛や羊を食べたために殺されたから」　第１段落最後の２文参照。

(5)<**英問英答**>「平均して１頭のオオカミは月にどれくらいの肉を食べるか」　第３段落最終文に「６頭のオオカミからなるパックは月に平均300キログラムの肉を食べる」とあるので，１頭当たり月に平均50キログラムの肉を食べることになる。

４ 〔長文読解総合―エッセー〕

≪全訳≫❶私の名前はアキコだ。日本の高校生である。私は２週間前，家族と一緒にアメリカに引っ越してきた。ある日，母が私の学校生活について尋ねてきた。私はとても楽しいと答えた。しかし，それは真実ではなかった。母を心配させたくなかったのだ。❷私はいつも心でこう思っていた。「私は家と学校という2つの世界に暮らしている。それらは全く異なる。家では日本語を話し，家族と一緒に幸せな日本生活を送っている。家にいるとき，学校は遠い世界だと感じる。学校の授業では，先生が英語をとても速く話すことがあるので，理解できない。そのことについて友達に相談したいのに，友達は1人もいない。私は私に話しかけてくれる生徒を毎日待っている」❸先日，美術の授業で先生が私の机の所に来て「アキコ，あなたの絵はとてもすてきね！」と言った。すると，たくさんの生徒が私の絵を見に来た。❹美術の授業の後，1人の女の子が私の所にやってきた。とうとう生徒が私に話しかけてくれた！　彼女は「こんにちは，アキコ。私はメアリー。放課後，あなたと話したいな」と言った。❺私はとてもうれしかった。私は「ええ，もちろん」と言った。❻放課後，私たちはメアリーの家に行き，話し始めた。メアリーも絵を描くことに興味を持っていた。私たちはたくさんのことを話した。私が2つの世界についての考えを話したとき，メアリーは「それは知らなかったわ。でも，先生にもっとゆっくり話すように頼むことができるわよ。学校生活を幸せにしたいのなら，私たちに何かを言おうとするべきよ。いつでもお手伝いするわ」と言った。❼私はメアリーととても楽しい時間を過ごした。私は新しい友達ができたことを母に話すため，走って家に帰ったが，母はいなかった。やがて母が帰ってきた。「お母さん，どこに行ってたの？」と私は尋ねた。❽「英語の学校に行っていたのよ。英語の勉強を始めたの」と母は答えた。❾「毎日家にいるから，そんなに一生懸命英語を勉強する必要はないでしょ」と私は言った。❿母は「友達をつくって，アメリカのことを学んだり，日本についてたくさんのことを教えてあげたりしたいのよ」と言った。⓫「メアリーと母は同じ考えを持っている」と私は思った。「今日，私はメアリーと母から重要なことを学んだ。私たちは外国文化の中で暮らすとき，小さな世界にとどまるのは良くない。私は学校生活を幸せにするために一生懸命努力しよう」

⑴**<適語選択>**この後アキコは，家は身近な世界である一方，学校は遠い世界だと感じると述べている。したがって，「それらは全く異なる」となる different が適する。

⑵**<文脈把握>**下線部②は「学校は遠い世界だと感じる」という意味。この後，その理由として，「先生が英語をとても速く話すことがあるので理解できず，相談したいが友達が1人もいない」という内容が書かれている。

⑶**<文脈把握>**女の子が「放課後，あなたと話したいな」と話しかけてくれたので，アキコは「私はとてもうれしかった」と感じたのである。

⑷**<文脈把握>**第10段落参照。to learn ～ about Japan までが‘目的’を表す副詞的用法の to不定詞句となっている。　make friends「友達をつくる」

⑸**<適語句選択>**メアリーはアキコに，友達ができれば彼らが支援してくれるということを助言し，またアキコの母親はアキコに友達をつくる目的を語ってくれた。このように，アキコは両者から，自分の世界を広げるようにアドバイスされ，そこから刺激を受けたといえるので，「私たちは外国文化の中で暮らすとき，小さな世界にとどまるのは良くない」となるイが適する。なお，⑤が含まれる文は‘It is ～ to ….’「…することは～だ」の形式主語の構文。

5　**〔整序結合〕**

⑴「どうやって～すればよいのか」は how to ～ で表せる。「～まで行く」は「～に着く」と考え，get to ～ とする。「最寄りの駅」は，near「近い」の最上級 nearest を使って，the nearest station とする。

⑵「他のどの～よりも…だ」は‘比較級＋than any other＋単数名詞’という形で表せる(any は「どの」，other は「他の」)。「都府県」は prefecture。

2021年度／順天高等学校

数学解答

1 (1) 0　(2) $(x-2)(y-2)$

(3) $x=-1$　(4) $\dfrac{3a+5b}{8}$点

(5) 7　(6) $\dfrac{2}{5}$

(7) $a=-\dfrac{1}{2}$, $b=0$　(8) 100g

(9) ③，④，⑤

2 (1) (3, 3)　(2) $\dfrac{2}{3}$, 1, 2

(3) $\dfrac{9}{2}$

3 (1) $-\dfrac{3}{2}t^2+36t$　(2) $\dfrac{8}{3}$秒後

(3) $4-\sqrt{11}$ 秒後　(4) 7 秒後

4 (1) 0　(2) 3　(3) -99

(4) $-3a-6$　(5) -1

(6) ②，③

1〔独立小問集合題〕

(1)＜平方根の計算＞与式$=\sqrt{3^2\times3}-\sqrt{2^2\times3}-\sqrt{5^2\times3}+\sqrt{4^2\times3}=3\sqrt{3}-2\sqrt{3}-5\sqrt{3}+4\sqrt{3}=0$

(2)＜因数分解＞与式$=x(y-2)-2(y-2)$として，$y-2=Y$とすると，与式$=xY-2Y=(x-2)Y$となる。Yをもとに戻して，与式$=(x-2)(y-2)$となる。

(3)＜一次方程式＞両辺を6倍して，$2(2x-1)-3(x-3)=6$，$4x-2-3x+9=6$，$4x-3x=6+2-9$，$x=-1$となる。

(4)＜文字式の利用―平均＞男子15人の平均点がa点であることから，男子の合計点は$a\times15=15a$(点)と表せ，女子25人の平均点がb点であることから，女子の合計点は$b\times25=25b$(点)と表せる。よって，クラスの合計点は$15a+25b$点であり，生徒数は40人なので，このクラスの平均点は$\dfrac{15a+25b}{40}=\dfrac{3a+5b}{8}$(点)となる。

(5)＜一次方程式の応用＞x人から1人2000円ずつ集めると1000円不足することから，食事の代金は，$2000x+1000$円と表せる。また，1人2400円ずつ集めると1800円余ることから，食事の代金は，$2400x-1800$円とも表せる。よって，$2000x+1000=2400x-1800$が成り立ち，これを解くと，$-400x=-2800$より，$x=7$(人)となる。

(6)＜確率―カード＞5枚のカードから同時に2枚のカードを引くとき，引き方は，(1, 2)，(1, 3)，(1, 4)，(1, 5)，(2, 3)，(2, 4)，(2, 5)，(3, 4)，(3, 5)，(4, 5)の10通りある。このうち，数の和が3の倍数になるのは，(1, 2)，(1, 5)，(2, 4)，(4, 5)の4通りである。よって，求める確率は$\dfrac{4}{10}=\dfrac{2}{5}$となる。

(7)＜関数―a，bの値＞関数$y=ax^2$において，yの変域が$-2\leqq y\leqq b$より，負の数が含まれているので，この関数のグラフは右図1のように，下に開く放物線となる。xの変域が$-1\leqq x\leqq2$だから，絶対値が最大の$x=2$のときyの値は最小で，$y=-2$となる。よって，$-2=a\times2^2$より，$a=-\dfrac{1}{2}$となる。また，$x=0$のとき，yの値は最大で，$y=0$となるから，$b=0$である。

図1

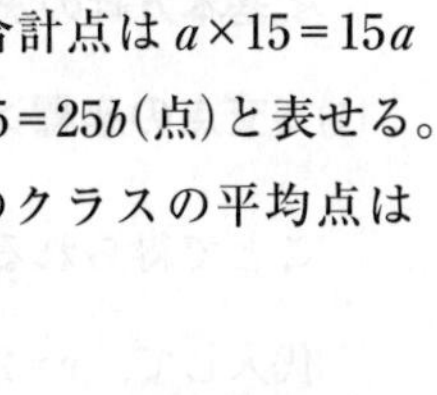

(8)＜一次方程式の応用＞4％の食塩水をxg使うとする。この食塩水に含まれる食塩は$x\times\dfrac{4}{100}=\dfrac{1}{25}x$

(g)である。また，4％の食塩水 x g と7％の食塩水を混ぜて6％の食塩水を300g つくるので，7％の食塩水は $300-x$g であり，含まれる食塩は $(300-x)\times\frac{7}{100}=21-\frac{7}{100}x$(g)となる。6％の食塩水300g に含まれる食塩は $300\times\frac{6}{100}=18$(g)だから，含まれる食塩の量について，$\frac{1}{25}x+\left(21-\frac{7}{100}x\right)=18$ が成り立つ。これを解くと，$4x+2100-7x=1800$，$-3x=-300$ より，$x=100$(g)となる。

(9)＜**図形―合同になるための条件**＞①は，右図2のように，大きさの異なる三角形が考えられる。②は，右図3のような場合が考えられる。③は，直角三角形の斜辺と他の1辺がそれぞれ等しいので，合同である。④は，右図4で，∠ABC＝∠PQR，∠BCA＝∠QRP より，残る1つの角も等しくなるので，∠CAB＝∠RPQ となる。よって，AC＝PR，∠BCA＝∠QRP，∠CAB＝∠RPQ より，1組の辺とその両端の角がそれぞれ等しいので，合同となる。⑤は，2組の辺とその間の角がそれぞれ等しいので，合同である。以上より，△ABC≡△PQR となるのは，③，④，⑤である。

図2

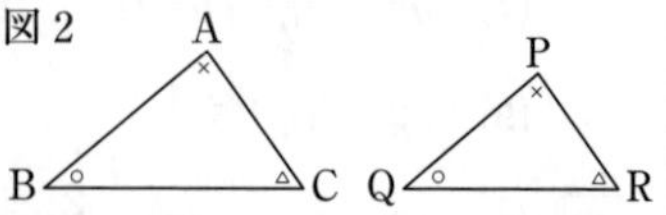

図3

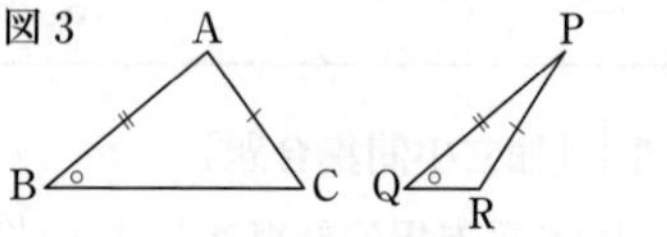

図4

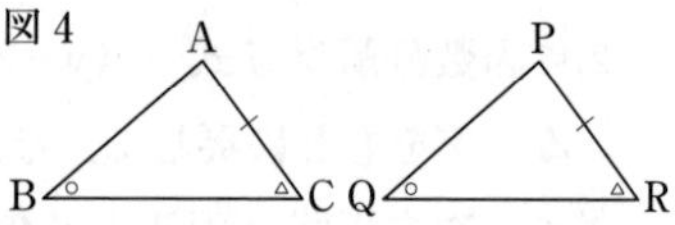

2 〔**関数―一次関数**〕

≪**基本方針の決定**≫(2)　3直線のうち2直線が平行になるか，3直線が1点で交わる場合である。

(1)＜**交点の座標**＞2直線 $y=2x-3$，$y=\frac{2}{3}x+1$ の交点の座標は，この2式を連立方程式として解くことで得られる。$2x-3=\frac{2}{3}x+1$ より，$6x-9=2x+3$，$4x=12$，$x=3$ となり，これを $y=2x-3$ に代入して，$y=2\times3-3$，$y=3$ となるので，交点の座標は(3，3)である。

(2)＜**傾き―三角形ができない条件**＞3直線 $y=2x-3$，$y=\frac{2}{3}x+1$，$y=kx$ で囲まれる三角形をつくることができないのは，3直線のうち2直線が平行になるときか，3直線が1点で交わるときである。平行な直線は傾きが等しいので，2直線 $y=2x-3$，$y=kx$ が平行になるとき，$k=2$ であり，2直線 $y=\frac{2}{3}x+1$，$y=kx$ が平行になるとき，$k=\frac{2}{3}$ である。また，3直線が1点で交わるとき，(1)より，直線 $y=kx$ が点(3，3)を通ればよいから，$3=k\times3$ より，$k=1$ となる。よって，求める k の値は，小さい順に，$\frac{2}{3}$，1，2である。

(3)＜**面積**＞$k=0$ のとき，直線 $y=kx$ は直線 $y=0$ となり，x 軸と重なる直線となる。右図のように，3直線の交点をP，Q，Rと定めると，3直線で囲まれる部分は，△PQR となる。(1)より，P(3，3)である。点Qは2直線 $y=2x-3$，$y=0$ の交点だから，$2x-3=0$，$2x=3$ より，$x=\frac{3}{2}$ となり，$Q\left(\frac{3}{2},\ 0\right)$ である。点Rは2直線 $y=\frac{2}{3}x+1$，$y=0$ の交点だから，$\frac{2}{3}x+1=0$，$\frac{2}{3}x=-1$ より，$x=-\frac{3}{2}$ となり，$R\left(-\frac{3}{2},\ 0\right)$ である。よって，$QR=\frac{3}{2}-\left(-\frac{3}{2}\right)=3$ とな

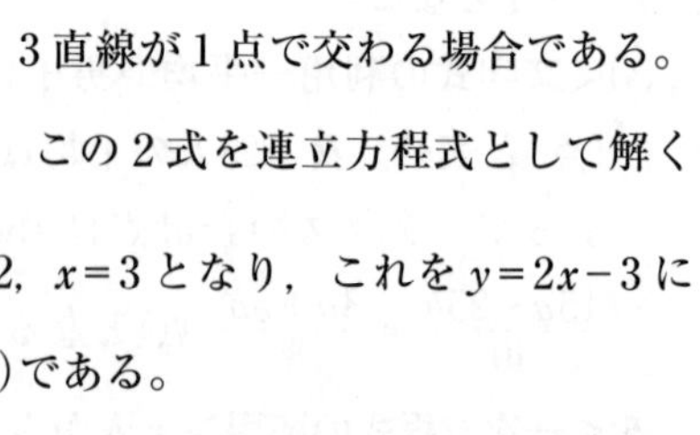

る。これを底辺と見ると，点Pのy座標が3だから，△PQRの高さは3となり，求める面積は，△PQR$=\frac{1}{2}\times3\times3=\frac{9}{2}$となる。

3 〔**平面図形—正方形—点の移動**〕

≪基本方針の決定≫(1)　AP，ARをtを用いて表す。

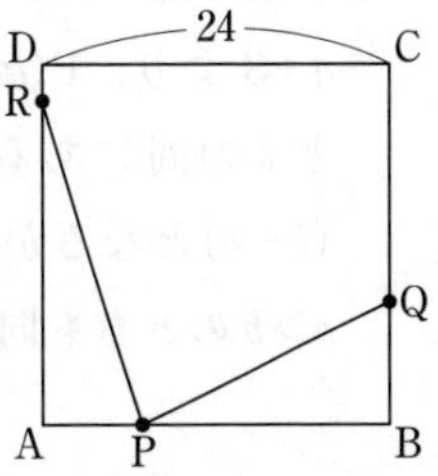

(1)＜**面積**＞点Pの速さは毎秒3なので，$24\div3=8$より，出発して8秒後にBに着く。点Rの速さは毎秒1なので，$24\div1=24$より，出発して24秒後にAに着く。よって，$0<t<8$のとき，右図で，点PはBに，点RはAに向かっていて，$\mathrm{AP}=3\times t=3t$，$\mathrm{DR}=1\times t=t$となる。$\mathrm{AR}=\mathrm{AD}-\mathrm{DR}=24-t$となるので，$\triangle\mathrm{APR}=\frac{1}{2}\times\mathrm{AP}\times\mathrm{AR}=\frac{1}{2}\times3t\times(24-t)=-\frac{3}{2}t^2+36t$である。

(2)＜**時間**＞点Qの速さは毎秒4なので，$24\div4=6$より，出発して6秒後にCに着く。そこで，$0<t<6$のときを考える。右上図で，(1)より，$\mathrm{AP}=3t$だから，$\mathrm{PB}=\mathrm{AB}-\mathrm{AP}=24-3t$となる。また，$\mathrm{BQ}=4\times t=4t$である。よって，$\triangle\mathrm{PBQ}=\frac{1}{2}\times\mathrm{PB}\times\mathrm{BQ}=\frac{1}{2}\times(24-3t)\times4t=-6t^2+48t$となる。(1)より$\triangle\mathrm{APR}=-\frac{3}{2}t^2+36t$なので，$\triangle\mathrm{APR}=\triangle\mathrm{PBQ}$より，$-\frac{3}{2}t^2+36t=-6t^2+48t$が成り立ち，$3t^2-8t=0$，$t(3t-8)=0$より，$t=0$，$\frac{8}{3}$となる。$0<t<6$だから，$t=\frac{8}{3}$となり，最初に$\triangle\mathrm{APR}=\triangle\mathrm{PBQ}$となるのは$\frac{8}{3}$秒後である。

(3)＜**時間**＞(2)より，$0<t<6$のとき，$\triangle\mathrm{PBQ}=-6t^2+48t$である。$\triangle\mathrm{PBQ}=30$より，$-6t^2+48t=30$が成り立ち，$t^2-8t+5=0$より，$t=\frac{-(-8)\pm\sqrt{(-8)^2-4\times1\times5}}{2\times1}=\frac{8\pm\sqrt{44}}{2}=\frac{8\pm2\sqrt{11}}{2}=4\pm\sqrt{11}$となる。$0<t<6$だから，$t=4-\sqrt{11}$であり，$\triangle\mathrm{PBQ}=30$になるのは$4-\sqrt{11}$秒後である。

(4)＜**時間**＞$6<t<8$のとき，点QはCを折り返してBに向かっているので，右上図で，$\mathrm{BC}+\mathrm{CQ}=4t$より，$\mathrm{BQ}=\mathrm{BC}+\mathrm{CB}-(\mathrm{BC}+\mathrm{CQ})=24+24-4t=48-4t$となる。$\mathrm{PB}=24-3t$だから，$\triangle\mathrm{PBQ}=\frac{1}{2}\times\mathrm{PB}\times\mathrm{BQ}=\frac{1}{2}\times(24-3t)\times(48-4t)=6t^2-120t+576$と表せる。$\triangle\mathrm{PBQ}=30$より，$6t^2-120t+576=30$が成り立ち，$t^2-20t+91=0$，$(t-7)(t-13)=0$より，$t=7$，13となる。$6<t<8$だから，$t=7$となり，$\triangle\mathrm{PBQ}=30$になるのは7秒後である。

4 〔**特殊・新傾向問題—約束記号**〕

(1)＜**式の値**＞$34<37$だから，$34+37$から34と37の間にある整数全ての和をひいて，$\mathrm{P}(34,37)=(34+37)-(35+36)=71-71=0$となる。

(2)＜**式の値**＞$5>1$だから，5と1の間にある整数全ての和から$5+1$をひいて，$\mathrm{P}(5,1)=(2+3+4)-(5+1)=9-6=3$となる。

(3)＜**式の値**＞$-100<101$より，$\mathrm{P}(-100,101)=(-100+101)-\{(-99)+(-98)+(-97)+\cdots\cdots+(-3)+(-2)+(-1)+0+1+2+3+\cdots\cdots+97+98+99+100\}=1-100=-99$となる。

(4)＜**文字式の利用**＞$a-1<a+5$より，$\mathrm{P}(a-1,a+5)=\{(a-1)+(a+5)\}-\{a+(a+1)+(a+2)+(a+3)+(a+4)\}=(2a+4)-(5a+10)=2a+4-5a-10=-3a-6$となる。

(5)**＜一次方程式の応用＞**(4)より，$\mathrm{P}(a-1, a+5)=-3a-6$ である。また，$2a-1<2a+5$ より，$\mathrm{P}(2a-1, 2a+5)=\{(2a-1)+(2a+5)\}-\{2a+(2a+1)+(2a+2)+(2a+3)+(2a+4)\}=(4a+4)-(10a+10)=4a+4-10a-10=-6a-6$ となる。よって，$\mathrm{P}(a-1, a+5)=2\times\mathrm{P}(2a-1, 2a+5)-3$ より，$-3a-6=2\times(-6a-6)-3$ となり，$-3a-6=-12a-12-3$，$9a=-9$，$a=-1$ となる。

(6)**＜成り立つ式＞**①問題の例より，$\mathrm{P}(1, 5)=-3$ なので，$\mathrm{P}(a, b)<0$ となることもある。　②$a<a+3$ より，$\mathrm{P}(a, a+3)=\{a+(a+3)\}-\{(a+1)+(a+2)\}=(2a+3)-(2a+3)=0$ となる。　③a と b の間にある整数全ての和を M とすると，$a<b$ のとき，$\mathrm{P}(a, b)=(a+b)-M$，$\mathrm{P}(b, a)=M-(b+a)$ となるから，$\mathrm{P}(a, b)+\mathrm{P}(b, a)=\{(a+b)-M\}+\{M-(b+a)\}=a+b-M+M-b-a=0$ となる。$a>b$ のときも同様に，$\mathrm{P}(a, b)+\mathrm{P}(b, a)=0$ となる。以上より，常に成り立つものは，②，③である。

国語解答

一 問一 ア 充足 イ 停滞
ウ 放棄〔抛〕 エ 探索
オ 接触

問二 X…4 Y…3

問三 創造につながるイマジネーションと，すぐに消えさってしまう空想

問四 ラジコンはラジコンにしか使用できない

問五 精巧にできた高価な玩具は子どものイマジネーションの入る余地が少なく，子どものイマジネーションの涸渇を招いてしまうから。(59字)

問六 大人としての義務を遂行しつつ，世の中のあらゆることに疑問を持ってイマジネーションをはたらかせることもできる存在。(56字)

問七 5 問八 2

二 問一 A すえて B いたれば
C おもう

問二 切[に] 問三 4

問四 男が出かけてしまうと，食べ物もないまま一人きりで山中で過ごすことになるから。

問五 1

問六 娘が山の井に映った自分の姿が怖ろしい有様だったことに気後れしてしまったから。

問七 男が強引に女を盗み出すことを抑止するため。

一〔論説文の読解―教育・心理学的分野―教育〕出典；河合隼雄『大人になることのむずかしさ』。

≪本文の概要≫創造するためには，イマジネーションが必要である。青年期は，特にイマジネーションに満ちている時期だが，実際には，青年のイマジネーションは，貧困である。物質的な豊かさや，外部からの情報量の多さが，青年のイマジネーションのはたらきを鈍くさせている。イマジネーションは，創造の源泉であるが，子どもっぽいこととして価値をおかない人もいる。真の大人とは，世の中の全てに疑問を持ち，イマジネーションをはたらかせるような子どもっぽさを残す人のことである。内界の子どもの力が強すぎると，大人の義務を遂行できなくなるが，子どもの力が弱いと，創造性がなくなる。創造的な人々を観察すると，創造活動が活発になるときには，心の状態が子どもの頃に帰る退行現象が生じている。このような現象が創造的退行であり，創造的退行は，大人が内なる子どもとの対話の中にヒントをつかみ，それを大人の知恵によって現実化していくことでもある。現在の教育は，子どもからイマジネーションを取りあげ，大人の知識を押しつけている。そのことで，かえって我々は，本当の大人をつくるのに失敗している。

問一＜漢字＞ア.「充足」は，この上なく満ち足りること。 イ.「停滞」は，物事がなかなか進まないこと。 ウ.「放棄」は，物事や権利などを捨てること。 エ.「探索」は，どこにあるのかわからないものを探し求めること。 オ.「接触」は，他のものに近づいて，交流を持つこと。

問二＜語句＞X.「おあつらえむき」は，自分の望みにぴったり合うこと。 Y.「ジレンマ」は，二つの相反する事柄の間で板挟みになって迷うこと。

問三＜文章内容＞二つ挙げた事柄の中で，前に挙げたものが「前者」，後に挙げたものが「後者」，二つあわせたものが「両者」である。「創造につながるイマジネーション」と「すぐに消えさってし

まう空想」の「両者」は，判然と区別するのは難しく，「後者のはかない空想」が，「前者の方へと創造的に高められてゆく」こともある。

問四＜文章内容＞もののない時代では，子どもたちは，イマジネーションをはたらかせることで，ただの棒切れを刀や魔法の杖に見立てて，遊ぶことができた。ラジコンは，「極めて精巧に，高価に」できた玩具ではあるが，ラジコン以外のものに見立てて使用することはできず，「イマジネーションのはいる余地」が少ない。

問五＜文章内容＞「親の与える高価な玩具」は，子どものイマジネーションの入る余地が少ないので，子どもたちは，イマジネーションをはたらかせて「創意工夫」をすることができない。そのため，「物質的な豊かさ」は，子どもたちの「イマジネーションの涸渇」を招いてしまうといえる。

問六＜文章内容＞「本当の大人」とは，「大人としての義務を遂行」することを前提としながら，心の内に「子どもっぽさを残している人」のことであり，あらゆることに疑問を持ち，イマジネーションをはたらかせることのできる存在である。

問七＜文章内容＞「意識的な探索活動」に疲れた頃に入り込んだ「退行現象」の中で，「普通では思いつけなかったようなあらたな発見の萌芽」が生じたとき，その萌芽を「確実に有用な創造にする」ためには，「大人の知恵によって現実化してゆく」意識的な活動が再び必要になる。

問八＜要旨＞「高価な玩具」や「外部から与えられる情報量の多さ」が，子どもたちの「イマジネーションのはたらきを鈍くさせる」要因になっている（2…○）。イマジネーションを「子どもっぽいこととして価値をおかない人」もいるが，むしろ「子どもっぽいこと」が，「創造の源泉」となる（1…×）。世の中の「あらゆることに疑問をもち，イマジネーションをはたらかせる」という「子どもっぽさ」を「大人のなかに残してゆくこと」が，「創造性」につながる。しかし，それは，いつまでも子どものままでいることと，同じではない（3…×）。「人間のこころ」が「子どもの頃に帰るような状態」になり，「まったくの無為になったり，馬鹿げた空想をしたりする」ことを退行というが，創造活動が活発になるときに生じる退行現象を称して，「創造的退行」と呼ぶ（4…×）。「自分の内なる子ども」との対話の中で，「普通では思いつけなかったようなあらたな発見の萌芽」をつかんだとき，「それを確実に有用な創造にするため」には，その萌芽を「大人の知恵によって現実化してゆく」必要がある（5…×）。

二〔古文の読解―物語〕出典；『大和物語』百五十五。

≪現代語訳≫（内舎人の男は）夜も昼もたいそう切なく，病気になりそうに思われたので，「どうしても申し上げたいことがあります」と（女に）言い続けたので，（女が）「おかしなこと。何事か」と言って出てきたところを，（男は）あらかじめ周到に準備をしておいて，不意に（女を）抱き上げて，馬に乗せて，陸奥の国へ，夜もなく，昼もなく，逃げていった。（男は）安積郡の，安積山という場所に粗末な小屋をつくって，この女を住まわせて，里に出て食べ物などを求めてきては（女に）食べさせて，年月を過ごしていた。

この男がいないと，いつも（女は）ただ一人で何も食べずに山の中にいたので，このうえなく心細かった。そうしているうちに（女は）妊娠した。この男は，食べ物を求めて出かけてしまったまま，三，四日戻ってこなかったので，（女は）待ちくたびれて外に出ていき，山の中で湧き水がたまって自然にできた井戸に行って（水に映った自分の）姿を見たところ，自分のかつての顔かたちではなく，見苦しい様子になってしまっていた。鏡もなかったので，（女は）顔の変わってしまったさまも知らないでいたのだが，急に（自分の顔を）見ると，たいそう怖ろしげな姿だったので，ひどく気が引けると思った。そうして（女は歌を）よんだのだった。

安積山の姿まで映って見える山の井戸が浅いように，私は浅い気持ちであの人を思っていたのでしょうか，いいえ，そんなはずはありません。

と（女は）よんで，木に書きつけて，小屋に帰ってきて死んだ。男は，食べ物などを求めて持ってきたが，（女が）死んで倒れ伏していたので，何ともなげかわしく思ったのだった。（男は）山の井戸（のそばの木）にあった歌を見て，（小屋に）帰って来て，このことを死ぬほど思いつめて，（女の）そばに倒れて死んだのだった。

問一＜歴史的仮名遣い＞A．歴史的仮名遣いの「ゑ」は，現代仮名遣いでは「え」に直す。　**B．**歴史的仮名遣いの「ゐ」は，現代仮名遣いでは「い」に直す。　**C．**歴史的仮名遣いの語頭以外のハ行は，現代仮名遣いでは原則として「わいうえお」に直す。

問二＜古語＞「せちに」は「切に」と書く。ここでは，ぜひとも，ひたすら，という意味。

問三＜古文の内容理解＞大納言の娘は，「せちに聞えさすべきことなむある」と内舎人が言い続けることに対して，「あやし」とは思ったが，それ以上の警戒心は持たず，内舎人の前に出てきたため，内舎人に連れ去られてしまった。

問四＜古文の内容理解＞男が里に出かけている間，大納言の娘は，「山中」にただ一人で，食べる物もない状態で過ごさなければならないので，心細く感じていた。

問五＜和歌の内容理解＞「山の井」が浅い水である（…５）のとは違って，安積山で過ごした年月は浅いもの（…４）ではなく，また，私の内舎人への思いも，内舎人の私への思いも浅い（…２・３）はずはない，という意味。父親である大納言を，娘が思っている描写はない。

問六＜古文の内容理解＞大納言の娘は，「山の井」に映った自分の顔が，「あやしきやう」に変わりはて，「いとおそろしげ」になっていたことに衝撃を受け，「いとはづかし」と気後れしたために，死んでしまった。

問七＜古文の内容理解＞この物語のように，恋心のおもむくまま，思いつめて無理に女性を盗んでも，幸せにはなれないという結末を突きつけることで，実際に女性を盗もうとする男性たちの行動を抑止しようとしたと考えられる。

Memo

2025年度用

高校スーパー過去問

■編集人　声の教育社・編集部
■発行所　株式会社　声の教育社
〒162-0814 東京都新宿区新小川町8-15
☎03-5261-5061㈹ FAX03-5261-5062
https://www.koenokyoikusha.co.jp

カコを追いかけ
ミライをつかめ
「今の説明、もう一回」を何度でも
web過去問
ストリーミング配信による入試問題の解説動画
声の教育社
詳しくはこちらから

順天高等学校

別冊解答用紙

丁寧に抜きとって、別冊としてご使用ください。

★教科別受験者平均点

第１回推薦Ⅰ・Ⅱ

左＝推薦Ⅰ/右＝推薦Ⅱ

		英語	数学	国語
2024 年度	理数選抜	66.1/68.9	53.8/66.2	59.3/62.1
	特進選抜	58.9/67.5	48.4/53.8	57.3/61.5
	英語選抜	70.9/74.9	34.6/53.2	54.4/60.1
2023 年度	理数選抜	70.0/78.8	42.5/59.5	59.8/62.5
	特進選抜	75.4/78.6	46.4/55.8	54.3/62.4
	英語選抜	75.9/82.3	40.1/50.6	54.9/58.7
2022 年度	理数選抜	73.3/76.1	49.3/59.1	61.8/72.9
	特進選抜	71.1/79.2	46.3/55.1	69.7/73.1
	英語選抜	82.7/87.2	40.4/39.8	72.0/75.3
2021 年度	理数選抜	61.5/73.8	60.6/67.5	62.8/68.9
	特進選抜	62.2/71.5	60.1/63.8	62.7/67.2
	英語選抜	68.6/77.8	43.8/61.0	59.5/70.0

一般

		英語	数学	国語
2024 年度	理数選抜	72.1	84.0	67.9
	特進選抜	65.0	75.5	64.7
	英語選抜	78.8	70.7	63.5
2023 年度	理数選抜	３科合計 221.0		
	特進選抜	３科合計 197.8		
	英語選抜	３科合計 195.1		
2022 年度	理数選抜	78.0	69.1	66.4
	特進選抜	72.8	54.2	64.2
	英語選抜	79.8	43.5	58.3
2021 年度	理数選抜	81.0	81.4	64.5
	特進選抜	74.0	63.7	58.6
	英語選抜	79.8	59.3	60.7

注意

○ 解答用紙は、収録の都合により縮小したものや、小社独自に作成したものもあります。
○ 学校配点は学校発表のもの、推定配点は小社で作成したものです。
○ 無断転載を禁じます。
○ 解答用紙を拡大コピーする場合、表示した拡大率に対応する用紙サイズは以下のとおりです。
101%～102%＝B5　103%～118%＝A4　119%～144%＝B4　145%～167%＝A3
（タイトルと配点表は含みません）

２０２４年度　　　順天高等学校　第１回推薦Ⅰ・Ⅱ

英語解答用紙

番号		氏名		評点	／100

1

Part A

1		2		3		4		5	

Part B

1		2		3		4		5	

Part C

1		2		3	

2

1		2		3		4		5		6	

3

1		2		3		4	
5							
6							
7	(A)	skateboarding　　played.					
	(B)	①		②		③	

（注）この解答用紙は実物を縮小してあります。Ａ４用紙に112％拡大コピーすると、ほぼ実物大で使用できます。（タイトルと配点表は含みません）

推定配点		計
	1　各２点×13　　2　各４点×６ 3　⑴～⑷　各４点×４　⑸　８点　⑹　各４点×２ ⑺　(A)　６点　(B)　各４点×３	100点

２０２４年度　順天高等学校　第１回推薦Ⅰ・Ⅱ

数学解答用紙

番号		氏名		評点	／100

1

(1)	
(2)	
(3)	$b=$
(4)	$a=$ 　　　　　　, $b=$
(5)	$x=$
(6)	
(7)	$a=$ 　　　　　　, $b=$
(8)	
(9)	

2

(1)	
(2)	
(3)	
(4)	倍

3

(1)		$a=$
		面積
(2)		$a=$
		∠ABC＝

（注）この解答用紙は実物を縮小してあります。Ａ３用紙に149％拡大コピーすると、ほぼ実物大で使用できます。（タイトルと配点表は含みません）

学校配点		計
	1　(1), (2)　各５点×２　(3)～(9)　各６点×７ 2, 3　各６点×８	100点

二〇二四年度　順天高等学校　第一回推薦Ⅰ・Ⅱ

国語解答用紙

番号

氏名

評点　／100

一 近代以降の文章

問一　ア　イ　ウ　エ　オ

問二

問三

問四　（40字）という戦略。

問五

問六　（50字）という仕組み。

二 古文

問一　A　B

問二　a　b

問三　男が　に対して、　と思ったから。

問四

問五

問六

（注）この解答用紙は実物を縮小してあります。Ｂ４用紙に130％拡大コピーすると、ほぼ実物大で使用できます。（タイトルと配点表は含みません）

学校配点

一 問一　各4点×5　問二　5点　問三　10点　問四　20点
問五　5点　問六　10点
二 問一　各2点×2　問二　各3点×2　問三　10点　問四　3点
問五　4点　問六　3点

計	100点

２０２４年度　　順天高等学校

英語解答用紙　No.１

番号		氏名		評点	／100

1

Part A

1		2		3		4		5	

Part B

1		2		3		4		5	

Part C

1		2		3	

2

1

1		2		3		4		5	

2

1		2		3	
4		5			

英語解答用紙　No.２

3

1	(　　　　　　) (　　　　　　) (　　　　　　)				
2	it was　　　　　　　　　　　　　　　　　　like Miyo's bread.				
3		4		5	

6										

7		

4

1		
2	They　　　　　　　　　　　　　　　　　　the center of the town	
3		
4		
5		

（注）この解答用紙は実物を縮小してあります。Ｂ４用紙に133％拡大コピーすると、ほぼ実物大で使用できます。（タイトルと配点表は含みません）

学校配点		計
	1　各２点×13　2　1　各２点×５　2　各３点×５ 3　⑴，⑵　各４点×２　⑶～⑸　各３点×３　⑹　５点　⑺　各３点×２ 4　⑴　３点　⑵　４点　⑶　３点　⑷　５点　⑸　各３点×２	100点

２０２４年度　順天高等学校

数学解答用紙

番号		氏名		評点	／100

1

(1)	
(2)	$a=$ 　　　, $b=$
(3)	
(4)	$x=$
(5)	通り
(6)	
(7)	$z=$
(8)	度
(9)	:
(10)	m

2

(1)	
(2)	
(3)	

3

(1)	
(2)	
(3)	

4

(1)	$x=$
(2)	個
(3)	

(注) この解答用紙は実物を縮小してあります。Ａ３用紙に147%拡大コピーすると、ほぼ実物大で使用できます。(タイトルと配点表は含みません)

学校配点		計
	1 ⑴　５点　⑵　６点　⑶　５点　⑷　６点　⑸～⑽　各５点×６ 2 ⑴, ⑵　各５点×２　⑶　６点 3 ⑴, ⑵　各５点×２　⑶　６点 4 ⑴, ⑵　各５点×２　⑶　６点	100点

二〇二四年度　順天高等学校

国語解答用紙

番号		氏名	

評点	/100

一　近代以降の文章

問一	ア　イ　ウ　エ　オ
問二	
問三	
問四	30　60
問五	30　40
問六	
問七	

二　古文

問一	A　B
問二	
問三	
問四	
問五	
問六	i
	ii

（注）この解答用紙は実物を縮小してあります。A３用紙に145％拡大コピーすると、ほぼ実物大で使用できます。（タイトルと配点表は含みません）

推定配点	計
一　問一、問二　各２点×６　問三　８点　問四、問五　各12点×２　問六　各６点×２　問七　８点 二　問一　各２点×２　問二　８点　問三～問五　各４点×３　問六　（ｉ）　４点　（ⅱ）　８点	100点

２０２３年度　順天高等学校　第１回推薦Ⅰ・Ⅱ

英語解答用紙

番号		氏名		評点	／100

1

Part A

1		2		3		4		5	

Part B

1		2		3		4		5	

Part C

1		2		3	

2

1		2		3		4		5		6	

3

1		2		3	m
4					
5		6			
7	(A)	What　?			
	(B)	①		②	③

（注）この解答用紙は実物を縮小してあります。Ａ４用紙に110％拡大コピーすると、ほぼ実物大で使用できます。（タイトルと配点表は含みません）

学校配点		計
	1 各２点×13　2 各４点×６ 3 (1)～(3)　各４点×３　(4)　８点　(5), (6)　各４点×３ (7)　(A)　６点　(B)　各４点×３	100点

２０２３年度　順天高等学校　第１回推薦Ⅰ・Ⅱ

数学解答用紙

番号		氏名	

評点	／100

1

(1)	
(2)	
(3)	$x=$
(4)	
(5)	$a=$, $b=$
(6)	通り
(7)	
(8)	度
(9)	

2

(1)		
(2)	(i)	$t=$
	(ii)	
	(iii)	$t=$

3

(1)	個
(2)	個
(3)	$a=$

（注）この解答用紙は実物を縮小してあります。Ａ３用紙に149％拡大コピーすると、ほぼ実物大で使用できます。（タイトルと配点表は含みません）

学校配点		計
	1 (1)～(8)　各６点×８　(9)　７点 2 各６点×４ 3 各７点×３	100点

二〇二三年度　順天高等学校　第一回推薦Ⅰ・Ⅱ

国語解答用紙

番号		氏名		評点	/100

一 近代以降の文章

問一	ア	
	イ	
	ウ	
	エ	
	オ	
問二		
問三		
問四	（100字）	
問五		
問六	イチロー選手の取り組みにも似て、一汁一菜には　　　　効果があるから。	

二 古文

問一	A	
	B	
問二	a	
	b	
問三		
問四	（55字）	
問五		
問六	作者	
	成立時代	

（注）この解答用紙は実物を縮小してあります。B４用紙に130%拡大コピーすると、ほぼ実物大で使用できます。（タイトルと配点表は含みません）

学校配点	計
一 問一　各４点×５　問二　５点　問三　10点　問四　20点　問五　５点　問六　10点 二 問一　各２点×２　問二、問三　各３点×３　問四　10点　問五　３点　問六　各２点×２	100点

２０２３年度　順天高等学校

英語解答用紙　No. 1

番号		氏名	

評点	／100

1

Part A

1		2		3		4		5	

Part B

1		2		3		4		5	

Part C

1		2		3	

2

1

1		2		3		4		5	

2

1		2		3	
4		5	e		

2023年度　　順天高等学校

英語解答用紙　No. 2

3

1							
2							
3		4		5		6	
7							

4

1					
2					
3		4		5	
6					

(注)この解答用紙は実物を縮小してあります。Ｂ４用紙に130%拡大コピーすると、ほぼ実物大で使用できます。(タイトルと配点表は含みません)

学校配点	1, 2　各２点×23 3　(1)　４点　(2)　５点　(3)～(7)　各３点×７ 4　(1)　５点　(2)　４点　(3)～(6)　各３点×５	計 100点

2023年度　　順天高等学校

数学解答用紙

番号		氏名	

評点	／100

1

(1)	
(2)	
(3)	
(4)	$x=$　　　　, $y=$
(5)	$x=$
(6)	倍
(7)	：
(8)	
(9)	
(10)	月　　　日

2

(1)	
(2)	
(3)	
(4)	P (　　　,　　　)

3

(1)	：
(2)	
(3)	度
(4)	$x=$

4

(1)	通り
(2)	通り
(3)	通り
(4)	通り

(注) この解答用紙は実物を縮小してあります。Ａ３用紙に147％拡大コピーすると、ほぼ実物大で使用できます。(タイトルと配点表は含みません)

学校配点		計
	1 (1), (2) 各５点×２ (3) ６点 (4) ４点 (5)～(7) 各５点×３ (8) ６点 (9), (10) 各５点×２ 2 (1)～(3) 各４点×３ (4) ５点 3, 4 各４点×８	100点

二〇二三年度　順天高等学校

国語解答用紙

番号　　氏名　　評点　/100

一　近代以降の文章

問一　ア　イ　ウ　エ　え　オ

問二　X　Y

問三

問四

問五

問六

問七

問八

二　古文

問一　A　B　C

問二　人

問三

問四

問五

問六

問七

（注）この解答用紙は実物を縮小してあります。A３用紙に147%拡大コピーすると、ほぼ実物大で使用できます。（タイトルと配点表は含みません）

学校配点	
一 問一、問二　各２点×７　問三　８点　問四　12点　問五、問六　各８点×２　問七　12点　問八　８点 二 問一　各２点×３　問二、問三　各４点×２　問四　３点　問五　４点　問六　３点　問七　６点	計　100点

２０２２年度　順天高等学校　第１回推薦Ⅰ・Ⅱ

英語解答用紙

番号		氏名	

評点	／100

1

Part A

1		2		3		4		5	

Part B

1		2		3		4		5	

Part C

1		2		3	

2

1		2		3		4		5		6	

3

1				2		3	
4							
5	～ because						
6							
7	A	①		②		③	
	B	The					

（注）この解答用紙は実物を縮小してあります。Ａ４用紙に106％拡大コピーすると、ほぼ実物大で使用できます。（タイトルと配点表は含みません）

学校配点		計
	1　各２点×13　2　各４点×６ 3　⑴～⑶　各４点×３　⑷～⑹　各５点×４ ⑺　(A)　各４点×３　(B)　６点	100点

２０２２年度　　順天高等学校　第１回推薦Ⅰ・Ⅱ

数学解答用紙

番号		氏名	

評点	／100

1

(1)	
(2)	
(3)	
(4)	$a=$　　　　　　　, $b=$
(5)	$a=$　　　　　　　, $b=$
(6)	$a=$　　　　　　　, $b=$
(7)	$x=$　　　　　　　, $y=$
(8)	
(9)	$\angle x=$　　　　　　　, $\angle y=$
(10)	aの値　　　　　　　, 中央値

2

(1)	(i)	
	(ii)	
(2)	(i)	
	(ii)	

3

(1)	
(2)	
(3)	
(4)	

(注) この解答用紙は実物を縮小してあります。Ａ３用紙に156%拡大コピーすると、ほぼ実物大で使用できます。(タイトルと配点表は含みません)

学校配点		計
	1 ⑴～⑶　各５点×３　⑷～⑺　各６点×４ ⑻　５点　⑼，⑽　各６点×２ 2 ⑴　(i)　５点　(ii)　６点　⑵　(i)　５点　(ii)　６点 3 ⑴　６点　⑵　４点　⑶，⑷　各６点×２	100点

二〇二二年度　順天高等学校　第一回推薦Ⅰ・Ⅱ

国語解答用紙

番号　　氏名　　評点　／100

一 近代以降の文章

問一　ア　イ　ウ　エ　オ

問二

問三　i（40）　ii

問四

問五（35）

問六（40）

二 古文

問一　A　B

問二

問三　1（25）　3（30）

問四

問五

問六

（注）この解答用紙は実物を縮小してあります。Ｂ４用紙に130%拡大コピーすると、ほぼ実物大で使用できます。（タイトルと配点表は含みません）

学校配点

一　問一、問二　各４点×６　問三　i　10点　ii　８点
問四　８点　問五、問六　各10点×２

二　問一　各２点×２　問二　３点　問三　各５点×２
問四、問五　各４点×２　問六　５点

計
100点

２０２２年度　順天高等学校

英語解答用紙　No. 1

番号		氏名		評点	／100

1

Part A

1		2		3		4		5	

Part B

1		2		3		4		5	

Part C

1		2		3	

2

1

1		2		3		4		5	

2

1	a	2		3
4		5	t	

英語解答用紙　No. 2

3

1					
2		3		4	
5					
6					

4

1															15
															30
						35									

2			
3		4	
5			

（注）この解答用紙は実物を縮小してあります。Ｂ４用紙に130%拡大コピーすると、ほぼ実物大で使用できます。（タイトルと配点表は含みません）

学校配点		計
	1, 2　各２点×23 3　(1)　６点　(2)～(4)　各３点×３　(5)　５点　(6)　各３点×２ 4　(1)　10点　(2)　６点　(3)～(5)　各３点×４	100点

２０２２年度　　順天高等学校

数学解答用紙

番号		氏名		評点	／100

1

(1)	
(2)	
(3)	
(4)	
(5)	人
(6)	
(7)	kg
(8)	
(9)	:
(10)	倍
(11)	

2

(1)	
(2)	
(3)	

3

(1)	
(2)	
(3)	
(4)	

4

(1)	
(2)	OP=　　　　　, OQ=
(3)	
(4)	$k=$

(注) この解答用紙は実物を縮小してあります。Ａ３用紙に147%拡大コピーすると、ほぼ実物大で使用できます。(タイトルと配点表は含みません)

学校配点		計
	1 各５点×11　2 各４点×３ 3 (1)〜(3) 各４点×３ (4) ５点 4 各４点×４	100点

二〇二二年度　順天高等学校

国語解答用紙

番号　　氏名　　評点　／100

一 近代以降の文章

問一　ア　イ　ウ　エ　れ　オ

問二

問三　Ⅰ　Ⅱ　Ⅲ

問四

問五

問六

問七

問八

二 古文

問一　A　B　C　D

問二

問三

問四

問五

問六　i　ii

（注）この解答用紙は実物を縮小してあります。A３用紙に145％拡大コピーすると、ほぼ実物大で使用できます。（タイトルと配点表は含みません）

学校配点	
一 問一～問三 各4点×9 問四、問五 各5点×2 問六 9点 問七 10点 問八 5点 二 問一 各2点×4 問二 3点 問三 各2点×2 問四、問五 各3点×2 問六 (i) 3点 (ii) 6点	計 100点

2021年度　順天高等学校　第1回推薦Ⅰ・Ⅱ

英語解答用紙

番号		氏名		評点	／100

1

Part A

1		2		3		4		5	

Part B

1		2		3		4		5	

Part C

1		2		3	

2

1		2		3		4		5		6	

3

1	
2	
3	
4	The Japanese government started dairy farms in Hokkaido because it could not
5	

4

1	My grandmother .
2	The the world.

（注）この解答用紙は実物を縮小してあります。A４用紙に118％拡大コピーすると、ほぼ実物大で使用できます。（タイトルと配点表は含みません）

学校配点		計
	1　各２点×13 2　各４点×６ 3　⑴　７点　⑵　６点　⑶　８点　⑷　９点　⑸　６点 4　各７点×２	100点

2021年度　　順天高等学校　第1回推薦Ⅰ・Ⅱ

数学解答用紙

番号		氏名		評点	／100

1

(1)	
(2)	
(3)	
(4)	
(5)	$x=$　　　　　, $y=$
(6)	
(7)	
(8)	度
(9)	
(10)	
(11)	人

2

(1)	
(2)	
(3)	
(4)	

3

(1)	$a=$　　　　　, $b=$
(2)	
(3)	
(4)	

（注）この解答用紙は実物を縮小してあります。A３用紙に149%拡大コピーすると、ほぼ実物大で使用できます。（タイトルと配点表は含みません）

推定配点		計
	1　各５点×11 2　(1), (2)　各５点×２　(3), (4)　各６点×２ 3　(1)　５点　(2)〜(4)　各６点×３	100点

二〇二一年度　順天高等学校　第一回推薦Ⅰ・Ⅱ

国語解答用紙

番号		氏名		評点	/100

一 近代以降の文章

問一	ア	
	イ	
	ウ	
	エ	
	オ	
問二		
問三		
問四		（40字）
問五		（30字）
問六	一つ	
	二つ	

二 古文

問一	A	
問二	a	
	b	
問三		
問四		
問五		（45字）
問六		

（注）この解答用紙は実物を縮小してあります。B4用紙に130％拡大コピーすると、ほぼ実物大で使用できます。（タイトルと配点表は含みません）

学校配点	
一 問一、問二　各4点×6　問三　8点　問四　14点　問五　12点 問六　各6点×2 二 問一　2点　問二　各3点×2　問三、問四　各4点×2　問五　10点 問六　4点	計 100点

２０２１年度　順天高等学校

英語解答用紙 No. 1

番号		氏名	

評点	／100

1

Part A

1		2		3		4		5	

Part B

1		2		3		4		5	

Part C

1		2		3	

2

1

1		2		3		4		5	

2

1	n	2		3	
4	c	5	p		

(注) この解答用紙は実物を縮小してあります。Ｂ４用紙に143%拡大コピーすると、ほぼ実物大で使用できます。(タイトルと配点表は含みません)

２０２１年度　　順天高等学校

英語解答用紙　No. 2

3

1	

2									10					15

3		4	

5	

4

1		2	

3	
4	
5	

5

1	Could you tell me ?
2	Hokkaido Japan.

学校配点	1, 2　各２点×23 3　(1), (2)　各６点×２　(3), (4)　各３点×２　(5)　５点 4　(1), (2)　各３点×２　(3), (4)　各５点×２　(5)　３点 5　各６点×２	計 100点

２０２１年度　順天高等学校

数学解答用紙

番号		氏名		評点	／100

1

(1)	
(2)	
(3)	$x=$
(4)	点
(5)	$x=$
(6)	
(7)	$a=$　　　, $b=$
(8)	g
(9)	

2

(1)	(　　　,　　　)
(2)	
(3)	

3

(1)	
(2)	秒後
(3)	秒後
(4)	秒後

4

(1)	
(2)	
(3)	
(4)	
(5)	$a=$
(6)	

推定配点	1～3　各５点×16 4　(1)～(4)　各３点×４　(5), (6)　各４点×２	計 100点

二〇二一年度　順天高等学校

国語解答用紙

番号		氏名		評点	／100

一 近代以降の文章

問一	ア		イ		ウ		エ		オ	
問二	X		Y							
問三										
問四	20									
問五	15	30	45	60						
問六	15	30	45	60						
問七										
問八										

三 古文

問一	A		B		C	
問二	に					
問三						
問四						
問五						
問六						
問七						

学校配点	一　問一　各４点×５　問二　各３点×２　問三　４点　問四　８点 問五、問六　各10点×２　問七、問八　各６点×２ 三　問一、問二　各２点×４　問三　３点　問四　６点　問五　３点 問六　６点　問七　４点	計 100点